薄荷实验
Think As The Natives

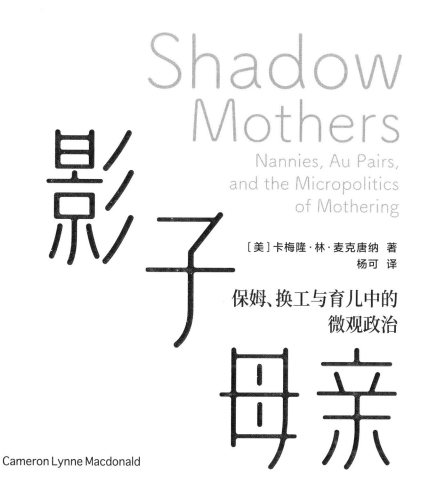

Shadow Mothers

Nannies, Au Pairs, and the Micropolitics of Mothering

〔美〕卡梅隆·林·麦克唐纳 著

杨可 译

影子母亲

保姆、换工与育儿中的微观政治

Cameron Lynne Macdonald

母亲

华东师范大学出版社

· 上海 ·

图书在版编目（CIP）数据

影子母亲 /（美）卡梅隆·林·麦克唐纳著；杨可译. —上海：华东师范大学出版社，2023
ISBN 978 - 7 - 5760 - 1390 - 0

Ⅰ. ①影… Ⅱ. ①卡… ②杨… Ⅲ. ①母亲—角色理论—研究 Ⅳ. ①C913.11

中国国家版本馆 CIP 数据核字（2023）第 190517 号

Shadow Mothers：Nannies，Au Pairs，and the Micropolitics of Mothering
by Cameron Lynne Macdonald
Copyright © 2011 The Regents of the University of California
Published by arrangement with University of California Press
Simplified Chinese Translation Copyright © 2021 by East China Normal
University Press Ltd.

上海市版权局著作权合同登记　图字：09 - 2020 - 119 号

影子母亲

著　　者　（美）卡梅隆·林·麦克唐纳
译　　者　杨　可
责任编辑　顾晓清
审读编辑　赵万芬
责任校对　陈　易
装帧设计　周伟伟

出版发行　华东师范大学出版社
社　　址　上海市中山北路 3663 号　邮编 200062
客服电话　021 - 62865537
网　　店　http://hdsdcbs.tmall.com

印 刷 者　苏州工业园区美柯乐制版印务有限责任公司
开　　本　890 毫米×1240 毫米　32 开
印　　张　13.75
字　　数　248 千字
版　　次　2024 年 2 月第 1 版
印　　次　2024 年 2 月第 1 次
书　　号　ISBN 978 - 7 - 5760 - 1390 - 0
定　　价　89.00 元

出 版 人　王　焰

（如发现本版图书有印订质量问题，请寄回本社市场部调换或电话 021 - 62865537 联系）

怀着感激之情献给露易丝·琼斯（Louise Jones）

目录

前　言

对于我们这种以观察社会生活为业的人来说，研究兴趣常常来自自己的生活。委托照顾（delegated care）这个概念就植根于我人生往事的种种经验之中。这里要讲的三个故事来自我生命历程的不同阶段，它们以自己的方式影响了我的成长。

※　※　※

我第一次见到露易丝·琼斯的时候大约五岁，大概是在我祖母的公寓里偶然撞见她的，那天她正在那里做清洁——但在我的记忆中，我们就像是要拜见王室成员一样。我知道露易丝一定很特别，因为在她面前我父亲对我的行为很挑剔，而他通常不会这样。也许我该行屈膝礼？她看起来很高，我记得我注意到她的颧骨又宽又平，光滑的皮肤颜色像西梅一样。随着我渐渐长大，露易丝的逸闻趣事充满了我的童年：当她叫我父亲来吃午饭时，她总是先低声细语，一下子又声震云霄："道格——拉斯！"当我祖母焦虑不安的时候，她总能让人宽心和放松。她的嘴里总哼唱着圣歌，还常常和我父亲坐在厨房的小桌旁，听收音机播放凯特·史密斯的歌。

我父亲认为自己的健康成长应该归功于露易丝。他三岁时，我的祖母就守寡了。祖母是个容易紧张的女人，对生孩子这事本来就有点纠结，单身母亲的生活更是让她觉得难以应付。最近我跟父亲聊起露易丝的事，他回忆起露易丝有多会安慰人。

对了，我生病的时候，和露易丝在一起，就觉得舒适、轻松、平和、安静；但和妈妈在一起的话，等着我的就是灌肠、焦虑和一份礼物。感觉非常矛盾，非常复杂。我总觉得露易丝理解我，无论我感觉如何，她都能接受。妈妈永远希望我在学校能表现得更好一点。永远，永远，永远。即便有时候我大部分成绩都是 A，她也会说："你得把其他几科成绩提上来。"妈妈总是希望、需要我成为最好的；但露易丝不需要我成为什么了不起的人物——只要我准时回家，别受伤，别被汽车什么的撞了就行——所以说，她非常包容。

从我记事起，父亲就一直在母亲节给露易丝寄卡片，在她生日那天送花给她，年年如此。

当然，露易丝的故事还有另外一面。她在大迁移（Great Migration）时期来到北方，和姐姐住在一起。她从来没什么机会受教育，一辈子都在当家庭雇工（domestic）。她在四十岁的那年嫁给了乔治·琼斯，这位纽约市的环卫工人给了她一个安定的生活，但他们没有孩子。她的孩子是像我父亲这样的白人孩子——这些孩子由她抚养成人，在她搬去新雇主家之后很久都还在远远地爱着她。

乔治过世以后，露易丝也没法照顾自己了，于是就和侄子侄女住在一起。她去世的时候，由她抚养长大的白人孩子们的圈子得到了消息。这些曾经深深眷恋露易丝的孩子当然都给露易丝的家人打了电话，询问她过世的原因和葬礼安排。当然，她的家人觉得这些打扰他们的"陌生人"有点儿招人烦。尽管我父亲明白为什么没有人告诉他露易丝身体变糟了或者联系他参加葬礼，但他还是感到悲伤、自责，还有点被辜负的感觉。

※　※　※

我 16 岁那年的夏天，曾经给一家人当过全职的住家保姆（live-in nanny）。他们有三个孩子：五岁的普伦蒂斯、三岁的汤米和 18 个月的莉莉。我们一起在缅因州的湖畔别墅住了两个月。我的工作是在孩子们的妈妈莫妮卡准备律师资格考试的时候照看孩子，而他们的父亲劳埃德则只是当爹而已。两个男孩都是开心果，我教他们怎么游泳和徒步，但他们和父亲待在一起的时间更多，所以照看莉莉是我的主要工作。

这个别墅没有电，没有煤气，也没有电话，但我还很年轻，所以玩"大森林里的小房子"好像仍然挺有趣的。我帮人看孩子已经好些年了，是个经验丰富的临时保姆（babysitter），但却从来没有经历过把小婴儿从一睁眼一直带到睡觉。莉莉白天大部分时间都赖在我背上，我做其他家务的时候就背着她。有时她会在湖边沙滩上玩耍，我喜欢她发出的每一个新的声音。她也会跟在亲爱的哥哥们后面蹒跚学步。虽然我不太喜欢劳埃德，但我崇拜莫妮卡，喜爱两个男孩，更疼莉莉——她是跟我建立情感联结的第一个小宝贝，她的一切都让我着迷。

莫妮卡和我相处得也很好：在她学习的间隙，我们在老式富兰克林柴炉上做饭，陪孩子们一起玩。因为我还处在"想当律师、作家或演员"的阶段，所以把她视为未来的榜样。莫妮卡好像也喜欢我。我们的夏日时光过去快一半的时候，她跟我约定：以后每个周五晚上我都可以去他们家当临时保姆。这样的话就能看到小莉莉长大，我非常激动。

我们动身回家的那天，一切都变了。当接我们离开湖畔别墅的船到达的时候，莉莉绊了一跤。莫妮卡把她抱起来安慰她，但她仍然哭个不停。最后莫妮卡不得不把莉莉交给我，这样才能够让她平静下来。在此之后，我们从缅因州驱车出发，三天的旅途中，大家都一言不发：劳埃德和莫妮卡坐在前排，我和孩子们坐在后排。当我们不得不在汽车旅馆过夜时，莉莉和我睡在一起，因为那时候不可能把我们俩分开。我不明白自己做错了什么，但在漫长的车程结束之后，这家人送我回了家，他们付了我夏天的工资，此后我再也没有他们任何消息。

我崩溃了。我感到内疚和羞愧，我相信是自己越过了什么隐形的边界，但我本来应该分清的。我母亲根据她自己照看孩子和从事幼儿教育的经验跟我解释：虽然这事让人难过，但这非常正常。她说，当孩子们叫她"麦克妈妈夫人"（Mrs. McMommy）而不是"麦克唐纳夫人"（Mrs. McDonald）的时候，他们的父母，尤其是母亲，经常很不高兴。她试图让我相信，莉莉对我的感情以及莫妮卡的反应都很正常，这表明我工作干得不错。

如果莉莉跟我没有感情，那才是我没有把照看孩子的工作做好。我试着接受这个说法，但对 16 岁的我来说，我母亲的推理似乎有点夸张。在我看来，如果真的把工作做好了，我应该还能够每个星期五去当临时保姆。我们不能就这样继续下去吗?

※　※　※

我非常相信祸福相依的平衡。在为博士论文收集数据时，我就认识到了这段经历是如何帮助我理解受访保姆的感受的。我也曾想象，到我修改论文准备出版专著时，我也会有自己的孩子，会对受访母亲的感受有一些直接的体悟。我做梦也没有想过我挣的钱能请得起保姆，但我想象过孩子们可能会逐渐依恋某个家庭托儿所（family daycare）的人，或某个托儿中心的工作人员，我将不得不理解这件事。我必须学会把我所爱的人托付给别人照顾。

然而，我却在另一件事情上学会了这种信任。在我读研究生的最后一年，我的丈夫被确诊患有非霍奇金淋巴瘤。最初我们被告知，他预后良好，虽然需要做六个月大伤元气的化疗，但还有 80% 的机会完全康复。我们把这场病看作通往我们计划的生活道路的一个小插曲。我继续写我的毕业论文，在他每一轮化疗之后的恢复期照顾他。在化疗的间歇期，我们继续努力尝试怀孕生子，试图过上我们盼望已久的家庭生活。只是由于化疗会导致不育，这一次我们得在医生的帮助下，借助他化疗之前储存的精子来怀孕。

18 个月以后，他的癌症复发了。这次需要进行骨髓移植。

我们搬到了一个新的小镇，我有了第一份预备终身教授的工作。我们期待的怀孕没能实现。他病得很严重，无法工作。当我们在进行移植前筛查这个关键程序的时候，一位社工向我解释说，我需要想办法确保有人始终在他身边。我要么辞掉工作，要么雇一个人，要么就得找朋友或家人来帮忙。我一直指着我的健康保险给付材料，正好翻开的这一页写着"家庭护理给付"，希望她意识到自己的错误。我不可能辞职，否则谁来为我们遮风挡雨，购买医疗保险？而且显然我们的保险可以提供家庭健康护理。

事实并非如此。健康保险给付材料的条款解释说：只有病人需要被抬起来的时候，我们才有资格享受家庭健康护理，即使这样，保险也只负担每天两小时的护理费用。换言之，我必须得依靠朋友，其实是陌生人——我们搬到这个新地方才九个月——来帮忙照顾他，监控他的药物治疗，确保他不会发生静脉曲张，在他发高烧的时候打 911。这位社工给了我一本书，书名叫"分享关怀"（*Share the Care*）。这本书的目标就是帮助像我这样的人建立一个护理网络。于是我不得不这样做：当有人对我说"听到你丈夫的事我很难过，如果有什么我可以做的……"，我就会答"我们下个星期要开一个组织工作会"。最后，有三十人加入了这个护理网络。我和他们都不太熟，而且我丈夫在移植前需要做多轮高剂量化疗，但在第一轮化疗之后他的身体就变得虚弱不堪，我吓坏了。

有一次组织工作会议结束后，我哭了起来。碰巧有一位志愿者是个退休的护士，她过来问我怎么了。我哭着说道："我知道你们想帮忙，但是没有人可以像我那样照顾他！"这看起来是件不可能的事，我怎么能相信这些人，把我在这个世界上最爱的人交给他们？她轻轻地拍了拍我的手，用一种非常平静的语气说道："当然，没有人像你一样爱他。但是也许我们可以给他一些你没有的东西。"我听得目瞪口呆。我被自己的论点打败了。

致　谢

　　我丈夫长期的疾病、最终的亡故和我的丧亲之痛不但对我影响很大，也在这本书中留下了印记。我得到的支持、鼓励和友爱不胜枚举。我有许多人要感谢。

　　首先，我必须感谢在20世纪90年代末两轮数据收集过程中遇到的那些愿意为我付出时间、分享人生经历的女性。她们愿意敞开谈那些让她们不舒服的话题——这份勇敢，我深为敬佩。往往是日常生活的细节让我们暴露得最多。但愿我讲好了她们的故事，这些慷慨的女性值得尊重。

　　其次，我非常感谢鼓励我成为社会学家，鼓励我进行这项研究的教授们：阿莉·霍赫希尔德（Arlie Hochschild）、卡门·西利安尼（Carmen Sirianni）、凯伦·汉森（Karen Hansen）、安妮塔·加里（Anita Garey）和罗斯安娜·赫兹（Rosanna Hertz）。此外，还要特别感谢我的论文写作小组的成员：费丝·弗格森（Faith Ferguson）、亨利·鲁宾（Henry Rubin）和琼·埃尔森（Jean Elson），以及波士顿地区女性主义社会学读书小组，在我写初稿的时候，他们一直给我鼓励，让我保持专注。

　　第二轮数据收集之后，我丈夫去世了。此后，我调整了研究构思，写成了今天你见到的这本书。在此期间，有一群新同事和导师发挥了重要作用。我的写作小组——卡罗琳·纳普（Caroline Knapp）、克里斯蒂娜·拉斯伯恩（Cristina Rathbone）、凯瑟琳·科尔（Kathleen Coll）、金伯利·麦克莱恩·达科斯塔（Kimberly McLain DaCosta）和劳拉·米勒（Laura Miller）读了一稿又一稿，你们实在令人赞叹，是我的无价之宝。我在威斯康星大学麦迪逊分校的同事提供了批判性的、富有洞见的反馈意见，特别是米拉·费里（Myra Ferree）、帕姆·奥利弗（Pam Oliver）和盖伊·赛德曼（Gay Seidman）。我还要感谢莎伦·海斯（Sharon Hays）、玛丽·托米恩（Mary Tuominen）、帕梅拉·斯通（Pamela Stone）和阿琳·卡普兰·丹尼尔斯（Arlene Kaplan Daniels），他们都读过全稿，给出了点评意见。

康涅狄格大学社会学系、哈佛社会学研究学位委员会以及拉德克里夫大学邦廷研究所（Bunting Institute）都给我提供过临时寓所，让我可以在照料癌症病人的间隙工作和写作。在断断续续完成这个项目的过程中，学生研究助理给了我很多帮助。桑德拉·奥拉特（Sandra Olarte）和西尔维娅·古铁雷斯（Sylvia Gutierrez）招募并采访了研究中说西班牙语的保姆；在露易丝·伍德沃德（Louise Woodward）案发生后，米什·艾迪（Miishe Addy）与我最初采访过的二十家波士顿地区的保姆中介机构取得了联系，并进行了电话采访；伊拉娜·西切尔（Ilana Sichel）协助我进行了代码编写并更新了我的参考书目；杰西卡·布朗（Jessica Brown）和詹娜·尼考斯基（Jenna Nitkowski）帮我处理了大量的参考文献。凯瑟琳·穆尼（Katherine Mooney）是一位杰出的女编辑，经她之手，原本冗长的文字变得更精练了。萨拉·菲弗（Sara Phyfer）的校对工作也十分严格，一丝不苟。

最后——但并非最不重要的是——感谢我的父母：我的父亲道格·麦克唐纳就像露易丝照顾他那样照顾我；还有我的母亲雪莉·麦克唐纳，她也多次阅读我的手稿，帮我整理录音，提供她三十年来在幼儿教育领域作为日托保育员、幼儿教师和成百上千个小宝贝儿们的"麦克妈妈夫人"的洞见。最最重要的是，感谢罗布（Rob）、朱莉（Julie）、吉特巴（Jitterbug）和芬威（Fenway），他们给了我新的生活。

①

面临审判的儿童看护

"少一个孩子，就多一辆沃尔沃。"

（1997 年英国换工［au pair］露易丝·伍德沃德案庭审期间的示威标语）

美国有 70% 的母亲需要外出工作。[1] 她们中的大多数都得依赖某种形式的有酬儿童照顾服务（paid childcare）。尽管事实就是如此，但美国公众对于母亲把孩子交给他人照顾这件事的态度并不明朗。而对于其中的一个小群体——那些看起来经济条件允许其待在家里但偏要出去工作的女性，反应尤其激烈。1997 年，法庭电视台（Court TV）曾对 18 岁的英国换工露易丝·伍德沃德被控导致婴儿马修·伊彭死亡案进行了全程报道[2]，引起了全国观众的关注。在伍德沃德是否有罪这个问题上，每个人似乎都有自己的观点，公众情感分成了两个阵营。然而，在炮轰马修的妈妈这件事上，他们却取得了惊人的一致。该案在麻省坎布里奇市米德尔塞克斯县法庭审讯期间，每天都有人在外面示威游行。示威者常常举着贴有马修小脸蛋照片的各种标牌，本节开头的引文也是示威者的标语之一，展现了人们在电视、广播、地铁和公交车上就"小马修的夭折到底是谁之过"的讨论中流露出来的敌意。[3]

黛博拉·伊彭是一名非全日制工作的眼科医生，丈夫苏尼尔则是麻醉师，他们雇了露易丝来照顾两个孩子。警方推定黛博拉没有谋杀嫌疑，但她却面临公众舆论的审判，被当成了罪人。无论马修的死应该直接归咎于谁，孩子的母亲都被认定为要负终极责任。公众舆论指责黛博拉没有尽到母亲的职责，因为她为了自己能每周上三天班去雇了一个换工。[4]黛博拉在一个访谈中提到，"人们给我们写信说我们这样做很贪婪，我们的决定是错误的，我有责任。人们对我竟然是这个态度，我很震惊，我必须为自己辩护"[5]。这些攻击并不只是针对马修的妈妈，而是指向了整个"沃尔沃阶层"的上班族妈妈（working mother）——那些丈夫收入高，或许有条件待在家里的女人们。

在伍德沃德案成为头版新闻的前一年，为了写这本书，我在波士顿地区访谈了一些母亲和保姆。一位来自加勒比地区的保姆讲述了她的经历。这段经历让她站在儿童看护的立场上，讲出了社会对"沃尔沃"上班族妈妈的强烈不满。42岁的席琳来自特立尼达，有一天，她带着自己照看的两岁小孩格雷戈里一起出去办事。她和杂货店的收银员朋友聊天的时候，想起来家里快没有婴儿湿巾了，于是就让朋友看着格雷戈里（他坐在婴儿车里），自己则跑去货架上拿湿纸巾。当她回到收银台时，一位自称是"家庭主妇"的白人妇女上前跟她讲话，大声呵斥席琳不应该把孩子扔在那儿没人看管。席琳不服气："我绝不会把我的格雷戈里交给陌生人！"但她越是表示反对，这位女士的言辞就越激烈。最后，她说："我不怪你，我怪的是你的雇主。"席琳的朋友试图打圆场，但也没什么用，争吵升级了——席琳告诉我，"那个女人叫我'黑鬼'。唉，情况就是这样。我真的很生气，然后经理叫我们都出去"。两个女人都走出门来，站在店外继续争吵。最后，警察来了才把她们分开，把她们各自送回了家。在席琳看来，杂货店的遭遇证明她所工作的社区里，人们有一种"真正的种族主义"的态度。这毋庸置疑，但她所遭遇的强烈攻势表明还有其他导火索——如果照顾者同被照顾的孩子明显长得不像，她得学会习惯于被陌生人审查——尽管这通常只是充满敌意的目光和背后的指指点点，而不是戏剧性的冲突。[6]与那些可以"冒充"孩子妈妈的其他保姆不同，这些保姆向公众传递了一个信号：有些母亲会逃避大多数人心目中女性成年后最重要的责任。

尽管伍德沃德的案子或席琳在杂货店的经历并不常见，但都反映出美国公众对什么才构成"足够好"的母职（mothering）一直存在一种矛盾心理，这在特定阶层的母亲身上表现得尤其明显。2003 年的一项全国性调查显示，有 72% 的被访者认为孩子在日托中心和临时保姆身边待的时间已经太长了；在 2005 年的一项调查中，则有 77% 的被访者认同一个说法，就是尽管"母亲工作可能是必要的，因为家里需要钱，但如果她能待在家里料理家事、照顾孩子就更好"。[7]这一判断显然与社会阶层有关。从经济条件来看，像伊彭医生这样的上班族妈妈似乎是最有可能待在家里的女性，她们为工作而承受的非难也是最多的。而在这个阶层系谱的另一端——那些待在家里依靠公共救助养孩子的贫困妇女，也被认为是孩子们的负面榜样。[8]尽管有人坚信母亲应该待在家里照顾孩子，但也有人力主以改善儿童生活为先。似乎有些孩子和母亲在一起过得更好，而有的孩子则从专业照顾服务中获益。不同种族、不同阶层背景的孩子情况有别，需要分类讨论。

美国母亲们的日常生活与有关儿童需求的主流观念从来没有像现在这样不协调。这一历史时期显得尤为重要，因为是白人中产阶层妇女[9]的育儿方式被认为出现了偏差。在我进行访谈的时候，也就是 20 世纪 90 年代末期，在受过大学教育的母亲中，外出工作的比例达到了 63%。[10]父母外出工作的时间更长了：在双薪家庭中，父母外出工作时间在 1999 年达到顶峰，平均每周长达 115 个小时，从那以后没有明显减少过。[11]尽管这些事实就摆在劳工阶层家庭面前，但我们对于什么才是养育孩子的最佳方式的想法，仍然牢牢地建立在"永远在场、随时贴心关怀的居家母亲"这一理想之上。指导手册、育儿杂志和综合性的文化趣味已汇聚到一起，把养育孩子的期望值提得如此之高，即使是全职家庭主妇也很难满足这样的期望。[12]对于那些外出工作的母亲来说，这真是不可能完成的任务：要满足这样的期望，需要有一位全职母亲作为主要的照顾者。有些人通过重新定义"母职"来解决这个困境，这样他们就可以把某些方面的工作交给精挑细选的代理人。当住家看护（in-home caregivers）跟雇主协商育儿中的工作如何分配时，他们帮助维持甚至扩展了"母亲工作"（mother-work）的意涵，由此产生的劳动分工对双方的意义也被重新考量。[13]

席琳的故事、公众对伍德沃德案的反应以及随后的调查数据都表明，围绕母职、工作、种族和社会阶层，存在许多彼此冲突而又根深蒂固的观念。伍德沃德案初审时，我刚刚结束对 50 名女性的访问，最终这个研究样本扩展到了 80 人，包括 30 位雇主妈妈和 50 位家庭儿童看护。媒体上对女性的描写让我很惊讶，那些参与我研究的女性也跟我有相同的感觉。尽管我在这些女性的关系中看到了紧张和悲伤，有时候她们的工作条件也很艰苦，但她们的问题并非来自母亲工作这个事实，也并非来自她们雇请的各种托儿服务提供者，而是来自伍德沃德案审理过程中引发强烈舆论的那套母职观念——对，同一套，这太讽刺了！这两组受访者——雇主妈妈以及为她们照顾孩子的雇工妈妈，都对居家母职（at-home mothering）的价值深信不疑。"好妈妈"的定义究竟是什么？雇主妈妈和雇工妈妈，谁才是更好的照顾者？在这些问题上的争论，才是大多数母亲和保姆之间冲突的根源。[14]

本书分析了这些生活内部互动关联的微观政治。所谓微观政治，我指的是"权力在日常实践中传递"的方式：发生在个人或群体日常生活中关于地位争夺的"小规模战争"。[15]对于聚讼纷纭的母亲工作来说，这是理解其劳动分工的巧妙方法。正如记者凯特琳·弗拉纳根（Caitlin Flanagan）指出的那样，"许多女性站在由两种最强烈的冲动组成的十字路口——一边是对孩子深沉的、近乎本能的爱，一边是想要在家门之外成就自我的热望——而正是在这交汇处，保姆的工作应运而生"[16]。在这些关系中，我们可以看到雇主妈妈和雇工妈妈如何理解"好妈妈"的定义，以及将这一角色部分商品化意味着什么。

据我观察，保姆和雇主之间在午睡、玩耍和"休息"这类所谓小事上的冲突，反映的不只是育儿上的竞争性观念，也包括更大的结构性力量对她们双方所施加的束缚——例如雇主妈妈面对的"要么全干，要么不干"的职业性质，雇工妈妈面对的"家庭雇工是'家庭一分子'"的假设。这些冲突也折射出不同阶层的父母在子女教养方式上根深蒂固的分歧。虽然这些相对宏观的文化和制度影响，在公共和私人生活的许多领域中都可以见到；但在保姆与雇主的关系中，则有更为具体的表现。

在对母亲和儿童看护的访谈中，我试图寻找一些简单但却富有挑战性的问题的答案。雇主妈妈需要什么样的人来照顾孩子？儿童看护的种族、阶层、年龄、法律地位和教育水平，如何影响雇佣双方对工作的理解？对专业技术阶层的上班族妈妈来说，鉴于大部分的日常照顾都由其他人完成这个事实，她们如何诠释自己作为母亲的身份？从雇工妈妈的角度来看，关爱别人的孩子并收取酬劳意味着什么？儿童看护的工作日程，是否会与雇主的工作日程相冲突或相互竞争？家庭儿童看护，这种情感劳动的代价和后果是什么？[17] 对于有酬照顾者在家庭以及孩子生活中的角色，双方是如何定义的？双方如何界定和维护母亲与"非母亲"之间的界限？在回答这些问题时，本书阐明了当代中产阶层女性对母职的理解，也揭示出家庭与社区、居家与工作、爱与金钱之间不断变化的界限。

批评框架

母亲外出工作，商品化的儿童照顾与家务劳动，工作和家庭之间的张力，这些都不是新现象。多年来，社会学家、政策分析师和女性主义理论家，已经就双薪家庭所面临的挑战、当代母亲身份的政治，以及家庭雇工的工作环境和劳动力市场状况，写了很多东西。本书从这些研究中获益良多，但也极大地扩展和挑战了这些研究提出的见解，把儿童照顾当作分析当代家庭生活的核心。接下来，我们大致了解一下儿童照顾商品化背景下，那些与理解母职的微观政治最为相关的研究的概貌。

上"第一轮班"

本书关注家庭生活中"第一轮班"（first shift）期间育儿劳动的分工。既有研究表明，对于儿童看护在上班族家庭生活中所起的作用，人们一直怀有矛盾心理。长期以来，工作/家庭研究学者重点关注的都是"第二轮班"（在八小时工作之后的家务和育儿劳动）中男性参与度的增长，将其作为解决双职工家庭困境的灵丹妙药。[18]许多研究表明，在第二轮班中进行更公平的劳动分工，可以解决上班族妈妈所面临的问题——缺乏睡眠、休息时间不足、婚姻压力、职业晋升机会不平等。[19]然而，实际上对于双薪家庭来说，增加父亲的参与只能解决一部分问题。近年来，男性在育儿中参与度更高了，但是丈夫每周的平均劳动时间还是比妻子少 18 个小时。[20]除了通过父母轮班来自己照顾孩子，大多数劳工家庭必须依靠外人来看孩子。[21]若只关注父亲的家务和育儿劳动，则会忽略"友好闯入者"在孩子生活中的关键作用。[22]

我们对上班族父母如何在上班时间内协商分配育儿劳动仍然知之甚少。许多研究双薪家庭的文献好像都以为父母不在家时孩子就一动不动。大多数现有研究的关注焦点在于父亲如何在家里当好帮手，实则固化了将核心家庭视为孤立单元的看法，似乎核心家庭只能依靠自身有限的资源艰难前行。其实不然，我认为：对双薪家庭生活的真实写照，必须考虑直系亲属之外那些承担照顾工作的成年人所扮演的角色。

母职理想

本书也把有酬儿童照顾的角色带入了有关母职含义的争论之中。女性主义学者记录了所谓的"为母之道"和真正的母职实践之间的文化堕距（cultural lag）。[23]这些学者认为，美国中产阶层的母职理想以及与之相伴的儿童需求是不现实的文化和历史遗存。女性主义研究者呼吁重新定义和扩展"好妈妈"的概念，应超越"牺牲的母亲"，把工作当作支撑家庭经济、为孩子树立榜样、传递工作和独立价值的一种方式包括进来。[24]尽管他们大多数都认同新式的"为母之道"必须包括灵活的工作地点和共同育儿的伴侣，但几乎没有女性主义学者考虑如何把有酬儿童照顾纳入被重新定义的母职。[25]

具体来说，最明显的是，自从 19 世纪时以父亲为中心的育儿方式转变成以母亲为中心，美国关于母职的论述就一直坚持孩子要由母亲来"全面照顾"。在中产阶层家庭，母亲被告诫不要雇用仆人；阶层较低的家庭，也期望母亲们放弃外出工作的想法。[26]这种"密集母职"（intensive mothering）的意识形态在其他方面也是（并仍然是）以阶层为基础的。传统上针对母亲们的政策和职业建议会因阶层不同而有所区别，不同阶层的女性对母职的这些讲法一般也都有各自不同的理解。

中上阶层对如何实现自身再生产的忧虑，以及对于母亲在地位获得中所起作用的关注，特别能体现中产阶层女性的职业抱负与所谓母亲的奋斗和孩子需求不相容的假设之间的张力。这是一个由来已久的难题。举例来说，一百多年以前，当高等教育终于向女性开放之际，这一变革被表述为让她们更加胜任母职的一种手段，而不是成长为和男性一样的专业劳动力的必由之路。塞拉斯·威尔·米切尔（S.Weir Mitchell）20 世纪初给予拉德克利夫学院学生的严厉警告，体现了对白人中产阶层女性母职的这种广泛关注："如果高等教育或者大学生活在任何方面，无论是身体上还是思想上使女性无法成为贤妻良母，我认为还不如没有。如果高等教育和大学生活对她们影响太大，让她们只知道追求所谓更好、更高贵、更合她们口味的事业而不关注家庭生活，那么最好是把这片土地上的每所大学的大门都给关上。"[27]

尽管如此，受过大学教育的女性数量还是不断增加，她们当中结婚的人越来越多，家庭规模也越来越小。[28]整个 20 世纪，职业女性的数量确实在稳步增长，但直到 20 世纪最后一二十年，米切尔医生的噩梦才成为现实：大多数受过大学教育、有年幼子女的女性都在工作，她们会继续留在职场。

但这些母亲，以及其他千千万万的上班族妈妈，都没有减少照顾孩子的时间。事实上，当下的母亲用于陪孩子的时间比她们的母亲当年花在她们身上的时间更多。[29]她们有酬劳动的时间更长，和孩子在一起的时间也更多，这是因为她们用在做饭和打扫卫生上的时间减少了，前者是因为大部分工作被外包出去了，后者则是由于标准降低了。她们也减少了睡眠、休闲以及与伴侣相处的时间，以满足日益严苛的"以母亲为中心"的育儿文化对她们的期待。这些互相交织的紧张关系，构成了当今中产阶层母亲所面临的社会压力的大背景。我们的时代是一个独特的历史时期。

我在后面的章节里描述的儿童看护和雇主的关系并不具有必然性；它们并不是女性先天特点自然发展的产物，而是历史上特定文化和意识形态力量共同作用的结果。正如心理学家莎莉·席尔（Shari Thurer）所指出的那样："如果密集的、一对一的、排他性的母子关系真的是必不可少的，那么我们就不得不得出这样的结论：除了 20 世纪 50 年代这样短暂的一段时间之外，大多数文化，无论是过去还是现在，在缺乏这种母子关系的情况下都会对人造成伤害。"[30] 鉴于事实上并非如此，那么对母亲外出工作这个事过度紧张，就必然源于某种独特的文化和制度变革。正如社会学家安·斯维德勒（Ann Swidler）所指出的，在社会和文化发生剧变的时代，常识往往会变成教条。[31] 正是由于母亲们在劳动参与上的深刻转变，人们对女性育儿的文化期待也变得日益严格。当前，不只是贫困或未婚女性外出工作，女性工作已经成为一种常态，甚至那些孩子年幼的母亲以及被认为有条件"待在家里"的女性也外出工作，对上班族妈妈的文化批评也因此变得尖锐起来。

本书挑战了有关密集母职的假设，提出了这样一个问题：为什么我们认为那些需要第二份（或是第一份）收入的家庭，不到万不得已就不能把孩子交给他人照顾，而不是欢迎更多慈爱的成年人加入孩子的生活？

商品化的照顾：儿童照顾、家务劳动和全球资本主义

本书还校正了对有酬家庭雇工的典型理解。从照顾提供者的角度来看，大量研究关注的都是家庭雇工，较少涉及儿童照顾。[32]而随着全球城市的形成，不仅出现了需要且承担得起家政服务的富有的知识阶层，而且出现了可以满足这些需求的以移民妇女为主的低工资的劳动力资源。[33]这些有关家庭雇工和其他看护人员的研究，会对一大批工人进行描述，但是，将这些工人纳入研究的依据，往往是他们的种族、民族或迁出国，而不是他们的工作性质。[34]

这种研究方法缺点比较多。清洁工、保洁员、保姆、管家、帮工、女佣等职责各有不同，若把他们都纳入一个类别来研究，会导致忽视商品化的代理母职和商品化的代理家务劳动之间的差异。而且，这一区别对雇主雇请、管理保姆或家庭雇工的方式，也有着至关重要的意义。当工作只是照顾孩子而不是顺带照顾孩子的时候，家务劳动市场上的人口结构就会出现重大的差别。

最后，在儿童照顾这一类工作中，孩子的年龄也是一个重要因素。密集母职意识形态在指导学龄前儿童的母亲时最为强势。在照顾学龄前儿童的劳动力市场上，主仆之间的张力与各种母职意识形态结合在一起，反映出有关看孩子挣工资的深层矛盾。[35]各种母职意识形态和有酬儿童照顾的需要间的冲突，可以说是女性主义通往性别平等之路上的地雷绊线。正如弗拉纳

根指出的那样，女性主义专业人士被夹在平等主义理想和可负担的育儿服务需求之间，左右为难——"她本来想要一场革命，却只能找到一个委内瑞拉人"[36]。

公私之别

通过仔细审视商品化的母亲工作，本书挑战了有关核心家庭自给自足和公私领域可互相渗透的假设。一些学者和许多家长认为，出于爱而做的工作和为了工资而做的工作在本质上是不相容的。许多观察家表示，他们"担心逐渐商品化的生活会摧毁母性中最好、最强大的东西"[37]。哲学家让·贝斯克·埃尔斯顿（Jean Bethke Elshtain）代表最保守的评论家对有酬儿童照顾提出批评，她写道，"曾经有些东西，包括生活的各个方面，都不能当成买卖放在市场上任人争抢"，相反，如今"在所有东西都可以出售的世界里，没有什么是神圣的、不可涉足的"[38]。事实上，一些学者认为，具有关怀成分的劳动比需要相似技能的工作报酬更少，因为雇主相信：保持低工资，可以让这个劳动力市场只留下真正具有利他动机的人。[39]

甚至诸如芭芭拉·卡茨·罗斯曼（Barbara Katz Rothman）这样的女性主义理论家，也对家庭工作被外包之后所失去的东西表示忧虑："无论对消费者还是服务提供者来说，史密斯太太速冻馅饼公司都不是什么亲密体验。给孩子擦屁股、擦鼻涕，解决兄弟姐妹之间放学后的争吵，贴上新的创可贴，拉开孩子滑雪服上的拉链——这些都是贴心的服务。"[40]随着越来越多的女性加入劳动大军，原先由母亲和妻子提供的洗衣、食物和服装的生产、烹饪、清洁等服务已经被服务业和制造业所取代。总的来说，我们认为这些产品和服务节省劳力、提供便利，觉得史密斯太太的速冻馅饼完全可以替代妈妈的看家菜。其他传统上属于母亲的领域也被专业人员占据了，比方说教育，病人、残疾人和老人的护理。这些专业服务通常被认为优于妻子或母亲提供的非正式护理。当然，这些服务的分布——谁能花钱外包，谁不用加入提供这些服务的劳动大军，谁又是提供这些服务的劳动力——根据社会阶层的不同而有所不同。无论是委托他人还是家人来干，确保这些服务，或者说"劳动力再生产"的质量，仍然是女人的职责。

在许多学术文献以及普通大众的心目中，儿童照顾被视为女性"领地"——母亲最后一个不可替代的领域。社会学家维维安娜·泽利泽（Viviana Zelizer）认为，这种观点是错误的。她指出，长期以来，密切情感的交流都与金钱交换相辅相成，"人们在协商社会关系的意义和划定界限上投入了大量精力，当这些关系涉及亲密感和经济交易时尤其如此"。在她看来，保持这些界限需要"关系性工作"（relational work），包括"辨别那些可能会混淆的关系"，并在出现混淆时不断地重新协商和修复关系。[41]本书以泽利泽的见解为基础，考察雇主妈妈和儿童看护之间在亲密感和经济上如何协商，涉及哪些关系性的工作，以及未能处理得当的后果。

※　※　※

在美国，妈妈们大多数并不是全职的家庭主妇。但由于美国公众仍然对戴着珍珠项链、永远围着丈夫和孩子转的琼·克里弗（June Cleaver，一位美剧女主角，被视为 20 世纪 50 年代郊区妻子的典型。——译者注）存有幻想，他们的社会政策更多地反映了这种感性的愿景，而未能充分考虑双薪家庭的事实及出门上班的母亲们所承受的巨大压力。美国为上班族父母和其他需要养家的成年劳工提供的支持，落后于所有其他工业化国家。这是一个我们所珍视的意识形态与日常现实错位的时代，我们正是在这一历史背景下走进了这项研究中的母亲和保姆们的生活。

研究设计

本研究考察的是代理母亲工作，而不是母职中诸如怀孕、生育、建立家庭关系或给孩子经济支持等其他方面的分工和代理。[42]我将母亲工作具体定义为照顾和保护幼儿的日常工作。例如，在与雇主妈妈及她们雇用、监督的儿童看护的访谈中，我问及各种母职实践，包括喂孩子、换尿布、洗澡、管教孩子和陪他们玩。我还询问了与母亲工作相关的其他关系性的工作，包括安抚、刺激和建立亲密关系等等，这些都是养育婴幼儿的日常实践的一部分。[43]尽管母亲工作与作为社会角色或身份的母职有所区别，但它是做母亲的重要组成部分。因此，把母亲工作交给有酬照顾者代理的做法，可能会挑战对母职的基本理解。

我的研究发现基于 20 世纪 90 年代中后期对 30 位雇主妈妈

和 50 位儿童看护的访谈所收集的数据。这些雇主妈妈每周外出工作的时间在 30 小时以上，家里至少有 1 个学龄前儿童需要请人照顾。她们中大多数人职业地位较高，包括医生、律师、工程师、经理、教师、教授、艺术家和作家。被访人中既有单亲妈妈，也有再婚的妈妈；她们孩子的数量从 1 个到 5 个不等，各个年龄段的都有；这些母亲的民族和社会经济背景也各不相同。在受访的 30 位雇主妈妈中，有 8 位是有色人种。[44]

而受访的儿童看护则体现了家庭儿童看护这一群体的异质性：我访谈了 10 位来自欧洲的换工[45]，15 位美国出生的保姆，以及 25 位来自世界各地的移民。其中，14 人有自己的孩子，她们把自身的育儿经验当作职业培训；12 人接受过儿童早教的正规培训；3 名移民劳工在原来的国家是从事医疗或教育的专业人士。[46]在这 50 位儿童看护中，有 15 人和雇主住在一起，35 人住在外面。住家看护的每周收入介于 100 美元到 300 美元之间，雇主还另外提供食宿，住在外面的儿童看护每周收入为 80 美元到 500 美元不等。这些看护每周工作 30—70 小时。

有 32 名受访者是处于同一屋檐下的一对母亲和看护。因此，几乎有一半的访谈代表了来自同一家庭的两个视角，为分析每一对母亲-看护关系的不同解释提供了独特的机会。那些不能配对的母亲或看护也提供了同样有价值的观点，因为她们对自己所处的雇佣关系评价没那么积极。后来我对 20 位保姆及换工中介公司老板和经理进行了访谈，补充了雇主和雇工的视角。这些报道人向我介绍了保姆和换工合同的概况，解释了中介机构是如何参与雇主和看护之间的协商的。最后我共计对 100 人进行了深度访谈，并进行了录音。

我在研究中选择的儿童看护均在雇主家里工作，而不是在机构环境中（日托中心）或是照顾者家里（家庭托儿所）工作，主要出于以下几个原因。

首先，雇主和雇工之间是一对一的关系，因为我感兴趣的是女性与商品化的儿童照护如何协调，所以尽力寻找那些接近韦伯所说的"理想型"的母亲-看护关系。理想类型是一种阐释框架，允许研究者构建模型来突出其研究现象的关键特征，淡化其他方面。尽管在统计学上不具有代表性，但母亲和保姆间的关系突出了关于母亲工作如何分工的各种直接协商，这正是我试图理解的。[47]在比较常见的儿童照顾形式中，照顾者与父母的互动是由看护中心或者老板的政策，多个孩子及其父母的需求，以及多位雇员的需求所形塑的。而对于家庭儿童照顾而言，一位母亲在自己的家里有（或被认为有）选择和指导看护的权力，以满足她和孩子的需要。因此，她如何选择和管理家庭看护，就反映了对作为母亲的她来说，什么重要什么不重要——而这些或重要或不重要的事又反映了她的母职意识形态。

其次，雇用家庭儿童看护的专业技术阶层的上班族妈妈，通常有经济资源来选择不同类型的照顾服务。我想探索的是，那些能够挑选任意一种照顾安排的女性，是如何着手设计自己满意的母职劳动分工的？之所以关注专业技术阶层的母亲，也是因为她们对主流的育儿文化特别敏感且深受其影响。[48]在把母职工作交给他人代理时，中产阶层的育儿模式及其对孩子心理、情感和认知发展的期望，可能会形塑母亲们的决策。[49]

第三，我很想知道那些在职场破除了许多传统障碍、追求平等的女性，是如何处理家里的传统母职意识形态的。需要说明一点，我无意将专业技术阶层的女性定位成"标准值"（norm），工作/家庭社会学家对这种做法的批评很在理。[50] 我想了解的是，在其他生活领域取得成功的专业技术阶层女性可以在育儿和委托照顾方面揭示什么问题。在我访谈的 30 位母亲中，有 17 位可以被视为真正的职场开拓者：她们在公司或者行业中，都是做到当前职位的第一位甚至是唯一的女性。她们中的大多数人在工作和婚姻上都是明显的女性主义者。我曾经以为这个群体可能会成为"后性别"育儿方式的见证人。[51] 结果却并非如此，讽刺的是，这也是她们成功的事业和相应的社会阶层带来的结果。

最后，我在研究对象的选择方面，也受到宏观结构条件和一些事件的影响。当我在进行这项研究时，父母对儿童的管教不足、家庭和职场中的性别平等、移民和低薪移民劳工受到的潜在剥削等问题引起了越来越多的公众关注，人们对收入和社会阶层差距拉大的怒气与日俱增，佐伊·贝尔德（Zoe Baird）和金巴·伍德（Kimba Wood）的丑闻已经成了爆炸性新闻。[52] 当我完成第一轮访谈时，从人们对露易丝·伍德沃德案的反应以及流行文化频频提及保姆，都可以清楚地看出，美国人在育儿问题上的矛盾心理正具体体现在职业女性和她们的保姆身上。[53] 尽管专业技术阶层的上班族妈妈对于儿童照顾的安排并不是统计上的标准值（statistical norm），但已经成为一种充满政治和情感意味的文化符号。[54] 在我看来，在如今这种有符号意义的儿童照顾形式下，要想对母职和雇佣策略作出令人满意的理解，就必须深入其中，探究其中涉及的两类女性最在乎的是什么，而不是仅仅从表面上去理解流行文化的描述。

因为大部分保姆的工资都是私下支付的，现有统计数据中有关保姆人数及其在劳动大军中的种族和民族分布的资料并不可靠，所以，我在设计研究样本时并没有追求随机的普遍性，而是采用了最大变异抽样（maximum variation sampling）。[55] 在我所研究的人群总体中，我尽可能地寻找不同的看护类型。根据其他研究，我曾经以为大多数保姆都是非法移民，但我很快就发现事实并非如此。波士顿地区的儿童看护主要分为三个群体：移民、换工和在美国出生的妇女。我从这几个群体中分别招募了一些看护，并争取对她们的雇主进行访谈。[56]

这些访谈提供了许多充满细节的描述，道出了家庭照顾安排中明确的规则和隐含的期待，有"来自地狱的保姆"的故事，也有"把我们联系在一起的天使"的说法。我问保姆和换工，她们从事儿童照顾工作的原因是什么，她们对未来雇主家庭的期待是什么，以及她们对工作环境有何种感受。她们的回答常常令人心酸，有时候也带着几分幽默。尽管她们看似是家庭生活的顶梁柱，但其作为成年人的自主权和权威却经常被剥夺。

雇主妈妈们一般都对现在的看护和她们提供的儿童照顾服务表示满意；并不是所有的 50 位看护都对她们的雇主感到满意，但她们都对自己照顾的孩子很有责任感。由于许多访谈都是在孩子在场的情况下进行的，我可以直接观察到她们对自己照顾的孩子的喜爱之情和由衷的骄傲。同样，受访的母亲们也都尽力当好有良心的雇主。

　　我的访谈对象的态度和行为可能反映了一种自我选择：虐待孩子的保姆或者虐待保姆的雇主，不太可能接受访谈。就我观察的情况而言，基本上没有证据证明保姆虐待，也没有碰到媒体或某些研究中常见的无情雇主和儿童看护。我研究的两类女性都在努力维护她们的关系。因此，她们体会到的问题更加微妙，更加棘手，许多方面也更令人心碎。

　　本书接下来的章节分为四个主题：形塑妈妈-保姆关系的文化和结构限制，解决理想母亲/理想员工冲突的问题，保姆对雇主管理方式的看法，以及妈妈-保姆关系的替代模式和改变之道。下文将对每个主题进行分别描述。

形塑妈妈-保姆关系的文化和结构限制

　　塑造母亲与保姆这对关系的，不是自由的、不受约束的行动者。母亲和保姆带入雇佣关系的需求和期望，受到文化和结构的形塑，第二章、第三章对这些文化和结构的约束进行了概述。

　　第二章探讨了形塑雇主妈妈生活的各种互相矛盾的力量。尽管她们是男性主导领域中的事业先锋，但她们发现自己仍然处境尴尬，必须不断证明自己的工作热情。[57]她们发现，自己常常需要经受所谓"男性气质考验"，以确认自身的职业取向，而一旦她们有了孩子，通过这个考验就变得更难了。与此同时，也许有些矛盾——她们也认可密集母职的基本原则。她们读了很多育儿指南，认为自己的母职实践没有达到"理想母亲"的标准，于是把家庭看护当作自己上班时替代母亲关爱的办法。她们经历的是我所说的"负全责"（blanket accountability），也就是说：无论实际上照顾孩子的是谁，孩子日常生活中发生的一切，她们都得负责。因此她们也常常左右为难，难以抉择究竟是拼尽全力满足职场要求——雇人在家代理母职，还是满足自己当居家母亲照顾孩子的愿望。正是这种冲突助长了雇主妈妈们的矛盾心理，指导着她们对儿童看护的管理方式。

第三章介绍了波士顿地区常见的三类保姆，描述了她们从事保姆这一行的不同职业道路，以及从事这种在法律上和社会上被定义为"家庭一分子"的工作，而不是技术性的工作所面临的问题。在我访谈过的看护中，有些人只做婴幼儿照顾工作。她们认为自己比其他家庭雇工更有技能，尤其是与日托中心提供的照顾相比时，她们为自己提供的服务品质感到骄傲。尽管如此，这些保姆作为专业的雇工妈妈还是陷入了一种矛盾：她们的工作究竟应该由市场规范来统领，还是应该由更自由、也许更具有剥削性的家里的规矩来主导？她们也把母职视为一种职业道德，一种将自己与自己所照顾的孩子联系得更紧密的文化规范，但矛盾的是：这种文化规范却导致她们在与雇主协商时违背自己的经济利益。

解决理想母亲/理想员工冲突的问题

第四章至第六章分析了雇主妈妈如何试图通过雇用、管理和监督保姆，来解决她们面临的理想母亲/理想员工的冲突。最常见的应对策略是把保姆当作母亲自身的延伸来管理，也就是"影子母亲"。设法把保姆变成影子母亲，第一步便是筛选看护。第四章简要介绍了上班族妈妈采用何种策略，来寻找和雇用最适合自己孩子及孩子发展阶段的雇工。

第五章介绍了雇好看护以后的管理和监控策略。雇主妈妈使用的保姆管理策略既有微观管理（micromanagement），也有善意忽视（benign inattention），也即假定雇主和保姆之间存在一种直觉上的关联。这些看似走极端的方法，都是把看护当作母亲的延伸，而不是与孩子有着独特关联的个体。这两种管理策略的目标，都是精心安排保姆和孩子的日常生活，以符合雇主的想象——如果自己是全职妈妈，会如何照顾孩子。

第六章着重介绍了另一种管理策略：一方面，要实现对妈妈-保姆劳动分工的想象；另一方面，也要操控这种劳动分工的意涵。我访谈过的雇主们都信奉"在适当的时间、适当的地点实践母职"这一完美理想。[58]谨慎用人、日常管理可以把家庭看护转变成表达雇主育儿实践的可靠方式。然后，只有在保姆不仅能充当母亲的延伸，还能够在不被需要时隐身，在履行职责时不危及雇主作为孩子第一依恋对象的形象时，对影子母亲的改造才算是完成了。

保姆对雇主管理方式的看法

第七章、第八章展现了保姆的视角和她们对雇主管理策略的反应。大多数保姆和她们的雇主对"好妈妈"的含义有不同的理解。这两类女性的日常行为和期望都根植于她们各自对母职理想的理解之中，因此，她们之间彼此竞争的意识形态也就成了雇主与雇工之间紧张关系的战场。第七章描述了保姆们最想要得到的工作条件，包括雇主的态度和家庭氛围。我把备受保姆们期待的这种场景称为"第三父位家长"理想。所有的保姆都渴望雇主认可她们对家庭生活所作的重要贡献，但很少有人得到这样的认可。第八章考察了保姆们如何适应/抵制雇主强加给她们的角色定义，如何应对雇主为了防止她们与孩子之间建立感情所设的种种限制。

妈妈-保姆关系的替代模式和改变之道

第九章、第十章考察了雇主和照顾服务提供者之间其他可能的关系，探讨了改变现状的办法。本研究最初的 58 个访谈表明，大多数上班族妈妈-保姆的关系都被一种"认可不足"扭曲了——双方都只看到自己对育儿的贡献，不承认、不认可对方的付出。不过，其中有一些关系也体现出互助、友爱、合作育儿的曙光。这些例外表明：那些不执着于达到理想母亲或理想员工标准的雇主妈妈，在儿童看护的管理方式上会有所不同，她们不那么依赖影子母亲的策略。我后来又补访了 22 位女性，包括从事非全日制工作或者享有弹性工作时间的母亲，我想这些女性也许会采用另外的反霸权主义（counterhegemonic）方式来管理儿童看护。[59]

在这个群体中，伙伴关系是主流。这些雇主妈妈将儿童看护视为独立的人——她们与孩子的关系，不同于母子关系，也并不是母子关系的延伸。同样，在这个群体中，丈夫和妻子在分担育儿责任时也更加平等。伙伴关系承认有酬看护为儿童抚育和家庭生活所作的贡献，也是唯一明确挑战密集母职意识形态下的雇主-雇工关系的。第九章对这些关系的描写，表明有酬儿童照顾可以融入家庭生活，让每一方都受益。

第十章里，通过将这项研究中得到的洞察用于考察其他形式的儿童照顾，我发现在整个儿童照顾谱系中，照顾者追求的都是公平的报酬，以及对她们的爱心和利他主义精神的认可——这种冲突也是让我访问的保姆感到沮丧的核心原因。此外，密集母职就其本质而言是基于阶层的意识形态。不仅母亲们关切的具体内容是由社会阶层所决定的，保姆与母亲之间的冲突也主要源于母职意识形态的阶层特性。阶层传递是工作，是女人的工作。我的访谈对象们面对的核心问题就是：不同阶层的女性，如何就这种性别化的工作进行协商。我在结论中提出，我们更应关注的不是如何维持社会地位，而是怎样维护照顾者的尊严。

②

里里外外负全责

序曲：杰西卡和安娜贝尔[1]

我第一次见到杰西卡是在一家咨询公司，她是公司合伙人里唯一的女性。38 岁的杰西卡身材高挑，有点运动员的气质，看起来就是成功人士的典范：金色的头发梳得很光洁，米色的西装剪裁合体，低调的首饰透露出生活的优渥。她从容地把我迎进橡木家具为主、色调淡雅的办公室，就像一位老练的女主人，但她有力的握手又展现了一种公司元老的风度。

杰西卡是接受访谈的 30 位母亲中收入最高的，年收入超过 30 万美元。她的丈夫史蒂夫自己当老板，他们结婚两年了，一直很幸福。她说史蒂夫对 11 个月大的儿子萨米也是一个尽职尽责的父亲。她觉得自己很幸运，找到了一个"完美的"的换工安娜贝尔，一个来自苏格兰的 18 岁的女孩。然而，聊着聊着，杰西卡梦境般的生活听起来变得有点像噩梦，她的淡定渐渐被泪水淹没了。

虽然杰西卡的公司自诩注重家庭，但怀孕却使得杰西卡在公司的地位一落千丈。怀孕后，很多她平常负责的工作都被转交给了别人，曾经非常尊敬她的同事也或隐或现地流露出一些贬低之辞。比方说，在一次与潜在客户的公司总裁进行电话会议时，客户问道："杰西卡，你好吗？"她公司的资深合伙人插话说："哎，实际上她现在不太好，你应该见见她！她真的不太舒服。她怀孕了！"客户回应说："哇，你最好小心点。这种事儿你得当心。"这番交流引发了男性之间愉快的笑声。还有一次，也是在一个会议上，一位同事想要讨论杰西卡将来"不忙着生孩子的时候"会做点什么。

一开始，杰西卡希望将来能在休完九周的无薪产假之后再补一些额外的休假时间。但是，她向我解释道："我认为你不可能从职场、从一个高级职位中抽身好几年，然后又回到原来的层级。这是对女人而言。现在，如果我是个男人，你知道，去打两年高尔夫什么的，回来还是一样的级别。但我认为，一旦你离职几年去养孩子，你在职场上就等于消失了。"她接着告诉我，她上班的地方对应该怎么为人父母有一种奇怪的双重标准："我们现在聊天的时候，我有个男下属正在他办公室里带两个孩子……但是如果我把孩子带进来，我想肯定会有很多人用一种奇怪的眼神看着我，说：'她没法工作。她孩子在这儿。出了什么问题？看孩子的在哪儿？'大概他们觉得孩子在工作场所的话，妈妈就没法集中精力做别的事了。至少好妈妈不行。"

就杰西卡从事的这种男性模式的职业而言，员工被期望能够以工作为第一要务，因为要么他们不用承担家务，要么就是有人在家照顾他们。杰西卡作为一名女性，人们期望她更加努力工作，以证明怀孕、第一个孩子出生、家里有婴儿不会影响她对工作的投入。她的男同事没有遇到类似的障碍。人们普遍认为，做父亲不会对工作产生负面影响；有时候，男性员工里那些敢为人先的负责任的父亲、体贴的"新派男子"（new men）[2]还会因此获得额外奖励。

就像在办公室一样，表面上看，杰西卡在家里的处境似乎很理想：史蒂夫自己当老板，时间很灵活，白天可以随时回家来。他也是一个称职的、积极参与育儿的家长。此外，按照杰西卡的说法，安娜贝尔是她理想中的换工，精力充沛、顺从，完全把爱投注在萨米身上。但杰西卡说："直到今天，我还是感到被伤得很深很深，萨米想要安娜贝尔，要么就要史蒂夫，我排第三。我感到很担心。我想，'我们的关系还能恢复吗？他以后会变得更喜欢妈妈吗？我希望如此'。"在杰西卡看来，她在两方面都失败了。她不再是男性模式职业需要的那种身无挂碍的员工；同时，她也觉得自己在儿子的生活中没有足够的存在感，不足以让自己成为他的"主要依恋对象"（primary attachment）——而她读的育儿指南都告诉她应该做到这一点。像本研究中大多数雇主妈妈一样，杰西卡背负着一种我称之为"里里外外负全责"的重担：无论是在家里还是在上班，不管她在哪里——公司里或儿子的生活中，一切事情都得由她负责。

而且，与我访谈过的大多数雇主妈妈一样，杰西卡非常依赖育儿指南。她说史蒂夫觉得她"实在是太照着书当妈了"；但杰西卡认为，这些书可以确保她养孩子时不会犯当年自己父母犯过的错，而且她没有什么女性的榜样可以学习。"我的朋友们都在家带孩子，"她解释道，"我在工作中认识的朋友要么没有孩子，要么孩子都大得多。"然而，依赖育儿专家的指导也给杰西卡带来了严重的问题。她读的大部分书都告诫她应该把整个精力都放在萨米的成长上。在工作中，她承担的压力越来越大，必须表现得更为投入；但是，履行母亲的职责，又要求她花更多而不是更少的时间陪伴儿子。

这种冲突使得她对安娜贝尔的期待和感情互相矛盾、充满纠结，也影响了她和安娜贝尔的关系："我希望白天她和萨米在一起的时候爱他、疼他；晚上，或者我在家的任何时候，就退后一步，别插手。但老是要求一个人管住自己是不可能的。"安娜贝尔大部分时间都能完成这个"不可能"的任务。杰西卡承认，她的换工"非常理解"自己所面临的挑战，而且"真的（试图）在这件事上帮助我"。我会在下文继续讨论，杰西卡和我访谈的其他雇主妈妈有一点很相似：她需要让自己成为主要父母（primary parent），同时，也希望儿童看护能当"影子母亲"（shadow mother），这构成了她管理儿童看护的基本方式。

访谈安娜贝尔是在杰西卡的大房子里进行的，我们在客厅见了面。安娜贝尔身材结实，有一双浅蓝色的眼睛，脸上长着雀斑，红色的卷发乱蓬蓬的。她说话带着浓重的口音，在访谈期间，她和萨米说话的时间跟和我说话的时间一样多。我们谈话的时候，小萨米把她当个人形攀爬架。当我问她对萨米是什么样的感情时，她回答说："啊，我爱死他了。要离开他可太难了。他真是个好孩子，真的。"和我访问的大多数保姆与换工一样，安娜贝尔显然和孩子母亲一样爱这个孩子。但同时，安娜贝尔也跟其他照顾者一样意识到：维护杰西卡作为萨米主要依恋对象的角色，是她工作当中很重要的一面。她提到，当孩子刚开始学说话的时候，"有时"说"爸爸爸爸"，"偶尔"说"妈妈"。她遗憾地笑了笑，补充道："当他说'妈妈'的时候，我们都鼓掌欢呼。"安娜贝尔意识到，她有责任让雇主感受到自己在家里的重要地位。当杰西卡抱怨说萨米快一岁了，但她觉得自己还没怎么花时间陪他时，安娜贝尔坚决表示反对，"哦，杰西卡，你已经花了好多时间陪他了，他非常爱你"。

尽管家里的换工让人安心，但杰西卡负全责的压力还是很大。由于担心自己在外上班会令萨米失望，或者影响他的健康和顺利成长，她制定了一系列规则来应对自己的忧虑：除了附近的公园，安娜贝尔不能开车或者走路带着孩子去任何地方；白天不准看电视，打电话的时间也被限制在十分钟之内。后来，电话的时限改了，杰西卡说："我跟一个当全职妈妈的朋友聊天，她说'嘿，我整天都在家带孩子，（电话）就是你和世界的连接。你需要打电话'。"不过，杰西卡刚刚提升的意识也还是有限度的。她允许安娜贝尔"在萨米睡着的时候"打半小时的电话，但是当他醒着的时候，还是按十分钟的规则来。虽然杰西卡承认，换成她待在家里，也很难遵守这些对换工的行动、使用汽车和电话施加的限制，但她还是坚持执行这些规定。即使她自己无法亲自照看儿子，这些规矩对她在带孩子这件事上的掌控感也很重要。

安娜贝尔几乎没有抱怨，她适应了。对萨米的爱让她觉得自己有责任在换工合同结束时找一个合适的替代者。她认为，如果让她来选下一个照顾者的话，什么问题都没有。但安娜贝尔不知道：当她的合同结束时，杰西卡准备自己替代她，而不是另找一个保姆。杰西卡挣的钱占了家庭收入的 85%，还承担了所有的医疗费用，她担心离职会影响家庭的经济稳定——不过，在我们进行访谈时，她更担心自己做母亲不称职，帮她减轻这方面的焦虑是更迫切的需求。

※　※　※

我访谈的这些雇主妈妈代表了从第二波女性主义的进展中获益的一代人。她们是内科医生、牙医、公司或非营利组织的主管、教授[3]、辩护律师、工程师、军官、科学家——都在男性主导的行业工作。其中大多数人在她们工作的机构是第一个或唯一一个取得如此地位的女性。还有一些雇主妈妈从事文艺方面的工作，例如作家、电影制作人，还有一些人从事中层的教学和管理工作。就像从事专业技术和管理的其他女性同辈群体一样，她们进入劳动力市场的时候年龄比较大。在职业生涯开始之前，她们的平均累计受教育年限长达 21 年，大多数人都受过研究生教育。

尽管如此，由于她们生孩子的时间也比较晚，事业心和养育孩子的愿望有点撞车。[4]大多数雇主妈妈在第一个孩子出生的时候正处于职业生涯巩固期，生产力即将达到巅峰。如同杰西卡一样，她们发现自己陷入了"无负担员工"（unencumbered worker）和"好妈妈"这两种理想之间的两难困境。[5]"她们越是努力去成为理想的母亲，花在工作上的时间就越少；而越是努力满足工作的要求，留给孩子的时间就越少。下文我们将会看到，那些为她们打开学校和职场大门的女性主义观念，对于如何平衡事业和家庭并没有什么帮助。无论是对于"无负担"理想员工的前提假设，还是"全职"母亲的理想，她们都没有提出挑战。相反，大多数人接受了职场对她们的要求，而且比起不那么富裕的女性，她们还有一种基于阶层的对孩子的可完善性（perfectibility）的重视，因此更接受密集母职观念。

本章考察了这些困境，探讨了定义理想母亲和理想员工的标准和期望，以及这些标准和期望如何形塑本研究中雇主妈妈的思想、感情和行动。这些上班族妈妈真的认为她们要对自己孩子的"结果"负责。她们接受了一种"负全责"的观念，坚持认为无论她们雇用的保姆或者换工多么有爱，多么能干，只要妈妈本人不在家，就可能会给孩子造成不可弥补的损失，而自己这种缺席甚至可能会对孩子的成长产生深远的影响。更糟糕的是，如果这种损害确实发生了，可能在孩子长大之前都不太明显，但到孩子长大时想亡羊补牢却为时已晚。这种认为在孩子小时候错过的陪伴时间"无法弥补"的观念困扰着女人们。"我一直特别焦虑，"一位雇主妈妈解释说她"每周"都"重新评估"自己要不要去上班，继续从事自己"深爱"的工作，但代价可能就是不能完全满足自己 16 个月大的女儿的需求。

负全责不只意味着关注孩子的身体安全和情绪健康，还包括对阶层地位能否成功传承的担忧。莎伦·海斯所说的"密集母职"[6]在近几十年来加速发展，对于儿童发展指标的关注也与日俱增。这种新的竞争性的母职意识形态瞄准中产阶层的母亲，告诫她们要让婴幼儿做好准备，以进入人人梦寐以求的学前班，最终进入哈佛大学。按照大多数研究阶层传递的理论家的讲法，这个过程即使不是自然天成，也毫不费力。[7]这些理论还认为社会阶层的再生产是女人的工作，而社会上层总是有优势的。尽管如此，我所访谈的中产阶层的母亲仍然把阶层传递描述成她们的工作，一项她们不得不交给替身来代理的困难的工作。

对于我访问的雇主妈妈来说，这种强烈的负全责的意识和孩子的日常照看由他人完成的事实，构成了一个几乎不可能完成的挑战。她们必须想办法保住自己的工作；同时要了解什么对孩子是最好的，并确保孩子每天都照此培养，接受适当的刺激；虽然她们出门上班去了，但还是要在孩子们的精神生活中保持至高无上的地位。如果像专家所说的那样，母亲和孩子之间的纽带是"不可分割的"，那么这些上班族妈妈怎么能跟他人分享对孩子的照顾，同时继续当理想母亲呢？如果她们的工作需要"要么全干，要么不干"这种程度的付出，这些母亲如何才能满足职场的要求，在她们的高级职位上做出杰出的成就呢？当杰西卡说"我认为你不可能从职场、从一个高级职位中抽身好几年，然后又回到原来的层级"的时候，她说得对吗？那些身居要职的母亲是如何应对那些影响其家庭和职场生活的各种职责、责任、期望、机会和约束的？她们的反应对于她们选择如何照顾孩子又产生了什么影响？

为了回答这些问题，本章首先考察了雇主妈妈们有关母亲责任的观念最重要的几个来源：育儿指南、大众媒体以及学术研究中所呈现和阐释的那种当代育儿意识形态——它要求母亲无处不在，把大部分或所有精力都投注在照顾孩子上；基于阶层的"竞争性母职"意识形态；[8] 由对于自己母亲的育儿实践的碎片记忆形成的期待；以及这里的研究参与者所想象的、媒体所坚持的、所谓全职妈妈对待孩子的标准。

本章的第二部分转向职场，首先关注与"无负担员工"这一流行模式相关的期望和标准是如何与母职理想相竞争的，接下来考察这些富裕阶层的女性留在劳动力市场上的因素。在本章最后，我探讨了工作上的要求以及感觉做妈妈不称职所引发的焦虑，是如何导致被访谈的大多数妈妈们变得像"母爱守门员"（maternal gatekeepers）一样，乃至对于把孩子爸爸纳入本已碎片化的育儿工作中也持一种矛盾态度的。[9]

新的母职理想

20 世纪 90 年代中期，莎伦·海斯造出了"密集母职"这个术语，用于描述美国盛行的"以儿童为中心、由专家指导、耗费情感、劳动密集、成本高昂"的育儿方式。[10]在此后的十五年间，有关母子依恋重要性的专家观点发生了变化，有新的研究指出，从出生到三岁期间是大脑发育的关键时期，而且有关儿童可完善性的观念已经成了一个可实现的目标，对于母亲们——特别是受过教育的、富裕阶层的母亲的要求，也随之与日俱增。

母婴联结优先

20 世纪 90 年代中期，美国国家儿童健康和人类发展研究所（NICHD）关于儿童早期照料和青少年发展研究的第一期数据开始出现在媒体上。这一研究，尤其是媒体对该研究的"炒作"，对于开创以科学指导育儿的新时代发挥了重大的作用。美国国家儿童健康和人类发展研究所的研究始于这样一种假设：母亲是儿童与之建立"主要"情感联结的人，因此，做好妈妈就要从建立主要依恋关系出发，并努力维持这种依恋关系。儿童发展方面的专家也基于这个假设指出，成功的母亲是从孩子出生到三岁这一关键时期主要且经常是唯一的照顾者。通过婴儿期、学步期和儿童早期的各种依恋活动，她和孩子心意相通，传递安全感和幸福感。虽然国家儿童健康和人类发展研究所这项研究的目的本是探究不同的早期育儿环境对儿童发展的影响，但它不只是关注非母亲照顾的各种类型，也关注母亲缺位的后果。该研究依托于玛丽·安斯沃思（Mary Ainsworth）的"陌生情境测验"（strange situation test）理论，说明研究者假定母亲缺位必定是有害的。[11]

该研究对于非母亲照顾的影响呈现出不同的结果。大多数情况下，照顾的质量对儿童健康成长的影响，比母亲在场或缺位更重要。[12]然而媒体对这项研究的报道可不那么乐观。第一期数据结果表明，环境的类型以及照顾时间的长短，对于儿童对母亲的依恋程度都没有显著影响；但在数据发布后不久，《纽约时报》就发表了一篇文章讨论罗马尼亚的孤儿和他们的"依恋障碍"（attachment disorder），将他们与美国上班族妈妈的孩子相关联。[13]媒体对国家儿童健康和人类发展研究所研究的报道还突出了一个相对较小的发现：有些上日托中心的高风险儿童在六岁的时候"又聪明又可恶"。[14]尽管对同一批儿童的后续研究提供了相反的证据，但媒体报道从这项多年研究中截取的信息却是：脱离家庭儿童照顾，会使儿童在以后的生活中面临出问题的风险。

0—3 岁的神话

在同一时期，媒体对于一些备受瞩目的会议，比如白宫赞助的"起点"活动的报道，以及《反思大脑——对早期发展的新见解》（*Rethinking the Brain: New Insights into Early Development*）等出版物对最新研究成果的广泛传播，使得"头三年神话"进一步强化。[15]基于大脑主要的神经通路形成于婴儿出生至三岁期间这一前提假设，一些专家推论得出：儿童的长期认知功能几乎完全取决于这一时期所接受的刺激。哈佛大学儿童精神病学家费尔顿·厄尔斯（Felton Earls）宣称："从此开始出现了一种不可逆性。这个形成过程很早就开始了，在这个过程结束的时候，也就是孩子两岁、三岁或四岁的时候，你基本上已经设计好了一个不会发生太大变化的大脑。"[16]

诸如此类的言论引发了一阵认知刺激的市场营销风潮，包括"天才宝贝"和"莫扎特宝贝"等系列。相关的营销人员表示，他们担心如果父母不能确保孩子接受这些刺激，孩子在进入幼儿园之前就会在学业上落后。在"关键时期"的相关发现公布之后，一项针对孩子小于三岁的家长开展的全国性调查发现：92%的父母相信，孩子的教育成就会被其 0—3 岁的认知经验所影响；而 85%的父母担心，如果他们没有提供适当的刺激，宝宝的大脑就可能无法正常发育。[17]

神经学家试图说明这些新的发现并不意味着不可逆性。他们解释说，儿童的大脑并不需要特别的塑造，他们的大脑是有适应性的，在人生头三年之后也还能够成长和发展，因此，"不需要任何特别的干预，除非完全无视（似乎）才会阻碍正常的婴儿这一发展过程"。[18] 然而，这一剂破除 0—3 岁神话的令人安心的解药，其传播范围远没有那么广，只是暂时被公众接受了而已。

"可完善的孩子"假说

父母不想冒不积极"设计"孩子大脑的险，这可以理解。尽管神经学家也尝试过用事实来取代神话，但育儿专家却将密集母职的基本原则和神经发育、刺激以及依恋的最新研究成果综合在一起，发现了一种令人兴奋的新可能：养育完美的孩子。"可完善的孩子"假说，可以用精神病学教授理查德·蔡斯（Richard Chase）的话来总结——他在 1997 年卖了 100 万册的《新闻周刊》特刊"你的孩子：从出生到三岁"中断言，"我们可以让大多数孩子变得比现在更聪明、更有趣"[19]。类似厄尔斯博士、蔡斯教授这样的言论，给父母——尤其是母亲，施加了巨大的压力。

在参与本研究的中层和中上层家庭中，"可以"很快就变成了"应该"。这些家庭中的母亲和杰西卡一样，都是"书妈"（book moms），她们倾向于"像对待博士论文一样对待母职"。[20] 她们研究育儿手册，了解儿童行为模式、疾病和发育时间表。[21] 她们也试图让自己的期望、行为，与专家们对父母参与、情感联结和认知刺激的重要性的讲法保持一致。但是，当她们用当代育儿的标准来评估自己的表现时，大多数人的结论是：她们给孩子的母爱没有达到标准。[22]

在访谈中，常常可以感受到访谈对象对孩子的发育和自身在此事上的监控角色充满焦虑。文化理想中的好妈妈无处不在，对养儿育女的各个方面负全责。这种理想的威力，在很大程度上有赖于一个事实——就其定义而言，它是无法被检验的。我访谈过的雇主妈妈没有一个人能确定，究竟要多少时间、感情、投入、关注和刺激，才能养出一个完美的孩子；也没有人说得清，达不到标准会有什么长期影响。[23] 新手妈妈是最焦虑的，这不足为奇，享有弹性工作时间或非全日制工作的妈妈们最不焦虑。然而，所有的雇主妈妈都担心，由于她们偏离了居家育儿的标准模式，可能会被视为糟糕的母亲，进而会被视为在成年女性的主要职责上是失职的。好妈妈的文化理想如此强势，以至于那些没有时间，或者缺乏全职妈妈那种灵活性的女性，也在努力塑造居家母亲的形象。她们之所以这样做，是因为她们不仅要对别人负责，也要对自己信奉的母职理想负责。

对于我访谈过的专业技术阶层女性来说，这种我称为"负全责"的感觉几乎无法控制，甚至也无法缓解。大多数雇主妈妈不像她们的保姆那样，能够与处于相同环境的同辈群体保持接触；她们也没有机会像保姆那样，通过定期接触儿童游乐场上的"民间智慧"来进行"事实核查"（reality check）。同样重要的是，无论是本研究中的访谈对象，还是其他大多数美国母亲，都缺乏可资借鉴的反意识形态（counterideology）。无论谁来照看孩子，孩子母亲最终都要对孩子的身体、情感和心理健康负责，对孩子所接受的照顾质量的方方面面负责——对于这样一种观念，任何当下盛行的信仰体系都没有提出挑战；在这个已经让人望而生畏的责任清单上，专业技术阶层的母亲们又加了一条：确保自己的孩子能够维持或提高他们的社会阶层地位。

竞争性母职

美国社会长期以来对个人主义的强调造成了一种"竞争性母职修辞"（rhetoric of competitive mothering）。[24] 每个家庭，其实是每个母亲，都被期望能够将其经济、社会和文化资源集中起来并传递给孩子，这是再生产和提高孩子阶层地位所必须的。对于中产家庭的父母来说，让孩子获得竞争优势的育儿策略尤其重要，因为这有助于保持他们的优势阶层地位。[25] 雇主妈妈们非常清楚，当今社会的流动可能向上流动，也可能向下流动，因此，她们感到让孩子习得能使其成功的技能和品质至关重要。她们相信好妈妈不只是爱孩子，而且还会传递皮埃尔·布迪厄所说的惯习（habitus）[26]，随着孩子年龄的增长，它会逐渐转变成文化资本。[27]

对布迪厄来说，惯习这个概念既可以指称自然的事物，也包含个人觉得舒适或期望的东西。拉鲁（Lareau）指出，童年时期传承下来的惯习可以转化为权力，"主流机构对不同家庭的孩子进行培养时，赋予文化不平等的价值，因为优势地位的家庭养育孩子的标准，与这些机构提出的（专断的）标准非常相符"[28]。通过对中产家庭、劳工家庭和贫困家庭进行比较，拉鲁发现：黑人和白人中产阶层家庭的父母都倾向于有意识地培养孩子的认知天赋，安排各种丰富的活动，并为孩子示范和建立一种基于权利意识的互动模式。当孩子逐渐长大后，这种方式让他们比同龄人更有优势。

下面我们将会看到，母亲的讲述满是对代理母职的各种担忧。她们担心孩子的安全、孩子得到的抚养的质量、孩子跟父母和其他人的心理联结……最令人焦虑的是，如何通过看护来传递文化资本和惯习——要知道，这些儿童看护不一定天生就与她们抱有同样的社会和文化观念。与看护不同，母亲只要本人在场，就可以让孩子自然地接触到她们的品味、判断和好恶，就能传递中产阶层的惯习。而本研究中的母亲们必须"立约"（contract）才能确保这一传递。在考虑雇用、培训和监督保姆的时候，母亲们难以通过劳工阶层的母亲形象来传递中上阶层的惯习，这成了一个急需解决的问题。

符合现实和想象中的全职妈妈标准

惯习反映的是个人心中那些在童年时期和家庭生活中被视为正常和自然的东西，在这个意义上，惯习也塑造了母职的标准。雇主妈妈们对于"正常"童年的理解，很大程度上是基于她们被母亲养育的经验。因为她们用于衡量自身育儿尝试的标准，跟关于自己母亲育儿实践方面的记忆、通过阅读育儿指南所学的知识，以及媒体对最新研究的报道都结合在了一起，她们就有更多的理由认为自己当母亲还不够称职。她们中的大多数人都会经常计算前一天（或者前一周、前一个月）有多少时间和孩子在一起（或没有和孩子在一起），想方设法来弥补那些她们认为还不够理想的地方。[29] 苏珊娜今年三十岁，在一家成功的互联网创业公司担任副总裁，她也是第一次当妈妈。她解释道："我长大的模式，显然不是我现在采用的模式，所以，呃，我很难评估我现在的做法会有什么影响——我现在的做法会有什么长期影响。而且，你知道，这让我很紧张。（笑）我不确定（我在家的时间够不够）……我的意思是，我没有，我花了，嗯，大概，这太糟糕了，你知道，每天一个半小时或两个小时和她在一起。"大多数受访者都是由全职妈妈带大的，与那些不是被全职妈妈带大的人相比，她们的态度往往更加矛盾。[30]

34 岁的玛丽·安妮是一位白人科学家，有一个两岁的女儿，她形容自己的母亲是"完美的养成型母亲"（perfect nurturing mother）。她记得母亲"每件事都和我们一起做"，"一直和我们在一起"，"参与了我们生活的方方面面"。现在，玛丽·安妮已经有了自己的孩子，她发现自己的"很多"做法都是在模仿母亲——尽管和母亲不同，她得出门上班。33 岁的特蕾莎是一位拉美裔的数学教授，她说当自己的母亲听说她计划等第一个孩子满 14 个月就把他送到日托中心去时"吓坏了"，特蕾莎发现自己的感觉跟她母亲一样："我记得我当时的感觉是，'如果我不是他需要的人，我怎么能真正成为他的母亲呢？其实和他在一起的人才是母亲'。"最后，一位养育了两个健康快乐的孩子的同事帮助特蕾莎认识到，她母亲的态度"只是（她母亲的）个人偏见，而不是事实"。

即使是由上班族妈妈抚养长大的女性，也经常觉得相比之下，自己做得不够。艾丽西亚是一位拉丁裔作家，今年 29 岁，比本研究中的大多数母亲都要年轻，她说自己是由"七十年代典型的超级妈妈"抚养长大的。因为艾丽西亚"总是觉得（自己的）生活和他们（孩子）是割裂的"，她认为自己不如她的母亲，她的母亲既要从事富有挑战的学术工作，又要养育一家人。艾丽西亚本来可以把自己的母亲当作母职实践的积极榜样，然而她却认为这是因为母亲有一种自己缺乏的非凡个性。有意思的是，无论用作参照的母亲是上班族还是家庭妇女，我的受访对象强调的都是她们的个人特征，而不是（家庭或工作）制度上的支持。

无论她们自己是否是由全职妈妈带大的，所有的雇主妈妈们都面临着同样巨大的困境，那就是如何通过他人作为中介，来传递她们的文化资本和惯习。她们自己的母亲待在家里，亲身履行她们的职责，从而能够"自然地"让孩子们接触她们的品味、判断与好恶。相比之下，我的访谈对象不得不"立约"确保惯习的传承。大多数情况下，她们请的看护的背景与她们自身相去甚远。几乎没有保姆或者换工与雇主拥有同样的社会和文化观念。我们将在接下来的章节中看到，难以通过劳工阶层的母亲形象来传递中上阶层的惯习，成了雇主妈妈们急需解决的问题。

神话中的妈妈

除了努力达到记忆中自己母亲的育儿标准之外，这些雇主妈妈还尝试用她们心中那些不上班的妈妈们的标准来要求自己。媒体频繁地将上班族妈妈和全职妈妈进行负面比较，让大多数人深受影响。[31] 37 岁的玛丽是一名非全日制的白人医生，她提到《波士顿环球报》最近发表了一篇文章讨论"对全职妈妈全新的敬意"，还回忆了自己从一个朋友那里听到的评论。她的朋友加入了一个全职妈妈群。然后，她若有所思地说："所以，有时候我看到这些人，跟她们说话，我觉得她们对母职可能更'认真'，你明白我的意思吧？她们知道很多跟做妈妈有关的事情，我想我是不是还不够认真。"全职妈妈的理想特别强势，因为大多数上班族妈妈都不知道还有其他母亲跟她们情况差不多。在她们的职场生活中，占主导地位的是那些有全职太太的男人，孩子大了或没有孩子的职业女性，以及媒体所描述的圣洁的全职妈妈——她们的育儿知识和自我牺牲的能力似乎都是无限的。

许多雇主妈妈认定全职妈妈把她们看作"搭便车的"，这种想法促使她们想方设法来模仿自己想象中的全职妈妈。例如，43 岁的白人高校教师卡罗尔有三个孩子，她说自己居住的社区"有很多不上班的妈妈"，"她们做了很多很棒的事来支持（孩子的学校）"。卡罗尔说，她"对于没有进入家委会而感到内疚"。尽管卡罗尔每个星期要花两个小时在教室里做家长志愿者，但她觉得自己的贡献和全职妈妈比起来真是相形见绌。"有一群女人在这些事上投入这么多的时间，这简直不可思议。我没有参与其中。我为此感到内疚。也不是内疚，（停顿）但是，是的，内疚。"

男人世界里的母亲

工作和育儿这两种活动并不存在内在的矛盾。在其他西方工业国家，政府以及工作场所的政策被文化规范进一步强化，使工作和养儿育女可以兼顾，在某些情况下，性别平等也得以实现。[32]然而，美国没有提供类似的支持，因此上班族家庭不得不为这些本属于公共层面的问题寻找自己的解决方案——而最经常承担"解决"工作-家庭两难任务的就是女性。[33]对于低收入的母亲来说，这往往意味着要身兼数职，工作收入低且没有任何福利，还得让孩子待在人手不足的日托中心，并且接受自己仅能为孩子提供有限的母职照顾的现实。[34]对于我所访谈的专业技术阶层女性来说，工作-家庭两难困境的表现形式有所不同，她们付出的东西不同，但仍然代价高昂。一方面，负全责的文化规范促使她们尽力去模仿"理想的"全职妈妈；另一方面，她们的职业又要求她们去效仿所谓"无负担员工"的职业理想。

无负担员工

正如法学教授琼·威廉姆斯（Joan Williams）等人指出的那样，职场，尤其是专业技术和管理工作的世界，是建立在没有负担的男性员工模式之上的。[35]令人惊讶的是，尽管女性劳动力的数量急剧增长，这种模式在前几代人那里却几乎没有变化，还是假定标准的员工不用承担家庭责任——他要么单身；要么有一个太太在家里照顾家人，助力他的职业发展。[36]因此，受薪工作（salaried jobs）往往是一些"要么全干，要么不干"的职位，在这些职位上的人通常工作时间很长，必须准备好适应随时变化的计划和日程。[37]

对身居高级职位的女性的研究表明，这些职位往往需要"全身心投入"，常常迫使女性在当员工和当妈妈之间作选择。[38] 之所以会出现这种现象，一部分原因在于无负担员工模式假定员工的职业成长轨道不会受到干扰。因此，在男性主导的职业领域工作的女性发现：她们得跟职业生涯时间表较劲，这个时间表假定她们能够在黄金生育年龄致力于职业发展；与此同时，与母职有关的意识形态标准和文化期望，又迫使妇女献身于家庭。像我所研究的雇主妈妈这样的女性既想要孩子，又想与男性同行（以及没有或几乎没有家庭负担的女性同行）竞争，结果往往发现自己陷入了一种顾此失彼、左支右绌的困境：一头是家庭提出的超级女性化（hyperfeminine）的照顾家人的期望，另一头是职场提出的超级男性化（hypermasculine）的工作效率要求。

通过"男性气质考验"

由于在男性主导的职业领域中盛行的是无负担员工模式，在这些领域工作的女性只要一怀孕就会在工作中处于劣势。许多雇主妈妈都讲述了跟杰西卡类似的经历——她们在"职业银行"里积累起来的所有信誉和尊重当她们显怀时似乎都奇迹般地消失了。[39] 而且，和杰西卡一样，很多人都发现：怀孕会让人对她们的工作热情产生怀疑，进而导致其工作职责被缩减。[40]

罗斯安娜·赫兹指出，对于专业技术/管理阶层的女性来说，"有孩子和照顾孩子成了'对男性气质的一种考验'"[41]。新妈妈必须表现出坚持男性职业模式的决心，否则就有可能或公开或暗中被安排到"妈咪轨道"（mommy track）上。[42]我访谈过的大多数雇主妈妈第一次怀孕时，都碰到过这样的男性气质考验。尽管大多数女性的工作福利中包括产假，但产假也经常会引发男性气质考验。37岁的黑人内科医生乔伊斯告诉我，当她向自己所在医院的临床主任请完产假之后，还必须通过一位男同事给她的男性气质考验："他问我，'嘿，你休产假有工资可拿吗？或者，我应该去诊所告诉他们，他们应该提供他们能买得起的额外的保险，因为你不在这儿'。我说：'没有。你做膝盖手术的时候有工资吗？''有。''你休了一个月的假，还发了工资。'所以，是的，但我的意思是，他没觉得这有什么问题。"乔伊斯成功地捍卫了自己休产假的权利，因为她用男同事能够理解的"男性"术语来表达了这种权利：生孩子就像做膝盖手术一样。正如安·克里滕登（Ann Crittenden）所说的："如果（职业女性）真的要生孩子了，她们应该把它看成阑尾切除手术，花一点时间休整一下，然后重新投入真正重要的工作。"[43]

38岁的英国白人丽是一名社区保健医生，在私人诊所工作。她几乎是刚生完孩子就立刻回去干"真正重要的事"。她回忆说："孩子出生的那天，我下午就在和病人通电话，一周之内我就回去工作了。我的产假比人们正常休假的时间还少。"乔伊斯的产假长一点，但她本来与临床主任商量好的"逐步过渡到全职"的计划并没有实现。当她回去上班时，"我又回到了全职工作。你知道，对我来说并不轻松。我刚回来"。其他高级职位的人也提到，尽管她们休了产假，但她们在规定的假期结束之前就回去上班了。有些人，比方说公司副总裁、34岁的白人女性简明确表示，为了应对工作的需要，他们必须这样做："（我的产假）非常短，全休时间只有三周左右。我还做了剖腹产。我这么做主要是因为我的员工很少。我直接向总裁汇报工作。当时公司正面临巨大的困难，要么我辞职，要么我回去工作，所以那时候我没什么选择。"

像简和其他大多数雇主妈妈所担任的高级职位的工作性质，要求她们不能使用与这些岗位相关的各种福利。[44] 此外，休育婴假（parental leave）还会导致女性在其职业生涯中收入缩减。西尔维娅·休利特（Sylvia Hewlett）发现，休育婴假时间不到一年的员工和没有休育婴假的员工的工资差距为11%，而休假三年或三年以上的人和没有休假的员工之间的工资差距达到了37%。[45] 从所有受访的雇主妈妈来看，产假时间平均为八个星期，其中一半是带薪的。产假最短的人休了两个星期无薪产假，产假最多的则休了11个月的无薪假期。其中，工作更为灵活的，比如艺术家和作家的产假通常最长，其次就是在学术界工作的女性。这个谱系的另一端是医生、律师和公司管理层，她们休产假的时间很少超过联邦政府规定的12周，而且往往比这短得多。[46]

我访谈的雇主妈妈并没有挑战男性模式的职业规范，相反，她们认为这只是她们职业生涯中必须跨越的一个障碍。帕特是一名42岁的白人女军官，她说自己生完第二个孩子之后很快就回到了岗位上："我身材就是这样，我可以重新穿上我的军装。我的意思是，甚至没有人知道我生了孩子。"在从事男性模式职业的妈妈们所接受的男性气质考验中，这代表着最终的成功。

　　帕特隐瞒自己怀孕情有可原——被人看出来怀孕会损害女性的晋升机会。当时帕特有可能会被提升到一个她向往已久的职位，她希望保住这个机会："我这个级别的人还从来没人能升到那么高的位置。我是第一个……所以我（停顿了一下）担心（轻声笑）我会失去这份工作，被调到一个不那么令人兴奋——你知道，不那么刺激的地方。所以我隐瞒了怀孕的事实，直到怀孕六个月。我一直在买大一号的衣服。"让帕特吃惊的是，虽然她努力隐瞒，但上级还是知道她怀孕了。她听到小道消息说上面正在找人来替代她："他们都认为我会辞职走人，因为我的工作太辛苦，因为我要生孩子，因为他们的妻子都说这特别不容易，而且'家里有个小婴儿的时候她没办法工作'。"作为男性权力堡垒中的先锋，帕特认为自己有责任担当开拓者，代表其他女性挑战职场中根深蒂固的期望。

　　我有一种回来工作的职业需求，我要向他们证明——我不一定非得这么做，我的意思是，如果我想待在家里，我可以享受这种奢侈，因为我丈夫工作，我也受过教育，有很多别的事可以做——但是很多军队里的人没有这些选择，她们是孤身一人。我当时就想，如果我能撑过去，下一个接手我工作的人就不用像我一样经历我所经历的艰辛，那么我们就赢得了重大的胜利；尽管这只是整个格局中微不足道的小事，我们还是作出了改变。

　　帕特成功地证明了怀孕不会成为高级职位的障碍，她的第二个孩子出生时又一次证明了这一点。然而，当帕特这样的女性和研究中的其他雇主妈妈取得成功时，最终却强化了一种对她们个人和整个群体都有害的规范。对于身处"要么全干，要么不干"职业领域的女性来说，缩减工作时间的成本是非常高的。[47]琼·威廉姆斯指出，"从事传统上由男性主导的高强度职业的女性生孩子的机会更小，而且更有可能离开快车道"，她强调指出，这种结果"并不代表她们可以随心所欲地自由选择。它呈现了传统的男性职业的结构"[48]。少数几个选择缩减工作时间的被访者的经历证实了这一点。

"你就是不得不把它合理化"

34岁的白人女性伊莲恩是一位公司副总裁，她在第二个孩子出生后每周只工作三天。她解释说，"我决定不再错过另一个孩子的婴儿期"。她调整了工作，这样每周在办公室工作三天，每天工作10—13个小时。她告诉我，这种安排的变化造成了"晋升、头衔、金钱和机会"等职业上的损失。然后她很快补充道，"这些对我来说真的不重要"。不过，她也承认，无法保留全职员工身份（以及福利）让自己愤愤不平，因为她的工作时间并没有减少，只是在办公室"露面的时间"少了。

有些我访谈过的妈妈们指出，尽管她们仍然高质量地完成了工作，但缩减工作量却要付出沉重的代价，两者之间并不平衡。举例来说，39岁的白人律师琳达在家里孩子逐渐增多之后改为每周工作35小时，这在她的公司被认为是非全日制工作。她非常清楚这个决定给她造成了损失："我本来应该已经是合伙人了，这个机会现在没有了，这拖慢了我成为合伙人的进程，我可能没有——我知道我的经验比不上跟我同时毕业的同学们，他们已经出庭好多次了，能力越来越强。但是……事情的轻重缓急在我这儿有所改变……我想，'嗯，我家里有三个孩子，我得经常见到他们'。所以，你就是不得不把它合理化。"即使被放到妈咪轨道之后，这些做非全日制工作的母亲仍然需要全职的住家儿童照顾服务，因为她们的工作时间仍然很长，她们仍然需要保持灵活性，以便随时应对工作要求出现的变化。因此，像琳达这样的女性，她们必须"合理化"的是自己在职业上所遭受的重大损失——晋升和成长的机会减少，收入降低，地位降低——而满足当好妈妈的文化期待，给她们带来的收益又十分有限。

我访谈的母亲中有 7 人在职业生涯的某个阶段做的是非全日制工作，她们平均每周"非全日制工作"36 个小时（将自己归为"全职"的 23 人，则平均每周工作 51 个小时）。[49]这些做非全日制工作的妈妈们通常每周有三四天要出门上班，每天工作10—13 个小时。她们还得把工作带回家，在家里也得花很长时间来办公。人们认为专业技术/管理阶层的员工不管是全职还是半职，不管有没有家庭负担，都应该把工作放在第一位。[50]

为什么工作？不断减弱的职业安全感

每个成年人都有寻求有偿就业机会的权利，这看似不言而喻，但人们却认为孩子尚小的上班族妈妈有责任遵循母职规范，把家庭放在第一位。一些流行的假设使得专业技术/管理阶层的母亲更容易受到公众的谴责。人们假定她们有高收入的配偶，因此她们自己的工作都是"奢侈品"；人们认为应该让孩子直接感受到她们的阶层背景、教育水平和专业地位，并从中获益；无论她们进入职场是为了寻求个人意义、刺激还是社会互动，理由似乎都不充分；人们认为，必须在收入和抚养孩子之间作出选择的人，应该是女性，而不是男性。简言之，对于我访谈的女性而言，阶层传递是女性的工作。讽刺的是，阶层传递同时也是从事高要求工作的理由。

我访谈过的所有妈妈们都希望少干点工作，或者说做非全日制工作是她们的理想。尽管如此，她们也都认为她们需要工作。[51]她们最常提及的原因就是职业安全感越来越弱。这些女人曾经历尽艰辛才在男性主导的职业领域中争得立足之地，因而对其职业轨道的脆弱性有着敏锐的认识。她们中大多数人认为自己不能冒险缩减工作；她们无法承担被分流到妈咪轨道的代价。我的受访者们一直认为她们在职业选择中"很幸运"，或者是"在正确的时间来到了正确的地点"。于是她们就有一种紧迫感——一种要把她们得到的机会变成资本的需要——同时，她们也敏锐地意识到，自己面前的时间窗口非常窄。许多认真考虑过休假的人认为，她们首先得在职业领域里"再多积累几年"，等地位足够稳固后就可以安全地缩减工作量。但由于她们职业领域的要求不断变化，我所访问的每位雇主妈妈都不太可能到达职业安全的平台期，实现把更多精力留给家庭的愿望。她们需要跟进自己领域内最新的进展，这是很重要的。衡量她们的是男性的职业轨迹标准，也即不间断地向上攀登。从高要求的职业中抽身而出，可能会让她们陷入落后于同辈群体的无望境地。这种担忧在专业人士（医生、律师、工程师）中表现得最为明显，经理和高管们也概莫能外。[52]

除了经济需要之外，有些雇主妈妈还提到，从工作中获得的刺激和自我意识也很重要。主张工作"权利"最积极的是卡罗尔，她认为这不是出于经济需要，而是因为工作对个人来说是有内在价值的。有趣的是，由于她的工资只占家庭收入的15%，她赋予工作的经济合理性也是最少的。这是一个痛点。正如她指出的那样，"我们花在照顾服务上的钱跟我挣的一样多，可能还更多"。对卡罗尔来说，"最实际的论点往往是许多家庭都需要收入。嗯，对我来说，情况要复杂得多——我们应该用其他方式来定义自己，我不认为我们的孩子会因此受到伤害。如果我每周工作四五十个小时，（我丈夫）每周也工作四五十个小时——是的，在那种情况下生孩子是不对的，至少在我看来是这样。但这让我得以工作，供养家人和维系家庭"。

乔伊斯提到了她从工作中获得的规划感和成就感："当我在家休产假的时候，也挺好的，但我也不知道时间都花到哪里去了。以前上班时，每天晚上或者完成一段时间工作后就能体会到的那种达到目标的成就感没有了。虽然我知道我在照顾他，但就眼前来说并不完全一样。我也需要那些东西，可以让我对自己的工作感觉良好。"本研究中的大多数母亲不得不，而且已经开始重视嵌入在职业生涯中的规划感、奖赏感和认同感。和乔伊斯一样，很多人觉得在一天结束的时候，回顾一些具体的成就是很重要的。她们还重视成年人在工作场所的互动，以及参与远离家庭和家人的外部世界所带来的自我价值感。

虽然几乎没有人需要靠工作来糊口，但我访谈的雇主妈妈都把经济需要作为她们工作的主要原因。[53]尽管她们收入很高，但她们仍然认为这种需要是相当实际的，部分原因是经济大环境的匮乏和不稳定。如果因被裁员或者离婚而失去一份收入的话，家庭生活水平会急剧下降。两份收入则提供了一张安全网，可以抵消这些婴儿潮世代的父母视为理所当然的社会服务被逐步取消带来的影响。[54]凯瑟琳·纽曼（Katherine Newman）指出，20世纪70年代末以及20世纪80年代初的经济衰退和房价上涨，导致许多女性认为她们得做一个选择：到底是在年轻的时候就生儿育女，还是等挣到足够的钱，足以达到或者维持中产阶层的生活标准再考虑。[55]许多人，包括我所访谈的专业技术阶层的妈妈们，选了后者，21世纪头十年的经济衰退证明这一决定无疑是正确的。

更重要的是，研究参与者认为，她们丰厚的收入与从不松懈的财务风险意识可以保障孩子未来的职业和阶层地位。有些人认为她们的工资意味着可以从租房变成买房。对其他人，例如有三个孩子的36岁的白人工程师邦妮来说，继续工作意味着可以选择不同学区的学校："我的意思是，我们可以靠我丈夫的工资过日子，但是……如果没有我的收入，我们可能就只能住在隔壁那个镇，那里的大学入学率大概是60%。我就是不想冒这个险。"尽管外出工作常常会带来压力，但她还是觉得自己需要工作，因为孩子有40%的概率上不了大学是她不愿承受的风险。

杰西卡也强调了她上班是为了给萨米未来的教育需求做准备。她目光长远，预见到不仅需要支付他的大学学费，还需要支付研究生院的费用："我很希望有能力选择私立学校……如果他需要上私立学校，而且私校也可以因材施教，为他提供最好的教育，那么我希望能送他去读书。现如今，说什么'嗯，我家孩子要上大学了，这就够了'，好吧，我不知道。也许他需要上研究生院。"其他妈妈们的意见也类似。根据她们自己的职业经历，似乎是为了维持中产阶层的生活方式，她们的孩子有必要在大学毕业后上研究生院或专业学院。和杰西卡一样，她们也希望能够负担得起孩子教育深造的费用。

她们还认为，为了进入研究生院，孩子们需要上合适的大学；而为了做到这一点，无论她们是否在外面上班，都需要为孩子们购买一系列昂贵的课外增益活动（enrichment activities）。她们谈到了自己的孩子是多么需要精英幼儿园、有竞争力的私立学校或者富裕地区的公立学校。这些我访问过的妈妈们所察知的需求迫使她们继续留在高收入的职业快车道上。讽刺的是，在竞争性母职的背景下，做一个好妈妈往往意味着要上班赚钱，为这些课外增益活动提供资金，而与此同时，外出工作的母亲又常常让人觉得并不称职。

最后，虽然只有几位妈妈提到离婚，但离婚的可能性及其经济后果也暗暗显现在她们的职业决策中。鉴于现有婚姻中将近一半会以离婚告终，如果一位母亲因为选择待在家里带孩子而让自己的事业停滞不前，可能会给孩子的经济前景带来风险。如果她离婚，可能会发现自己再也无法回到从前那个级别的劳动力市场。反过来，正如杰西卡指出的那样，如果她要离婚的话，从长远来看，为了儿子的利益而留在劳动力市场的决定可能会有损于她。如果她的前夫再婚，杰西卡担心她会失去监护权："所以，一方面，我觉得所有的责任都在我身上；另一方面，如果我们离婚的话，我可能会失去孩子。"这是监护权官司的一种小趋势：再婚的父亲们开始为监护权提起诉讼，并在一些孩子母亲是上班族的案件中胜诉。[56]母亲的身份将这些女性定义为"不够投入的员工"，而员工的身份又将她们定义成"不够称职的母亲"。

令人吃惊的是，尽管我访谈的这些受过高等教育的事业型女性尽力兼顾工作和家庭，有时会面临难以应付的巨大困难，但她们当中几乎没有人想到过，要求政府或企业加强对工作和母职的支持是一种权利。她们不是挑战密集母职的意识形态，而是接受它。她们没有寻求改变男性模式的职业，而是在这个范畴之内追求成功。因此，制造理想母亲/理想员工两难困境的结构和意识形态约束仍然毫发无损，在她们的生活以及整个社会中并没有受到质疑。同样令人吃惊的是，家里的性别劳动分工也没有遭遇挑战，正如下一节要讨论的，这些女性选择把大部分家务劳动"外包"出去，把大部分养育孩子的工作和乐趣留给自己和保姆。

密集母职和母爱守门员

大多数关于上班族女性如何试图在家务劳动分工中寻求性

别平衡的社会学研究都认为，在"第二轮班"中进行更为公平的劳动分工，可以解决许多上班族妈妈面临的问题，包括缺乏睡眠、休闲时间不足、婚姻压力和职业发展机会不平等，等等。[57]然而，最具争论的其实是第一轮班的劳动分工中对于好妈妈的定义。或许是因为我访谈的雇主妈妈们把大部分的第一轮班工作委托给了保姆，所以她们都没有要求丈夫更多地参与第二轮班工作，尤其是照顾孩子；对于第一轮班期间的保姆管理工作，她们也没有寻求额外的帮助。照顾孩子和保姆管理都跟密集母职直接相关，难以委派给孩子父亲。[58]

尽管如此，仍有一半的雇主妈妈称她们的丈夫承担了同等的职责。[59]这种表面上的反常现象，大概与这些家庭第二轮班的构成有关。除了雇用儿童看护，这里的每个家庭做饭、打扫卫生和外出跑腿也都有人帮忙。通常父母双方都不做第二轮班的"苦活"，他们在整个家务劳动和育儿工作中承担的份额很少，因此不需要太多协商。

所以，当我访问的上班族妈妈们谈到丈夫们的共同承担时，她们指的是共同分担育儿中的"高质量陪伴"（quality time），比如周末全家出游或者晚上的就寝仪式。琼是一位 38 岁的白人企业高管，女儿刚刚 11 个月。她解释说，有一位有酬劳动的帮手意味着，当她和丈夫在家的时候，可以把全部精力都放在女儿身上："我们在一起的时间是有限的，但是我真的认为这很好。很多事情都是由梅兰妮（他们的保姆）这样的人来做的，你知道，她一个星期可以帮我们做很多事情。我是说，她帮我们跑腿，为我们做事。我们还有（别的）人帮我们打扫卫生。我跟比尔曾经开玩笑说，你知道，我们打下的基础就是为了让我们工作——这简直，太讨厌了！（笑）"

然而，即使是共同承担"高质量陪伴"也可能会有压力。当孩子更喜欢爸爸而不是自己时，一些上班族妈妈感到受到了威胁。还有一些人，比如苏珊娜有时候就会羡慕丈夫，因为他工作弹性更大："嗯，我丈夫的情况有点特殊，林赛出生的时候他还在读研究生，所以有一年半的时间他几乎都在家。他刚刚开始工作，一直开玩笑说他愿意待在家里。我告诉他你没有这个选项。（笑）"因此，在某些情况下，丈夫在第二轮班工作中很重要的一部分作用，就是让妻子有时间和孩子共享"高质量陪伴"。由于苏珊娜工作比丈夫更忙，她感激地承认晚上做饭的往往是丈夫，用她的话来说，这让她有了一段和孩子"面对面"的时间。有趣的是，她用了一个通常与办公室时间相关的术语来描述她在家如何安排陪孩子的时间。

也许是因为大多数雇主妈妈和大多数保姆都相信某种版本的密集母职，她们认为自己是在"分担同一个角色"，[60]而孩子的父亲要么被排除在母亲-孩子-保姆这个链条之外，要么就被视为这一微妙平衡的威胁。考虑到我研究的六十个家庭中，有许多父亲的工作时间比母亲少，或者据说丈夫与妻子平均分担第二轮班家务，这种观点就显得尤其令人震惊。

第二轮班中，引发夫妻关系最大矛盾的是选择性分担（selective sharing）。有些男士会积极参与孩子的生活，但是要按他们自己的方式来。他们可能会参加一些活动，比如组织好的体育活动或周末出游等等，但把更为日常的育儿任务留给妻子。不过，在大多数由母亲负责早晚照顾孩子的家庭中，这显然是她的选择。因为保姆在孩子生活中承担核心角色，许多妈妈们已经感到被人取代，甚至连照顾孩子当中情感报偿较少的方面，也不愿让配偶来分担。她们让人分担得越多，就越有可能体会到杰西卡所说的"很深很深的伤害"——在孩子最喜欢的人当中不是排第一，而是排第二甚至第三。

选择性分担在雇用和监督保姆时最成问题。当需要找新人来照看孩子的时候，父亲通常只是在母亲筛选了几十个申请人之后才会参与。父亲只需要与最优秀的候选人碰个面，表示一下认可。玛丽·安妮正在考虑换掉她的保姆，她告诉我，她丈夫认为整个雇人的过程应该由她来做主。一方面，她觉得他也应该参与进来，"如果我要雇别人，我当然希望他也能见见她们，因为我认为这是我们的孩子，所以我们可以一起来做这件事"；另一方面，她丈夫认为应该由她来做最终的决定，"因为我是要跟她们打交道的人，她们来的时候我就在这里"。在她看来，这也"很好"，"行得通"。大多数雇主妈妈都像玛丽·安妮一样。她们希望自己的丈夫能参与到寻找和挑选照顾者的过程中，但她们也希望最终的雇佣决定由自己来拍板。

同样，丈夫和妻子在监管劳动中也经常分工不平等。通常是一方负责早上跟保姆"交接"孩子，另一方则是在晚上。不过，父亲和母亲交接工作的标准差别很大。妈妈们经常做的是交换信息的互动工作，早上说明要求，晚上听取汇报；而爸爸们只是在保姆下班后顶替她的工作而已。由于大多数母亲都希望成为育儿专家和主管，父亲们在这方面的努力很多余，这一事实使得夫妻分工中的不平衡进一步复杂化了。举例来说，琼认为她和丈夫比尔在育儿劳动分工上"完全是五五开"，她认为梅兰妮的上司"毫无疑问"是她，而不是比尔。这种等级关系对她们来说都很清楚："我想比尔会同意的。嗯，你知道我认为梅兰妮把我当成老板，因为我们俩一开始待在一起的时间太多了，而我才是真的给她提要求的人。嗯，也许当妈妈就是这样，我不知道。"在我访谈的五十名保姆中，只有一人说如果孩子们有任何问题，她会第一时间打电话给孩子的父亲——这家的母亲在上班时几乎联系不上，而孩子父亲是儿科医生。在其他所有的案例中，妈妈们都认为自己是保姆的主管，而保姆们也都同意这种看法。[61]

把主管的角色留给自己，能让上班族妈妈将保姆照顾孩子的职责与其他家务活区分开来。大多数妈妈强烈地感受到照顾孩子应该放在第一位。父亲们不太关心如何监管保姆的工作。苏珊娜讲述了她的丈夫迈克尔是如何训练保姆的，说明了为什么雇主妈妈们会觉得与配偶分担监管责任很困难："我认为她（维奥莱特）把我看成终极权威，实际上，我认为实情经常就是这样。你知道，我丈夫会……告诉她，比方说，你知道，做这个也行，做那个也行，要我来说可不行。"我访谈过的雇主妈妈们相信她们得负全责，觉得第一轮班期间家里所有的事情都要由她来负责。因此，她们的育儿标准比丈夫高也就不足为奇了。

不过，父亲在妈妈-保姆关系中也有自己的用处。他们经常承担中间人的角色。即使在最和谐的妈妈-保姆关系中也有意见分歧和感觉受伤的时候，父亲们经常会被叫来调停关系。杰西卡说，当她因为缺少跟萨米"面对面"的时间而感到沮丧时，史蒂夫所做的解释工作"非常有帮助"："他确实和她（安娜贝尔）谈过一次，跟她解释我确实需要和萨米独处的时间。我需要建立同萨米之间的情感联系，我在这件事上遇到了困难。"这是我所研究的家庭中很常见的情况。当母亲和保姆之间的关系紧张到双方都不愿讨论这个问题的时候，父亲就会出马，在她们之间来来回回地解释和安抚。父亲承担这个角色并不是因为这些女人无法沟通——事实上，这种情况通常发生在母亲和保姆关系密切的家庭中——而是因为风险太大或者其中的问题牵涉到太多情绪，她们无法靠自己协商成功。

父亲们更常见的角色是充当家里的"坏人"。[62]许多母亲承认，她们会派丈夫去跟保姆谈那些困难的、不愉快的问题，比如协商薪水或者拒绝要求等等，尽管这些令人不快的决定可能是母亲拍板的。34 岁的白人女性黛比是一名公司律师，有两个年幼的孩子，她坦承，"如果我想让她额外做点什么，我就让他去提（笑）"，这样做很保险。妈妈们担心要是把保姆惹火了，保姆会把气撒到孩子身上。有趣的是，至于保姆对父亲有什么反应，雇主妈妈们则从未表示过类似的忧虑。其实，保姆因此对父亲有怒气是可以想见的，但是没关系；不过，若是保姆对母亲有怒气，那就太危险了，不能冒这个险。

保姆和母亲们还串通一气，把父亲定义为不懂照顾孩子和家务劳动的人。这样的共谋加强了保姆和雇主之间的纽带关系，提升了女性对其共同角色的价值感。进一步而言，这种共谋使她们更加意识到她们确实共同承担着特殊的角色，而这个角色，父亲并没有参与其中。共同将父亲定义为"坏人"，可以缓解围绕家庭工作进行艰难协商时的紧张气氛。例如，当简和她的保姆——来自爱荷华州的 24 岁的白人莎拉——重新商讨合同时，对于莎拉减少工作时间工资却不变，简的丈夫彼得不太同意。简和莎拉都认为，彼得只是没有理解莎拉对于他们家的重要性，简帮助他们化解了困境。莎拉解释说："我想彼得并不知道我做了多少……但是简说，'哎呀，如果你走了，所有做饭洗衣服这些活，我又要自己干了，我没有时间做所有这些事——这就是我们要留你的原因'。……彼得就听她的——一般来说他总是这样，所以就顺利解决了。"

父亲扮演的角色也指出了监管儿童看护和监管家庭雇工之间的一个重要区别。朱迪斯·罗林斯（Judith Rollins）认为，家庭雇工和她的（女性）雇主都从属于家里的男主人，这种主从关系形塑了女性之间的关系，而且由于要分配的工作是"女性工作"，这种工作的价值也被贬低了。[63] 在罗林斯的理论场景中，两种女性都是男人的仆人。在雇用保姆的家庭中，这只对了一部分。父亲能够在妈妈-保姆关系中充当"中间人"和"坏人"，正是因为育儿不是他们最关心的事。从某种意义上说，让他们干这个是委屈他们；然而，育儿同时又被定义成他们做不到的事。保姆和母亲经常提到父亲在照顾孩子的各个方面都很无能。谈到迈克尔，苏珊娜说："他不喜欢让（保姆维奥莱特做事情），这就是问题所在。他让维奥莱特坐在椅子上，而他自己跑来跑去。"另一位母亲谈到她丈夫时说："他不敢给孩子洗澡。"还有一位保姆抱怨孩子的父亲："他甚至比她（孩子母亲）还要笨。"

母亲和保姆对孩子父亲的看法，凸显了育儿和家务劳动之间的关键区别。抚育儿童赋予了主要父母一定程度的权力，而且会给人带来情感上的满足，做家务则不会。因此，雇主妈妈们即便希望丈夫能做得更多，也不愿放弃对育儿的控制权。而那些将丈夫视为"平等的分担者"的妈妈们，实际上是认为他们不多不少地完成了她们想要他们做的第二轮班工作。

小　结

我所研究的雇主妈妈们都非常依赖专家的意见，而且还尽力去满足当代中产阶层育儿方式的所有标准和期待。她们接受了密集母职意识形态的各种核心原则，包括成年子女是母亲劳动"成品"这样的观念。她们被"可完善的孩子"这一概念背后的信息所困扰：如果她们可以培养出一个更好的孩子，她们就应该这么做。此外，尽管外出工作的母亲不可能不让别人来分担一部分育儿任务，我访谈的雇主妈妈们还是认为母职基本上是她们自己的责任。尽管她们没有亲自完成所有必要的母亲工作，但她们仍要负全责，承担孩子成长过程中各个方面的全部责任。

在几乎所有的案例家庭中，雇主妈妈都拥有高薪职位。然而，她们还是对经济安全存在各种担忧。她们的目标是为孩子在向上流动的阶梯中提供一个稳定的立足点。即便只是给家里挣第二份收入的母亲们也认为，正是有了她们的收入，她们家才能够在好学区安家置业、送孩子上私立学校、请辅导老师、参加特别定制的课程和活动，她们希望这些优势能够保证孩子将来在管理和专业技术阶层有一席之地。她们的收入也为失业、离婚、生病等意外情况提供了缓冲，她们中大多数人都有这方面的防范意识。

这些雇主妈妈的职业抉择，给她们带来了财富和成功，但也将她们置于多重实际和潜在的约束之中。她们试图满足负全责的要求，同时通过外包家务和密切监管育儿保姆的办法，来解决第二轮班中的矛盾。然而，尽管她们设法找到了各种词汇来对抗身为女性、员工、妻子和母亲的文化压力，即便她们能够适应竞争性结构的需求，她们还是发现，在生活中，一个领域的成功可能会使另一个领域面临失败的风险。如果她们找到了"疼爱"孩子的"完美保姆"，自己和孩子之间的情感联系就被破坏了，而这种依恋关系对于履行母亲的职责，促进、保护孩子未来的发展至关重要。如果她们足够幸运，能够维系完满的婚姻，也仍然面临着两难处境：不是去承担职业生涯"停滞不前"的风险，就是错过她们心中孩子成长的重要时期。

与大多数上班族妈妈相比，这些女性的困境并不严重。[64] 她们属于优势阶层，这一事实使得她们的工作/家庭问题及经济上的担忧只是相对而言，虽然这些问题的确也是真实存在的。她们力争满足有关母职的文化标准、社会期待和个人观念，即便这些东西要求她们为了孩子的幸福承担重负也在所不辞。考虑到需要同时担当员工和母亲两重角色——她们的工作要求过高且不切实际，但她们仍然决心保住自己喜爱和需要的工作。她们被夹在密集母职意识形态的文化压力和男性模式职业的刚性结构之间，看不到相应的公共政策变化的可能，于是只好转向用私人的解决方案来处理公共问题——她们雇了一个"母亲"。

（3）

市场上的保姆

序曲：玛格丽塔、卢拉和阿斯特丽德

玛格丽塔是我和说西班牙语的研究助手在当地的一个公园里遇到的，当时她正在照看一个三岁的孩子。49 岁的玛格丽塔是厄瓜多尔人，大概二十年前来美国给女儿帮忙，当时她的女儿刚刚怀上第一个孩子。后来玛格丽塔留了下来，她丈夫也来跟她汇合了，她曾进工厂工作了几年。

1984 年，她找到了第一份照顾孩子的工作。这些年来她的工作待遇越来越差了。她原来做住家保姆时，每周的薪水是 250 美元；后来，变成了 150 美元，在外住宿；而现在，她做不住家保姆的收入，只有每周 100 美元。不过，在她看来，是她自己决定适应雇主家庭的经济状况，帮助雇主"抚养"孩子的，她为这个决定感到自豪。在此，玛格丽塔用了"educar"这个词，意思是给予孩子适合的教育，教他们尊重和礼貌，把他们培养成受人尊重的人。对她来说，完成这个任务比挣钱更重要。当她谈起第三位雇主的孩子时，她解释说："我教他要冷静，要问候别人，不要调皮捣蛋，现在看起来这个男孩儿学得特别有礼貌，所以他父母说，'玛格丽塔，谢谢你，因为是你在引导他。他在学校也会学习，但是（多亏有你），他没有变成一个没教养的孩子（maleducado）'。"[1] 就像许多远离自己子女和孙辈的移民母亲一样，玛格丽塔也把雇主的孩子当作情感的替代物。

她记得，在做第一份保姆工作的时候，"我很爱那个孩子，好像他就是我自己的孙子一样……你要是看到照片，就会发现那个孩子现在还是爱我的"。

尽管她一直渴望回到厄瓜多尔，但似乎每次她打算回去的时候，就会有什么事情来扰乱她的计划。现在，她的丈夫和父母都去世了，孩子们住在美国和欧洲，她在厄瓜多尔已经没有地方可去了。对我们访谈的大多数来自南美洲、中美洲、加勒比海国家和地区的移民女性而言，在自己老家的家庭中保留一席之地，对她们的幸福甚至生存至关重要。许多像玛格丽塔一样打算退休之后回老家的女性发现，原来的社区已经没有她们的位置了。那些丧偶的、没有同成年孩子一起生活的妇女，或者情况更糟的离婚妇女，会发现她们自己在母国孤立无援，经济上也没有保障。我们访谈的许多移民，当初都是因为婚姻失败或者遭受虐待才离开母国的。她们的故事表明，经济上的压力，再加上社会、经济、文化的推力，使得她们留在美国的时间比原来计划的要长。对她们来说，她们所照看的孩子是重要的情感安慰和意义来源。

※　※　※

卢拉看到我在当地一家报纸上登的广告之后联系了我。她20岁时离开爱荷华州，当了十年的保姆。当时一个朋友邀请她去波士顿度假，卢拉的第一反应是："我没钱（去波士顿），我要上大学了。我基本上没钱玩……后来我妈妈在（当地）报纸上看到一则广告，有人想雇个保姆。"卢拉准备工作一段时间，体验一下城市生活，攒点大学的学费："我打算学商务和计算机，然后找一份能挣大钱的工作……但后来我爱上了这里（波士顿），爱上了孩子们。所以我说，'我不回去了'。我开始断断续续去上课，但其实我也负担不起学费。所以我有点被困住了。"和许多出生在美国的保姆一样，她发现以前做着玩玩的事变成了一种生活方式。没过多久，她找到了一个男朋友。因为她做住家保姆的雇主不愿意老有男人上门来，于是她放弃了住家工作，选择了在外住宿，每周可以得到 350 美元薪水，还包括所有福利。

卢拉嫁给了她的男朋友，在他们的儿子出生之前，她做保姆的职业生涯一直进行得很顺利。她一直工作到孩子出生前两周，尽管雇主希望她休完产假之后回去工作，她还是拒绝了。雇主家里有一对正在学走路的双胞胎，卢拉觉得："双胞胎到处走，这个工作可干不了。要么他们被忽略，要么他（卢拉自己的孩子）被忽略，我做不到。"我们进行访谈的时候，卢拉正处于失业状态，尽管她有很好的推荐信，但她还是很难找到一份合适的工作——一份能让她带儿子去上班的工作。她解释说："理想的状态是我能够找到一个雇主，她的孩子跟我儿子差不多大，并且同意我把儿子带去上班，这样我就可以同时照顾他们俩……他们可以一起长大，成为朋友。"但这个设想有问题，因为大多数人会说："我们希望能够有人一对一地照顾孩子，所以我们不希望你的孩子也在这里。"

卢拉最后还是希望在自己家里工作，经营自己的家庭托儿所。但她和丈夫只有一套两居室的小公寓，不符合注册家庭托儿所的条件。她知道她得"等到我们能买得起大房子再说。那时候我就可以开一个家庭托儿所了，但这起码还得等五年"。由于卢拉把儿子的需要放在第一位，她的就业机会减少了。她也曾考虑过放弃照看孩子这份工作，但她耸了耸肩："去找工作时，我是说正常点的工作，（雇主）会问'你在过去11年里都做了些什么？'唉，我一直在看孩子。"

※　※　※

19岁的瑞典换工阿斯特丽德是她的雇主邦妮介绍给我的。阿斯特丽德来到我的公寓，我们边喝咖啡边进行访谈。她解释说，她之所以成为一名换工，是因为她希望积累与孩子们打交道的工作经验，这样她回到瑞典后成为幼儿教师的就业前景会更好。她看不上那些"认为来这里是为了找乐子，却不知道有多少工作要做"的换工。她每天工作十个小时，每周工作四天，再加上周末的晚上。她要照顾三个孩子：四岁的乔希、两岁的艾玛，还有四个月大的婴儿麦迪逊。她说邦妮是一个善解人意的雇主，因为她每周有一天待在家里陪孩子，"知道那是什么感觉"。至于邦妮的丈夫，阿斯特丽德说："我觉得就凭他自己的话，连一个星期都应付不了。"

阿斯特丽德有点不好意思地承认，在三个孩子中有一个最喜欢的（艾玛），而乔希有时很难对付，他顶嘴，还打了她，但是"他知道暂停（time-out）是什么意思，所以还好"。乔希想念上一个换工，想给她写信。"有时他会把我们搞混，"阿斯特丽德解释道，"比如，他会说：'你还记得我们上次做那件事的时候吗?'但那个时候我不在这儿。"她认为换工一年一换对乔希来说可能难以接受。乔希已经开始问她什么时候回家,他们是否会有新的换工,她叫什么名字。

阿斯特丽德提到的另一个困难是孤独。邦妮的家在郊区,她就住在这个三居室的地下室里。她可以邀请朋友来家里玩,她和孩子们也经常和邻居的保姆、换工一起玩。但是白天她没法用车,因为孩子父母都开车去上班,她和三个孩子留在家里,没有多少出门的机会。她说,夏天的时候,"我们会去野餐,整天在外面玩,很有趣","但在寒冷的冬天,孩子们简直憋疯了"。我问她是否和邦妮讨论过这个问题,但是和大多数换工一样,阿斯特丽德在她的"寄宿家庭父母"(host parents)面前沉默寡言,她的理由是自己这份工作"只干一年",所以她遇到的那点挫折就没有被提及。

※　※　※

专职儿童看护是美国社会和经济价值最低的职业之一。从事这一职业的人员是最具依赖性、最脆弱的工人。所有形式的托儿服务,报酬都很少。[2]大多数儿童看护,包括本研究中的保姆、换工、家庭托儿所和日托中心的员工,在经济上的机会远远比不上他们所照顾的孩子的父母。[3]对于住家的儿童看护来说,职业上的不平等,远不止是低工资问题。这些工人在家庭内部工作,不属于劳动法监管的对象。因此,当她们就工作时间、工作条件或者报酬与雇主产生纠纷时,几乎没有话语权。

有关她们工作规范的社会定义,可能会进一步削弱她们的地位。保姆和换工经常把照顾孩子作为实现自己所理解的密集母职的一种方式。此外，她们经常被认为——也常常自认是"家庭中的一员"，相当于一个年龄稍长的女儿或者是受人爱戴的阿姨。但实际上，这意味着她们必须从拟制血亲（fictive kin）的复杂角度，来进行工作上的协商——毕竟，一方面，她们对自己照顾的孩子有深厚的感情，另一方面她们对固定的工作时间、明确的工作职责和体面的薪水亦有需求与愿望，这两方面必须取得平衡。而与她们进行协商的雇主妈妈们，则必须在孩子的福祉和自己的需求之间进行权衡，尽力寻找能干、灵活，而且工资要求不会造成家庭财政紧张的雇工。最后，由于儿童看护和她们的雇主很少来自相同的阶层和文化背景，所以各自会把不同的视角和价值观带入育儿的任务中。在这方面，保姆和换工也必须在不违背自己的观念和原则的前提下，设法满足雇主的愿望。本章对这些紧张关系以及推动其发展的多种因素进行了探讨。

谁在当保姆？为什么？

许多有关儿童看护和家庭雇工的研究指出，几乎所有的保姆都是移民，而且某一特定地区的家庭雇工和儿童看护，往往来自同一群体（比方说洛杉矶的拉丁裔，或者纽约的加勒比裔女性）。[4]这些研究引用了谢利·科伦（Shellee Colen）"社会分层再生产"（stratified reproduction）的概念。[5]"物质与社会再生产的实现，因社会、经济和政治力量所构建的种种不平衡而不同；因基于阶层、种族、民族、性别、全球经济中的地位、移民身份的不平等而不同。"[6]

不过，这个概念也需要被定义得更为宽泛一些，以便招募受访者时我能将发现的各种家庭儿童看护包括进来：我寻找看护是基于她们的工作性质，而不是她们的移民身份或种族。我发现，像卢拉这样的美国出生的白人、阿斯特丽德这样的欧洲换工，以及像玛格丽塔这样的有证或无证的移民女性，都在充当幼儿保姆。我在波士顿区域发现了更为多样化的模式，从而对前述研究的观点提出了重要的质疑：比如，在家照顾孩子和其他形式的家务劳动之间是否存在关键区别？有许多复杂的因素影响着雇主雇用儿童看护的偏好。正如第四章所呈现的，我访谈的雇主妈妈并不是从人口最多或者工价最低的移民群体中雇用保姆，而是将她们对育儿的看法与她们对特定族群的素质和特点的看法进行了策略性的匹配。当伊莲恩描述她如何看待纽约和洛杉矶的雇主时，她代表了我访谈过的大多数雇主妈妈的观点："在这个国家的一些地区，你知道，那个（族群）就是'帮手'的来源。我觉得我从来没有把这些看孩子的人当作'帮手'。这不是住在楼下的'女孩'，因为她不是管家。她是我们家里非常重要的组成部分。"伊莲恩的评论提到了地区性的雇佣偏好，但更重要的是，它证明了访谈中许多雇主提到的照顾工作和其他琐碎家务之间，带孩子和做家务之间的重要区别。[7]

如果确定了工作职责只是照顾孩子，则相对于做家务或是带孩子做家务兼顾的情况，种族/民族的等级会有不同的表现形式。这意味着：此前对家务劳动的种族/民族的动态调查中发现的雇主-雇工关系中种族/民族维度的解释，需要更加精细，对个人如何定义工作更加敏感。我发现家庭儿童看护包括三种不同的群体。正如我在这一章中所展示的，每个群体在获得工作和离开工作时都面临着不同的挑战，工作体验和工作条件也有所区别。

媒体报道所描绘的保姆，大多是移民，常常是从发展中国家来到美国的无证移民。其次是年轻的美国女性，主要是从"锈带"（Rust-Belt）和中西部农业区迁移到城市地区找工作的白人。第三种是换工，这些年龄在 18 到 25 岁之间的女性，从欧洲、南美和亚洲通过短期的"文化交流"签证来到美国。在本研究中，这三个群体的成员在大波士顿地区的儿童看护中很有代表性。每个群体的特点影响着其职业以及族群认同，但决定其工作条件或薪酬的，往往不是群体的特点，而是群体所处的法律地位——无论是换工还是无证移民都是如此。

移民

我的研究助理和我访谈了 25 名做保姆的移民女性。[8]她们的年龄从 21 岁到 66 岁不等，彼此之间法律地位也有区别。[9]她们的受教育程度和专业背景差异很大。有些人在母国从事专业工作，而另一些人则没有接受过正规教育或培训。她们来美国的原因也各有不同。例如，32 岁的洪都拉斯移民罗莎为了逃避离婚的污名和丈夫的虐待，被迫丢下两个还在上学的女儿来到美国。又比如，21 岁的萨尔瓦多人皮拉尔这样的政治难民，她们找工作是为了供养那些不得不留在老家的家人。还有一些人，比如来自东亚的 64 岁的埃丝特，是带着孩子来美国的，希望为孩子提供更好的教育和经济机会。

除一名移民保姆以外，其他保姆都是自己住在外面，她们的家都在离波士顿很近的地方，可以搭乘公共交通工具前往。[10]大多数人工作时间很长，平均每周工作 56 小时。尽管不是所有人都愿意透露自己的收入，但从那些愿意透露的人那儿可知，她们的每周收入在 80 美元到 450 美元之间。在我访问的移民女性中，那些有工作许可证、英语良好、有育儿经验的妇女，跟在美国出生的白人保姆挣得一样多，甚至更多。[11]而没有合法工作许可证或是有语言障碍的人工资就少得多，而且工作条件往往也更差。来自巴巴多斯的隆奈尔今年 35 岁，已经加入了美国国籍，她指出，雇主们似乎认为没有合法身份的女性"确实需要这份工作"，从而导致他们对待这些保姆的态度"比对待有合法身份的保姆更恶劣"。34 岁的牙买加保姆安妮的说法则是："如果你不会说英语，你就完蛋了。你死定了……你完全是个奴隶。"

大多数受访的移民都把挣来的工资寄给了别人——父母、孩子或家里的其他亲戚。有些人打工是为了养活/资助在美国的亲戚。除了经济负担之外，许多人每天还要承受被迫把孩子留在老家而带来的内疚和焦虑。[12]而大多数的移民保姆本是想做其他工作的。埃丝特放弃了在中国的医护工作，她苦笑着说："其实我并不想后半辈子都当保姆。"许多人认同这个想法。她们并不认为自己会一直做保姆。她们说一旦挣够了钱就回家，或者一旦有了工作许可、语言能力够好了就换工作。但是，她们不知道这些未来图景如何或者何时才能实现。

无证移民保姆有的选择尤其有限。例如，尽管皮拉尔知道她的第一份工作收入太低（每周 150 美元，工作 50 小时，不住家），但正如她所说的那样，"我太需要一份工作了——我必须帮衬我父母"。和我们访谈的大多数无证移民一样，皮拉尔依靠个人网络（"我姐夫"）来找工作。通过这种方式找到工作，不仅会影响收入，还会对个人的社会生活产生不良影响。如果雇主拒绝让无证保姆带孩子出门，或者不允许她在休息时间建立更广泛的个人网络，她可能会很孤独，完全依赖她的雇主。我们访谈的移民女性提到，有些保姆不被允许去人多的儿童游乐场和公园，雇主借此来防止她们接触那些可以帮助她们的保姆（参见第八章）。许多无证移民过度劳累，但工资很低。许多人的英语水平也很有限。她们不仅被限制在低工资的职业上，还被迫跟特定的雇主和剥削性的工作条件捆绑在一起。这对于法律地位脆弱的她们而言，无异于雪上加霜。

20 世纪下半叶，美国修订了移民法，对雇主为其雇工提供公民身份担保的做法进行了限制。[13] 虽然雇主担保在美国从未像在加拿大那样普遍，但现在几乎不可能了。《1986 年移民改革与控制法案》（1986 Immigration Reform and Control Act）通过制裁雇主，大大减少了愿意为无证移民提供担保的雇主数量，因为该申请本身就意味着承认有人违反了法律。1990 年的移民法，大幅减少了本可以依靠工作签证获得公民身份的低薪工人的数量。包括保姆和其他所谓非技术工人在内，低技术含量的

"其他"类别通常每年的配额只有 50 万人。1996 年，国会通过了《非法移民改革和移民责任法》（IIRAIRA），至此关闭了雇主担保的最后一扇窗户，希望转换签证类型的移民（例如从学生或旅游签证换成工作签证），必须返回原籍才能实现这一转换。而且，《非法移民改革和移民责任法》还规定，任何签证过期后超期滞留（overstay）的移民，都必须离境三年或十年，具体时间取决于超期滞留的时间长短。所以即使在最好的情况下，雇主担保的保姆也可能要等七八年才能拿到绿卡。[14]

新法律促使越来越多的移民看护工为家庭里的其他亲属打工，而家属是唯一可以提供合法担保的人。尽管以前的法律规定赋予雇主相对于家庭雇工的巨大权力导致不公平和剥削现象出现，但新法律也带来了麻烦。[15]对没有合法身份、缺少社会网络的弱势妇女来说，她们的工作机会仅限于给亲戚或同乡打工，而在这种关系中，她们特别容易被这些人利用而受到伤害，被迫以极低的工资夜以继日地工作。[16]46 岁的伊内斯是一名来自洪都拉斯的无证移民，在老家有 5 个孩子要抚养。她为波士顿地区的一个亲戚打工，最初每周挣 80 美元（住家）。后来随着亲戚的经济状况吃紧，伊内斯的工资降到了每周 30 美元。她的工作时间仍然是每周 6 天，从早上 7 点到下午 5 点。伊内斯知道她的工资太少了，但她解释道："他们也是我的家人，我们互相帮助。"她不顾大家庭家人的反对，开始寻找新的工作，但到目前还没有找到。[17]

一些社会团体呼吁对移民保姆们采取相关保护措施，比如全国妇女组织（National Organization for Women）和美国移民律师协会（American Immigration Lawyers Association）建议将"家庭护工"指定为移民目的特定类别。[18]但是，给移民妇女发放特殊签证，实际上会把她们禁锢在家务劳动的市场中。如此一来，即使将其视为合法的工人，也不过是延续了此前美国的政策，继续把"有色人种移民妇女作为超级可利用的、低工资的劳动力"。[19]

欧洲换工

在我最初进行访谈时，每年有多达32 000名换工通过八个美国授权的换工对外交流代理机构来到美国。[20]这些机构向家庭收取年费（本研究期间为每年3500—4000美元），包括管理费、机票、培训、最低限度的健康保险以及地方顾问的费用。换工必须缴纳500美元作为押金，一年服务期满之后可以退还。她们每星期的津贴是100—125美元，外加食宿和学费补贴（500美元）。[21]根据机构的规定，换工只做与看护孩子有关的工作，每周工作不超过45小时。她们的签证限制她们在美国的停留时间不超过12个月，另外可以选择增加一个月的旅行时间。[22]

我访谈了10位换工，她们的年龄从18岁到26岁不等，平均年龄为22岁。有些人来美国是为了好玩，想看看其他国家什么样，或者是想在完成高中或大学学业后休息一下。还有的人希望这份工作可以提高她们在母国市场上的竞争力。例如，25岁的欧洲换工贝蕾妮丝有一个法律学位，但是她需要英语讲得流利，才能在她的母国西班牙找到一份律师的工作。埃尔莎是一名持证的体育教师，但她需要多积累跟孩子打交道的经验，以便在瑞典竞争激烈的儿童保育就业市场上获得成功。

换工获得的签证，将她们定义为参加"文化交流"项目的"访客"。她们的工作条件和工资水平并非由劳工部监管，在 1999 年以后是由美国国务院下属的教育与文化事务局（the Bureau of Educational and Cultural Affairs）监管的，在此之前则是由美国新闻署（the United States Information Agency）监管的。[23] 1991 年 12 月，瑞士换工奥利维亚·里纳（Olivia Riner）被控纵火和谋杀，引发公众争议，导致换工项目被严格审查。[24] 1994 年，美国新闻署提出了各种改进项目的方案，但收到了三千多封来自美国家庭的反对来信，尤其是反对每周工作时间从 45 小时缩减到 40 小时以及两岁以内的儿童仅限 21 岁以上的女性看护等规定。[25] 尽管换工制度的漏洞让想家的年轻人长时间与婴幼儿单独相处，可能会造成儿童照顾情况不稳定，但在这种相对低成本的育儿方案中获益的家长们反对进行政策变革。最后，换工的工作时间保持不变，没有年龄限制，但增加了儿童安全培训，每周的津贴也多了一些。

自 1998 年之后，换工的派遣国就从西欧国家变成东欧、南美和亚洲国家了。[26] 有三个因素减少了来自西欧的换工流入。首先，1998 年的露易丝·伍德沃德谋杀案在国外引起轩然大波，导致一些西欧女性不愿意来美国工作。同样，1996 年瑞典换工卡丽娜·霍尔默（Karina Holmer）在波士顿被残忍杀害的事件，也改变了斯堪的纳维亚人对来美国工作的看法。最后，1993 年欧盟的成立，使得换工有了更多可选择的范围。与美国相比，欧洲对工作时间的规定更为严格。作为欧盟成员国的公民，如果这些年轻女性对换工项目的安排不满意，可以马上找到其他工作。

尽管美国国务院的代表，既不承认也不否认换工的派遣国已经发生了巨大转变——从西欧国家变成了东欧、南美和亚洲国家，但我对换工机构老板的访谈证实了这一转变；至少，他们认为这与谋杀案和欧盟建立给欧洲女性带来的经济机会有关。同样，我在 1998 年之后访谈的雇主妈妈们也注意到了这种转变。例如，在英国长大的特蕾莎说，她以前希望找一个英国换工，但在伍德沃德案的风波之后几乎找不到："所以我想，'太好了，我要找一个英国人，我可以请我在英国的兄弟过去见见这个女人，看看她是什么样的人'……（但是）只有东欧人。我跟你说过，我对东欧文化一无所知。"最后，尽管最近的文章吹嘘，2007 年美国有 22 000 位换工（比 1998 年增长了 86%），但这个数字比本研究开始时全国换工的总数少了 10 000 名。显然，在美国工作的换工的数量和来源地都发生了变化。

美国对换工工作条件的规定也发挥了作用。理论上讲，美国的换工每周至少有一天半的休息时间，她们的责任仅限于照顾孩子，给孩子洗衣服和做饭。但实际上，上班族父母往往很难遵守这些限制。许多换工说每周要工作 50—60 小时，她们被要求给全家人做饭、打扫房间、洗衣服和跑腿办事。有些人声称她们不介意做额外的工作，但另一些人则希望雇主能够遵守合同条款。[27] 如果出现问题，换工可以选择投诉这个家庭，当地换工机构的协调员会介入并尝试调解，或者给换工另外安排一户人家。但如果这些办法都不起作用，换工就会被送回家，她的押金也会被没收。此外，她也拿不到证明其育儿经验的证书。

这些证书是颁发给干完一年服务期的换工的，对于那些计划继续从事育儿相关工作的人来说，是很重要的证明。换工对证书的需求，让国务院制定的保护性条款失效。寄宿家庭虐待换工的案例很少被报道，甚至在虐待行为引起换工机构工作人员关注之后，出问题的寄宿家庭也仍会跟机构保持多年的关系，对下一位被安排来家里的换工施以同样的虐待。21岁的瑞典换工丽芙就提到了这种情况。她的第一个寄宿家庭此前因对换工有过分要求和不当行为被五名换工投诉，但丽芙之所以能成功地让这个家庭被中介机构除名，是因为她非常仔细地记录了自己的经历，而且已经换了新的寄宿家庭。

并非人人都像丽芙这样自信。因为这些换工很年轻，远离家乡，在经济上和感情上对这段经历投入很多，大多数接受访谈的换工都不愿意在工作的事情上寻求他人的帮助。相反，大多数人依靠自己想办法来完成这个一年期的项目。例如，克里斯蒂娜的雇主要求她每天待在家里8—10小时，照顾两个年幼的孩子。她跟外界没有联系，也没有交通工具。她没有跟当地的项目协调员讨论这些情况。她解释说："我担心自己会遇到麻烦。如果我要求（中介）跟他们谈谈，恐怕情况会变得更糟。"克里斯蒂娜选择留在原来的寄宿家庭，因为获得换工项目证书是第一位。她有一个幼儿教育的本科学位，计划回到瑞典之后从事儿童照料方面的工作。

而且，和许多换工一样，雇主在克里斯蒂娜心里替代了父母的角色，这使她更加不敢顶撞他们。这种关系框架是美国国务院所鼓励的，它将换工的雇主称为"寄宿家庭父母"，而且倾向于强调该项目的教育和文化目标，而不是其劳动力市场的面向。换工来美国，寻求的是"寄宿家庭"的文化交流经验；而雇主找的是低成本的儿童看护，而非"做客的女儿"，两者之间期望的差异往往导致他们对彼此间的义务有着不同的定义。这反过来又制造了更多潜在的问题，并且使得解决这些问题困难重重。

和许多在美国出生的保姆一样，我访谈过的大多数换工都认为照顾孩子的工作是临时的，是上大学之前或在自己的祖国开始同育儿相关的职业生涯之前的过渡阶段。那些打算去日托中心工作的人，希望能兼顾这种职业选择和母职，她们解释说会带着自己的孩子一起去上班。[28]换工把看孩子视为过渡性工作的一个重要后果，就是经常不觉得工资低。事实上，有些人并不认为她们所得到的报酬是真正意义上的工资。我访谈过的一位年轻女士为自己每个月400美元的薪水辩护道："哎呀，我有的吃有的住。而且，这只是零花钱而已。"她的观点可能源于她之前很少接触劳动力市场，或者因为她的签证有效期只有一年，所以她认为自己每小时2.22美元的工资只是临时工的水平。然而，许多外国换工非法返回美国，继续以同样低的工资来打工；在相同的工资水平下，重复续签合同没有法律上的障碍。把工作看成临时的，把工资看成"零用钱"，会将这些换工锁定在恶劣的工作条件和长时间的低薪工作中。

在美国出生的保姆

我访谈的15名美国出生的保姆大多数是年轻的高中毕业

生。她们没有什么就业选择。[29]她们认为当保姆是一种为未来的教育存钱、游览美国其他地方，或是在结婚或找到一份真正的工作之前"争取时间"的方式。这些女性高中毕业之后发现她们的职业选择有限，制造业在"锈带"各州的衰落使她很难找到一份能维持生计的工作或者一个能养家的丈夫。大多数人都是通过中介机构找到第一份工作的。许多保姆中介机构专门从中西部和偏远的西部招募年轻女性，部分原因是寻找保姆的家庭往往会明说他们更喜欢中西部的"农家女孩"，认为她们代表了强烈的"家庭价值观"。一位中介公司老板透露，他的客户想要找一个"漂亮的、容光焕发的孩子"，一个"年轻的美国白人"。我访谈过的所有中西部的保姆的第一份工作都是由中介介绍的。

有经验的保姆不屑于理会这些中介。她们找工作靠的是报纸上的广告或是人们的口口相传。隆奈尔解释说："要是你去找中介机构，你还真以为它在帮你，但实际上他们并没有帮你。他们只是为了赚钱。所以我的意思是，这是一种你赢我输（win-lose）的情况。"如果保姆不能执行合同，中介公司就会面临失去佣金的风险，因此，出于商业利益，他们会倾向于强烈地维护现有的中介安排，而不是强制执行合同。对隆奈尔这样既有经验，在当地又有很好的推荐人的保姆来说，中介也提供不了什么。相比之下，没有这些优势的保姆，最初则需要由中介来介绍工作。

有些在美国出生的保姆提到，最初让家人和朋友接受她们的工作选择还费了一番功夫。例如，20 岁的白人女孩科琳在拿到幼儿教育学位之后，从俄亥俄州来到波士顿，她说她的父亲"立刻"就表示反对，他希望她能找个"公司里的好工作"。同样，波士顿地区大学 24 岁的白人毕业生阿普里尔，也找了一份保姆工作作为"过渡步骤"。她的母亲很失望，也不赞成。阿普里尔说："她偏执地认为，我这辈子都要当保姆了。"不过，从本研究来看，和有证移民一样，在美国出生的保姆是家庭儿童看护中待遇最好、薪酬最高的。其中有一半的人，得到了某种类型的健康保险；一半的人，由雇主代为交税。她们平均每周工作 49 小时，而且她们的收入（住家的话平均每月 1000 美元，不住家平均每月 1600 美元）通常比换工和无证移民要高。尽管大多数人说她们的工作只是照顾孩子，但也有不少人要做家务和做饭。不过，做家务通常是在休息日，而且也会得到额外的报酬。

这些在美国出生的保姆平均从业时间为五年。她们中大多数人对保姆工作的看法已逐渐转变：不再将保姆视为过渡阶段，而是成为"职业母亲"。她们期望中的高等教育并没有实现。她们已经找到了伴侣，现在要么已经有了自己的孩子，要么正打算生孩子。她们典型的职业轨迹是先当保姆，然后带着自己的孩子去做保姆，之后再开办自己的家庭托儿中心。29 岁的白人姑娘海琳的经历比较典型。她高中毕业后从中西部来到波士顿，因为她姐姐在这儿当保姆，知道谁家能给她提供一份保姆工作。一开始她只是干着玩玩，也算陪陪姐姐，后来保姆工作逐渐发展成她的事业。她遇到了后来的丈夫，为了能有更多的时间和他在一起，她换成了不住家的工作。在我们进行访谈时，她正计划怀孕。和许多同龄人一样，海琳希望做个全职妈妈，只照顾自己的孩子。不过，这在经济上不太现实，所以，她希望找一个能兼顾自己孩子和其他人的工作，最好是在自己家里。

就整个群体而言，在美国出生的保姆们明确表示，成为全职妈妈就是她们的终极目标，但一般来说这在经济上是不现实的——对她们的家庭育儿梦想来说，这是一个悲伤的讽刺。在自己家里照顾孩子肯定会对收入有影响，她们也知道这一点。[30] 她们希望收入能够与她们所认知的自己的技能水平相匹配，不过，对于"居家"看孩子的强烈偏好，使她们更重视工作条件，更愿意把做母亲和赚钱谋生结合起来。本研究中大多数看护都十分推崇全职妈妈的价值和意义。在下一节我将说明，保姆们的观点和行为与她们的雇主一样，在很大程度上取决于她们对密集母职原则的解释。

儿童照顾的母职意识形态：作为工作伦理（work ethic）的密集母职

我所访谈的儿童看护把育儿工作视为通向居家母职之路，这种目标设定让我得以一窥她们是如何看待母职的。[31] 保姆和换工的工作收入处于中低水平，几乎没有安全保障，也没有任何福利，但她们认为自己是有技能、有爱心的母亲，从而获得了很大程度上的自尊。因此，母职意识形态尽管有其固有的阶层和文化偏见，但还是塑造了她们的工作伦理。

29 岁的卢佩是一名来自墨西哥的移民，有一个年幼的孩子。

她解释说，保姆工作让她摆脱了工作和家庭的两难困境："如果我没法带着她，我就不会去工作。她太小了，不能让别人来照顾。所以我们说这是当保姆的好处。"

其他保姆认为，她们的工作是为了弥补自己无法陪在孩子身边的缺憾。罗莎告诉我："和孩子们在一起对我来说非常重要。我感受到了这种需要。我觉得和他们在一起就像和自己的女儿在一起一样，我知道我的女儿们在洪都拉斯，也和别人在一起，尽管不是她们的母亲。我对自己说，我照顾这个孩子，同样有人会照顾我的女儿。"罗莎无法改变迫使她把女儿留在家乡的经济现实，但和其他处境类似的移民妇女一样，她相信自己通过"尽最大努力"照顾好自己带的孩子，便在某种程度上确保了自己的孩子得到同样好的照顾。[32]

保姆和换工都是自己密集母职模式的忠实信徒。她们不太接受"书本知识"（第七章要讨论这一点），但她们同意儿童发展专家的一个观点，就是三岁以下的儿童应该由一个尽心尽力的照顾者来全心照料。她们也对居家母职的价值深信不疑，即便是代理母亲也行。许多人认为美国的日托中心无法提供高质量的照料。大多数人根本不会考虑去托儿中心工作。卢拉告诉我："你必须有一个幼儿教育的学位，而且他们付的钱比当保姆还少。"阿普里尔说她面试的地方"很可怕"："我想，'也许我可以在日托中心工作一段时间'。我打电话给各种机构，都是官方注册的，然后面试的时候你会觉得：'我应该留在这里工作。救救这些可怜的孩子！'你知道吗？这种地方有很多，我不敢相信都是注册的，太可怕了。"

其他保姆也根据自己的母职实践来定义她们的工作职责。她们认为自己是在"塑造"孩子，是"在父母不在的时候充当母亲"。她们把密集母职视为一种工作伦理，因为做个好妈妈是她们最看重的理想，本书第八章会说明，保姆和换工将自己的角色理解成理想的母亲，这常常导致她们把孩子的需要放在第一位，甚至会以无法照顾好孩子为由拒绝承担需要离开孩子的其他日常家务，也可能会在与雇主的育儿观念不一致时坚持以孩子的需要为重，不惜与雇主发生冲突。

阶层、文化和育儿观念

就我访谈的保姆和换工来说，无论她们进入儿童照顾这一行是出于经济需求、职业选择有限，还是因为爱孩子，一旦她们身处儿童照顾工作中，就会根据自己的育儿观念、照顾雇主孩子的实际经验以及源于自身背景的实践来展开工作。指导劳工阶层和贫困家庭育儿实践的文化知识库（culture repetoire），与指导中上阶层家庭的知识库有所不同。因为很少有儿童看护具有与雇主相同的阶层和文化背景，所以有关"最佳"育儿方式的分歧和误解很常见。

中上阶层的父母忙于"规划栽培"（concerted cultivation）。他们让孩子参加许多旨在发展多方面能力的活动；他们追求的是一种学科化的风格，跟孩子说理和协商，而不是直接命令。劳工阶层的父母更倾向于"让孩子自然长大"（accomplishment of natural growth）。这些父母强调让孩子无拘无束地玩耍，而不是进行有组织的活动；让孩子与亲戚一起"消磨时间"，而不是跟同龄人约在一起玩；照顾孩子主要靠父母而不是专家。[33] 这些育儿策略中的阶层差异，直接反映了我所访谈的大多数雇主妈妈和保姆之间相互冲突的观点。虽然两种女性都接受密集母职的形式（以儿童为中心、耗费劳动和专家指导），但她们所相信的母职意识形态的内容却因阶层和文化的差异而有所不同。雇主妈妈们创造和遵循着一套规划栽培婴幼儿的模式，而保姆们相信的则是"让孩子自然长大"的价值观。

大多数保姆都不赞同给孩子安排一系列活动，尤其是给婴幼儿安排。42岁的尚塔尔来自圣卢西亚，有10年的儿童照顾经验。她的雇主希望她每天都把小宝宝带到户外去活动活动，这让她尤为不满："他们总是问：'他今天出去了吗？'如果我不把带他出去，就会有问题……有时候真的很冷，我们本来可以待在家里玩。但是我会找个地方，比如图书馆什么的带他去玩，因为他们就是不喜欢他待在家里。'把他带出去。不管什么地方，带他出去！'"海琳喜欢她的各位雇主，通常也对自己的工作条件很满意，不过她还是反对把自己的孩子带着去上班的想法，因为她认为工作环境不利于孩子的健康发展："我会减少很多活动。我认为这太过分了……他们是很好的父母。我的意思是，考虑到他们工作很忙，他们做得已经很棒了。但我只是觉得他们需要多花点时间陪陪孩子，多一点高质量陪伴，而不是忙着带孩子参加那些活动……'我们得去打棒球。我们得去打冰球。我们得到处走走。'"对大多数雇主来说，不事先计划的玩耍是件令人讨厌的事，但大多数保姆却认为"闲逛"和无拘无束的玩耍最适合学龄前儿童。

儿童看护对于他们应该在儿童游戏中参与多少的看法也受其阶层和文化影响。卢佩回忆起她在墨西哥的童年，解释说："在许多拉丁美洲国家……他们会让孩子们自己玩上几个小时。"跟大多数移民保姆一样，她认为让孩子更自由和独立有利于他们发展社交技能和自力更生。尚塔尔告诉我："我老家（圣卢西亚）的情况可不一样。我们对孩子没那么关心。我们让孩子们一起玩，学得独立一点。"卢佩跟其他移民保姆不同，她注意到雇主的育儿方法也有一些优点："她总是在考虑如何让孩子们充分利用时间……我在这儿看到，孩子们参加一些活动很好，可以更好地帮助他们成长。"

保姆瓦莱丽来自罗德岛的白人劳工阶层，有两年工作经验。雇主希望她能把"所有时间"都用来跟五岁和八岁大的两个孩子一起玩结构式游戏，她对此感到困惑不解。孩子们告诉她，他们不希望她参与所有的游戏，瓦莱丽决定尊重他们的想法："他们喜欢我跟他们一起做手工、踢足球，有时候我们会在地板上玩乐高。但他们玩星球大战或恐龙战队之类的游戏时不想让我玩，因为我不知道故事情节。"在瓦莱丽看来，看管孩子、确保他们安全跟"总是忙着跟他们玩"是两码事。

雇主们如何对待孩子是另一个凸显阶层差异的地方。中上层家庭的父母喜欢跟孩子讲道理，而劳工阶层的父母则希望孩子服从父母的管教，不去质疑他们。[34]28 岁的科琳娜是一名来自肯尼亚的保姆，有五年工作经验。科琳娜的雇主试图跟自己刚会走路的孩子讲道理，解释她为什么每天要出门上班，这让科琳娜感到很吃惊。在科琳娜看来，跟一个刚会走路的小孩讲道理只是"自找麻烦"；她觉得父母的职业生活是孩子们必须接受的生活真相。

另一些人尽管很尊重雇主的纪律要求，但对频繁使用"暂时隔离法"是否有效表示怀疑。保姆们回忆起自己的成长经历，常常希望雇主能对孩子更严格一些。例如，尚塔尔认为，当她看管的大孩子出现不当行为时，后果应该更严重才对——"不是虐待什么的，但我妈妈以前更严厉，所以你就知道她是认真的"。24 岁的莎拉来自爱荷华州，负责照顾的两个男孩，一个八岁，一个两岁。她经常觉得孩子们的行为令人担忧，而莎拉的雇主跟她不同，通常都对儿子们的行为很满意。莎拉的一个保姆朋友告诉我，她和莎拉都来自中西部，"我们的价值观不同"。在波士顿，"孩子们都被惯坏了……在这儿，孩子做了错事，父母会说：'不行，不准那么做。'孩子就会再犯一次"。大多数保姆得出的结论是，与规划栽培相关的讲道理的方式只会制造爱抱怨、娇生惯养、不尊重父母的孩子。这些基于阶层的截然不同的育儿观念，为雇主和雇工之间许多未说出口的紧张冲突奠定了基调。

家庭规范与市场形态

实践和法律赋予家庭雇工的法律与社会地位，导致保姆与雇主之间的关系进一步复杂化。尽管如伊莲恩所说，她的保姆不是住在楼下的"女孩"，也不是打扫房间的清洁工，但保姆工作仍然是由家务劳动的法律定义来规范的。而大多数雇主和部分保姆认为，保姆更像是"家庭中的一员"而不是真正的雇工，这加重了她们在结构化的劳动力市场中的劣势，使得保姆和换工很容易工作过劳、薪酬过低。也正是因为她们的工作领域属于休憩消闲的私人领域，家庭雇工在历史上一直不曾享有建立组织的权利，也不受劳工保护法的相关规定保护。然而，更重要的是，保姆和换工自己对于她们在家庭中应该扮演什么样的角色、处理工作关系时应该遵循什么样的规范，也一直拿不定主意，左右摇摆。

家务劳动与劳动法

在所有参与我研究的儿童看护中，没有一个人知道与她们最相关的两个法律领域中，自己能享有哪些法律权利与保障。这两个领域是工作事故（她们中大多数人没有医疗保险）[35]以及性骚扰和虐待。事实上，她们的资源非常少。按照劳动法规定，保姆属于"家庭雇工"的范畴。这一分类明确地将她们排除在主要的联邦劳动法的条款之外，例如《国家劳动关系法》（The National Labor Relations Act）和《职业安全与健康法》（The Occupational Safety and Health Act）以及大多数联邦反歧视法都无法适用于她们。同样，各州的法律也没提供什么保护。例如，许多州规定，雇员人数在四人及以上的企业，才能被纳入性骚扰法规的考虑范围；[36]除少数几个州外，所有的州都明确将家庭雇工排除在劳工赔偿法的保护范围之外，或者即使将家庭雇工包含在内也几乎无法执行。由于缺乏保护，凯瑟琳·希尔博（Katherine Silbaugh）等法律学者认为，"这些（联邦和州的）豁免条款描绘了一种差不多是但看上去并不像工作的工作，尽管它是以获取报酬为目的的。"[37] 希尔博解释说，法律通过两个逻辑步骤，把家务劳动排除在劳工权益和法律保护之外：妻子在家里所做的工作没有货币价值，只有情感价值；而作为家庭主妇劳动的延伸，家庭雇工的权利与家庭主妇和母亲的权利是一样的，只包括那些与情感和自我牺牲有关的权利。

家庭雇工在工资方面情况稍好一些，因为《公平劳动标准法》（The Fair Labor Standards Act）规定，她们有权获得最低工资，在外住宿的家庭雇工加班劳动的工资是平常的 1.5 倍。然而，我访谈的 50 名儿童看护中几乎没有人知道这些规定，也没有人拿到过加班费，尽管她们当中有 40 人每周工作时间都超过 40 小时。[38] 同样，许多保姆也不知道，作为雇工，由雇主从工资中代为扣缴税款和社会保险是她们的权利；还有一些人的确知道，但宁愿由雇主私下支付给她们，因为她们的工资已经非常低了。

也许法律最亏欠保姆和其他家庭雇工的地方就是剥夺了她们集体谈判的权利。《国家劳动关系法》的规定使她们在与更强大的雇主谈判时陷入孤立，这让她们不得不依靠无良的保姆中介机构来找工作，这也导致她们对自己所拥有的一点点权利一无所知。[39] 接受我访谈的保姆们非常清醒地看到，在与雇主谈判时只能靠自己，而雇主拥有的资源和知识往往比她们多。阿普里尔对此做了个总结："你没有辩护律师，你完全就像一座孤岛，如果你打算去争取，去为权利而斗争，你不得不什么都靠自己。"许多保姆最后都成了精明的谈判专家。但即使是收入丰厚的保姆也希望有一个能够代表她们集体利益的公共讨论空间。然而，没有人知道谁来代表她们，也没人知道她们如何靠自己组织起来。[40]

有一次，当地的一个儿童游乐场里正在进行例行的保姆"牢骚大会"。我问大家："你们觉得有什么需要改变的吗？"隆奈尔答道："我认为市政厅应该为来这里的换工或者无证移民做点什么，这样他们可以找人谈谈。我的意思是，他们有很多吐槽坏保姆的脱口秀节目，但是他们从来没有把好保姆的样子表现出来。你知道吗？他们从来没有让保姆在节目中谈她们为之打工的老板，所以，应该去'告诉奥普拉'！我们就这么干吧。你知道我在说什么吗？"然而，尽管日托中心工作人员、家庭日托服务人员和家庭保洁工的工会组织已经取得了很大的进步，但保姆并没有被纳入这些运动中，她们仍然需要自己去谈判。[41]由于保姆在家庭中"地位"特殊，谈判更为复杂。[42]

基于市场的交易与基于家庭的交换

认为保姆是"家庭的一员"，因而不享有劳工的权利，这种观念不只见于劳动法，也渗透在对看护-家庭成员关系的常识性理解中。因此，我访谈的保姆们经常发现自己处在介于雇工和拟制血亲之间的尴尬位置，既为钱工作，也为爱工作。这种两难困境在日托机构中不那么明显，当父母和孩子进入日托机构时，那里的各种政策和行政层级已经设置妥当了。在这种环境里主要遵循的是基于市场的规范，规则和义务都有明确的规定。[43]

因为保姆工作的环境就是她们为之提供服务的家庭，所以她们在工作中通常遵循我所说的"家庭交换的规矩"（family exchange norms）。这种规矩期望彼此有一点灵活性，互相迁就甚至为集体利益牺牲都是很正常的。[44]这种从市场交易到家庭交换的变化，深刻地转变了家庭成员和雇工对儿童照顾工作性质的理解。例如，作为"家庭的一员"，保姆通常被要求去做合同之外的工作，而且"上班"和"下班"时间要灵活。[45]

有些保姆，尤其是年轻的住家保姆和换工常常希望被当作"家庭的一员"，这使得雇工和家庭成员之间模糊的界限变得更加错综复杂了。[46]莎拉对她第一个雇主的感情代表了许多其他保姆的心声："我不希望只是（这家人的）一名雇工。"不过，她作为家庭成员的身份也有不便。她的房间紧挨着婴儿房，所以当孩子哭的时候，第一个起床的经常是她；等孩子长大了，可以从婴儿床里出来打开房门时，她发现自己已经没有隐私了。[47]此外，莎拉也发现，如果保姆工作的家庭有很强势的家庭规矩，就很难把市场上的规范强加其上："他们总是让你干一些没包含在合同里的额外的事，你能做多少？你是完全按合同办事，还是说，'好吧，我也住在这里，多做一点事比较合适'？"莎拉认为，作为对第一个雇主将其视为家庭一员的回报，延长工作时间是一种合理的交换。

一些雇主妈妈意识到如果把儿童看护视为家庭的一员，可能会让她们陷入无休无止的工作中。例如，丽指出："很难搞清楚'她们还在工作吗？或者说，她们这样做是因为有趣？'。"母亲们希望工作日结束后保姆像普通雇工那样消失，而保姆却期待留下来与家人共进晚餐，这时，家庭规范与市场规范界限不明的情况就特别容易引起问题，反之亦然。

大多数年纪较大的移民保姆都拒绝住在雇主家里。隆奈尔是我访谈过的保姆中年纪较大、经验较为丰富的一位，她说："我认为选择住家的保姆遭受的虐待最严重。嗯，你应该有固定的下班时间。那些人会利用这一点。比方说，如果孩子晚上12点醒了，他们希望你起床，但你已经下班了。"虽然隆奈尔不住在雇主家，但她会在雇主伊丽莎白不得不出差的时候"顶替"她，晚上陪她女儿克洛伊一起过夜。她这样做也有额外的报酬。我访谈过的大多数不住家的保姆都希望有固定的工作时间和固定的工资，并且以市场规范为基础来建立自己与雇主间的关系。他们希望工作日能在规定的时间结束，希望雇主能意识到他们有自己的生活，通常还有自己的家庭。

雇主对这些需求缺乏认识，这常常会让看护感到沮丧。[48]尚塔尔发现，自己去上普通高中同等学力证书课程（GED）时，总是会迟到30分钟："一开始他们跟我说，会问我（要不要加班）……但他们没这样做，他们只是告诉我一下，仅此而已。他们假定我应该迁就他们，改变（我的计划）。"还有一些保姆强调了被解雇之前得到合理通知的重要性。其中一位保姆解释道："一旦孩子到了可以上日托中心的年龄，他们（雇主）就不管了。他们不管你是否无家可归，他们不关心你是否需要钱。他们经常都不会事先通知，让你没有足够的时间去找另一份工作。"或者，就像一名从照顾老人改为照顾儿童的波多黎各看护告诉我的那样，"他们不是死在你面前，就是去上幼儿园了"。

与此同时，许多雇主妈妈表示，她们选择住家保姆，恰恰是因为这为她们提供了灵活性。她们想找的是这样的人：她的工作时间可以根据上班族妈妈的需要进行调整，而且她的主要职责是照顾雇主的家庭。黛比这样描述自己雇请换工的决定："我会在六点去接米兰达（她的女儿），如果我晚到一分钟——你知道家庭托儿所那位女士人很好，但她还要去别的地方，她有事情要做。"有了换工之后，黛比花在育儿上的费用比送女儿去家庭托儿所时要少，她可以根据自己的需要来安排换工的工作时间。她详细讲述了雇请安妮卡之后生活质量是如何显著提高的："我六点到家，孩子们在吃饭，衣服也洗好了。床已经铺好了，晚饭也正在准备，我平时不得不做的事情都安排好了。"当安妮卡没有黛比期待的那样灵活时，黛比将其归咎于安妮卡的个性缺陷——"她就是喜欢什么事情都按部就班"，而没有想过她的保姆也和以前家庭托儿所的工作人员一样，可能"要去别的地方，有事情要做"。

雇主妈妈们想找的是把雇主的家庭放在首位，而不是优先为父母、兄弟姐妹或朋友尽心尽力的雇工。这就是丽更喜欢欧洲保姆而不是美国保姆的原因："（我）喜欢欧洲的保姆，因为我希望她们成为家庭的一员。我觉得美国人……即使她们住在家里，也可能会（在休息日）回家，但我需要这个人待在家里，把我们家放在第一位，而不是优先为她自己家考虑。"

雇主玛丽·安妮不愿雇用那些想把自己的孩子带来上班的

保姆："我想找一个以照顾詹妮弗为主的人……我觉得如果她们带着自己的孩子……（她们会）看着他爬来爬去，也许会忽略詹妮弗。"

这些都是社会分层再生产的例子。雇主妈妈对孩子需求的定义与看护的家庭需求是对立的。而且，因为她们认为自己的孩子需要由专门的看护提供全方位的、一心一意的照顾，所以许多人更喜欢那些远离故土而且没有孩子的年轻女性，或是那些孩子住在其他地方的移民女性。雇主认为他们的孩子需要全心全意的照料，这背后的假定是他们的孩子比看护的孩子更有价值。来自加勒比海地区的维奥莱特是苏珊娜雇的保姆，她做保姆是为了抚养留在家乡的孩子们。苏珊娜承认，为了抚养孩子而离开他们需要很强大的"意志力"。同时，苏珊娜深信"换了我可真做不到"，这意味着她认为在养育孩子的方式上，自己与维奥莱特有着根本区别，而显然两者之间承担更大责任的是自己。

除了贬低保姆的家庭之外，社会分层再生产也揭示了保姆工作无所不包的本质。尽管许多无良雇主希望以家庭责任为由为其歧视性做法辩护，但这样做实际上是非法的。然而，保姆作为家庭雇工的一个分支，并不受反歧视法的保护。又因为规范保姆工作的非正式规则通常是家庭规范，所以，有些雇主对控制保姆在家庭内外的工作与生活感到心安理得也就不足为奇了。

应该用什么规范来指导工资水平？

雇主妈妈跟儿童看护进行工资谈判时，也会在应该采用市场规范还是家庭规范的问题上争论不休。莎拉感激地讲起她和她的第一个雇主是如何以"雇主和雇员之间不会有的模式"相处的："如果我有哪个星期需要在周一而不是周末拿到薪水，或者我要去个什么地方有些额外的花费，他们会提前几周付我薪水。当我的车出了毛病，或者我需要去看牙医的时候，他们都会帮我。"克莉丝汀的雇主在她考虑去医学院的那年圣诞节，送了她一个医学院入学考试（MCAT）课程；梅兰妮的雇主每月给她买一张地铁票；安妮的雇主在带孩子们郊游的时候总是叫上安妮和她的孩子。这种家庭规范和市场规范之间的模糊，以及由此带来的友好互动，一定程度上源于儿童照顾工作本身的性质。很多母亲都提到，她们希望通过礼物或其他关切体贴的方式在自己和保姆之间所"培养"出的好感，会进而转化成保姆给孩子的温暖。同样，保姆们明白对孩子的爱和友善是她们工作的一部分，当她们表达的情感得到雇主回报时，她们也会很感激。

朱迪斯·罗林斯注意到雇主会对家庭雇工表现出"母性"（maternalism），并解释说这是雇主维护其优越性的一种方式。[49]在我的研究中，许多雇主妈妈也充满母爱，但引发这种态度的更多的是她们那种受制于人的感觉（参见第五章），觉得自己在变化无常的儿童看护面前是很脆弱的。赠送礼物和其他的基于家庭的交换是一种防止儿童虐待的保险制度。尽管她们母性的来源不同，但结果往往与罗林斯的研究结论相同：保姆们觉得有义务适应家庭的需要来调整自己的需求，并以善意回报善意。因此，她们经常对自己作为雇工的权利感到不太确定。

在某些案例中，我访谈的女性并非不清楚她们的权利，而是感到无法维护她们的权利。20 岁的朱莉来自蒙大拿州，她说自己对雇主很失望，因为她对朱莉每周的工资采取了一种"我知道什么对你来说最好"的方式："她一直说我每周挣 200 美元，而我的工资只有 175 美元。她会说：'嗯，这 25 美元存在你的代管账户里，两年后工作结束时，你就会得到这个支票。'她一直说这是我的奖金。但这是她从我的薪水中扣下的我已经挣到的钱……说得好像她在为我做什么好事一样。"实际上，每周这 25 美元，把朱莉的工作从定时结算的付费服务（fee-for-service）变成了一种契约奴隶制（indentured servitude）。"奖金"随着时间的推移不断增加，放弃奖金并不是朱莉愿意考虑的选项。

朱莉的故事也是职业中介机构跟雇主串通一气的例证，展现了职业中介机构如何强行执行雇主的家庭规范，以最大程度维护雇主的利益。尽管这一奇怪的安排不在朱莉的合同中，但她却在这场纠纷中没有追索权，因为她的合同一经签订，安排她工作的机构出于经济动机就必须确保她履行义务。如果她不履行合同，中介机构就不得不把向雇主收取的费用退还给他们。合同签好后，朱莉与雇主家庭的互动都是以这个家庭的规矩为基础来进行的，这样一来，她就被当作家里的青少年，没有任何雇工应有的权利。

在确定工资水平时，可以明显地看到雇主妈妈和保姆在引用家庭规范和市场规范上表现出了很大的不同。雇主妈妈倾向于使用市场逻辑，向朋友和中介公司老板打听"行情"。举例来说，玛丽·安妮解释说，她是根据面试其他候选人的经验和自己的支付能力来计算埃丝特的工资（每小时七美元，比本研究期间的市场价至少低一美元）。很可能她的计算还包括了一个假设，就是埃丝特可以接受较低的工资，因为作为一个有点年纪的移民，可能她的选择很有限。艾丽西亚说，在确定莱蒂西亚的薪酬标准时，她没有使用"真正的科学方法"："有人说一小时六美元，我就一小时给六美元。"对于莱蒂西亚这种无证移民来说，低薪工作也比没有工作好。母亲们也把市场逻辑用于确定非移民保姆的工资。阿普里尔描述自己的经历时有了这样的意识："你知道，他们（父母）希望你受过教育，但他们也只想根据你所做的事情来付你薪水（嘘了一声）。"阿普里尔下定决心要找个更好的工作，也已经开始行动了。她总结道："你想对他们（雇主）说：'你觉得自己开这么点薪水能得到什么？你有什么权利只给这么点的工资，还没有福利？'"除了运用市场逻辑之外，我访谈过的大多数母亲都是基于密集母职意识形态的理念来给看护定工资的。母亲们认为她们必须证明自己外出工作是合理的。因此，保姆的工作不仅要迁就母亲的工作时间，而且还要在她的薪水范围之内。[50] 如果母亲的收入低于家庭收入的 50%，则无论家庭整体收入有多高，这些家庭的保姆的工资都是最低的，她们通常会雇用换工或无证移民。光谱的另一端是那些收入占家庭总收入 50% 以上的母亲，不管家庭的总收入是多少，这些家庭的保姆的工资都是最高的，无论住家还是不住家。值得注意的是，大多数雇主并没有把保姆的工资当作家庭开支来计算，而是将其当成母亲自己的开支，这是她选择外出工作而产生的花销。[51]

在确定工作的经济价值时，大多数我访谈的保姆都避开了市场规范，转而诉诸充满情感的、以家庭为基础的规矩，实际上是在问："你的孩子对你来说值多少钱？"卢拉告诉我："当我第一次来（波士顿）的时候，人们愿意花更多的钱来养狗，而不是请人来照顾他们的孩子。"今年 37 岁的玛丽索尔是来自尼加拉瓜的移民，让她困惑的是，雇主花在保姆身上用以确保儿子日常安全和健康的钱，还没有给儿子买衣服花的钱多，这样的选择真的道德吗？然而，无论她们的工资被定在什么水平，大多数保姆都认为她们工作的价值被低估了。[52]有些人看到自己服务的家庭蒸蒸日上，而自己却在为生计而挣扎，感到愤愤不平。一位来自加勒比海的保姆表达了这种情绪："他们应该给我们洗脚，再把洗脚水喝了。他们的成功都是以我们为代价的，而我们却落后了。"

小　结

就像我所访谈的雇主妈妈一样，保姆在进入雇佣关系时，也受到特定文化价值观和制度障碍的局限。她们的雇主看重的是强调规划栽培的专业级密集母职，而保姆们坚持的则是一套更为传统的有关良好家教的观念，这既是她们自己成长经历的反映，也是她们对居家育儿这一任务所做的辩护。然而，将密集母职视为一种工作伦理是有代价的。最重要的是，这让她们陷入了两难境地：她们"像家人一样"看重与孩子的关系，但同时又希望以更务实的方式来看待与雇主妈妈的合同。当母亲和保姆试图就孩子的一系列日常护理问题进行协商时，这种紧张关系就爆发了。

　　法律上对保姆工作的限制也有其影响。虽然我访谈的大多数保姆都声称她们之所以没有辞掉不好的工作，主要是因为舍不得她们看护的孩子，但事实上是因为她们无法诉诸集体谈判，也无法建立自己的合作中介机构来代替那些谋求私利却不保护她们的私人中介机构。而且她们在雇佣法中几乎没有法律地位，这导致她们在糟糕的工作面前一筹莫展。这也会影响到母亲和保姆如何就她们共同的照顾工作展开协商。

④

『她们太穷，而且还都抽烟』

序曲：乔伊斯和斯泰西

我是在乔伊斯的医院办公室见到她的。她的直发剪成了波波头，黑巧克力色的肤色跟她身穿的白大褂形成了鲜明的对比。当我在市中心医院这间杂乱的办公室里对乔伊斯进行访谈的时候，建筑工人正在忙着修理我们头顶天花板上的空调，时不时传来巨响，每次都吓我一跳，而乔伊斯总是面不改色，保持着冷静的专业风范。她继续不慌不忙地描述当初是怎么雇用保姆斯泰西的。

早在埃利斯（乔伊斯 11 个月大的儿子）出生前，乔伊斯就开始竭尽全力为他寻找合适的看护。乔伊斯是加勒比黑人，她的丈夫是非洲移民。她向我解释说，保姆的种族是非常重要的考虑因素："嗯，我希望找一个黑人保姆。嗯，只是因为一些身份认同的问题，因为我们住的社区里几乎全是白人，所以会多一些种族多样性的问题。"乔伊斯通过几家中介来找黑人保姆，她和她的丈夫也联系了纽约的朋友和家人，希望能找到一个加勒比地区的保姆："我来自纽约，所以（我）也问那里的人……比如和我一起长大的一个女性朋友，她妈妈是巴巴多斯人，她说：'嗯，也许我能帮你找人。'她找了几个想来这里的巴巴多斯人，我给她们打了电话聊了聊。"

当开始筛选候选人时，乔伊斯就非常明白找到"合适的人"可能会很难："有的人讲电话时会有语言问题……我觉得，尤其在我儿子要学说话的年龄，他需要听英语。而且我也需要跟为我工作的人交流。另外有些人口音很重，很难听懂她们在说什么。因为"将来这个人在埃利斯醒的时候跟他待在一起的时间，甚至比我跟他在一起的时间还要多"，所以乔伊斯排除了那些口音"非常重"的女人。她回忆说："我甚至都不再现场面试了，只是通过电话聊聊。"此外，她对黑人保姆的偏爱进一步受另一个事实影响，那就是许多来自加勒比地区的保姆都没有驾驶执照。这是一个问题，因为乔伊斯和她丈夫住在郊区，但是他们希望孩子能参与多种活动："我们不希望找来的人孤孤单单地待在家里，我知道很多从加勒比地区来的妇女都是做保姆的，但是她们和本地社区其他人没什么互动，不带孩子出去加入别的圈子或者参加我们希望他参加的活动。所以，最后种族就不重要了，只要是对的人就行。"

当乔伊斯退后一步开始寻找美国保姆的时候，她很快就发现还有一个种族问题——她的种族的问题。

我们在广告中清楚地写明我们是一个黑人家庭，因为我们住在（郊区），而住在（郊区）的黑人并不多。为黑人工作的人可能会遇到一些问题，这件事我之前没有多想。但是我一个做医生的黑人朋友，她三月份生了孩子，她想找个看孩子的人，她说有时候，你知道，当她为来面试的人开门时，她们看起来非常惊讶。所以，为了避免这个问题，我就直截了当地写上"黑人专业人士夫妇请保姆"。

然而，这种措辞并没有解决她所有的问题。"你知道，"她告诉我，"我遇到有个人说，'哦，我一直和有色人种一起工作'，"她笑着补充道，"那个人出局了。"

就这样，别说找黑人保姆，就是找保姆这件事都开始让乔伊斯感到绝望了，这时候一位在当地做保姆的年轻姑娘看到广告联系了她。她说自己是代表一个朋友打电话过来的，这位朋友就是斯泰西，来自内布拉斯加州的 21 岁的金发女孩。她一年前曾经为当地的一个家庭工作过，现在想再回来。乔伊斯和丈夫哈萨尼同意通过电话面试斯泰西。面试进行得很顺利，乔伊斯特别高兴地得知，斯泰西在附近的郊区还有一些保姆朋友，这样埃利斯就可以通过斯泰西的保姆网络找到玩伴了。面试结束后他们见了斯泰西的朋友，让她来看看给保姆住的地下室房间。最后，乔伊斯和哈萨尼雇用了未曾谋面的斯泰西。

我第一次见到斯泰西的时候，她正抱着小埃利斯，坐在乔伊斯和哈萨尼那间现代风格的起居室的地板上。她经常打断我们的谈话，不是悄声跟他说话，就是大声对我说："我就是觉得他太可爱了！"她认为乔伊斯和哈萨尼是非常棒的雇主。他们让她自由安排埃利斯白天的时间，和当地其他保姆约看带孩子一起玩。他们也想尽办法让她感到被接纳。他们邀请她参加埃利斯的体检，一起度假，甚至带她去乔伊斯家参加小宝贝的洗礼："我去了她家，参加埃利斯的洗礼。他们住在长岛。所以，我见到了她的妈妈、她的爸爸和整个大家庭。所以，有点好笑。我只是感觉到了……我是那里唯一的白人，所以我在里面显得很突兀。但是我玩得很开心。我的意思是，他们为这个洗礼真是倾尽全力。"斯泰西希望至少在这儿"干上几年——只要他们还要我……而且（只要）他们不再生孩子！（笑）"然后她又改变了想法，说如果乔伊斯和哈萨尼再生一个孩子，她可能会留下来。"但是，"她补充道，"我不知道他们的计划是什么。"

斯泰西很爱埃利斯。她目前唯一的困难是"他不肯睡午觉。我的意思是，他会在你怀里睡着，但你一把他放下他就醒了"。幸运的是，埃利斯似乎很满意斯泰西的解决方案——一个"U型枕头"。她把埃利斯放在婴儿床上，再把这个枕头放进去。"他以为还有人抱着他，"斯泰西解释说，"他会睡一个小时左右。但其他时候我必须抱着他，然后我就什么都做不了了。"在这方面，她听起来就像我访谈过的其他保姆和母亲一样：不断适应孩子的成长变化，这有时会让人沮丧，有时又会让人心生喜悦。

当斯泰西接受这份工作时，她已经知道她的雇主是黑人。她还记得在电话面试中跟他们的交流："（哈萨尼）说：'你的朋友是怎么跟你说这份工作的？'我说："你是什么意思？"他说：'哎，她跟你说了什么？'我知道他这么说是什么用意。他们想知道我是否知道他们是黑人。乔伊斯说：'哈萨尼，你就直说吧。'我说：'嗯，你想知道我是否知道你们是黑人。'他说：'对。'我说：'我知道，我是白人。'这有一点儿……你知道，因为这对我来说无所谓，这不重要。"然而，当斯泰西带埃利斯出去的时候，她发现对其他人来说，种族确实很重要。她的保姆圈子接受她，毫无疑问也很爱埃利斯，但是陌生人经常对白人妇女跟黑人孩子的组合表示不满。斯泰西在做上一份保姆工作时，经常被人"当成"孩子的妈妈："人们总是会拦住我，说他们有多像我之类的。但是我根本不觉得他们像我。可是当我跟埃利斯出去的时候，有很多人会盯着我……这是因为，我不知道他们是不是在想'黑人宝宝和白人妇女'之类的。"她留意到，白人的反应往往有点居高临下，而黑人更倾向于公开表示敌意："黑人妇女更喜欢盯着我看。有时候黑人很实在……好像他们不想让白人来抚养他们的孩子。所以我感觉我被盯着看。"

斯泰西理解黑人妇女的不安背后大概有一些政治原因，也许是担心她领养了埃利斯。她并不希望被人"当成"埃利斯的妈妈。她想要的是能够像爱任何一个她照看的孩子那样来爱他和照顾他。在访谈的最后，她叹了口气，说："我的意思是，这不会真正困扰我，但有时候也会。"

※　※　※

本章探讨的是我访谈的上班族妈妈的雇佣实践。为什么她们会选择找保姆，而不是托儿中心或者家庭托儿所？是什么因素塑造了她们选择儿童看护的劳动力市场？是什么"逻辑"指导着她们选择特定类型的儿童看护人员？具体来说，上班族妈妈会在多大程度上考虑照顾者的种族和民族？正如第三章所讨论的，我访谈的雇主并不是简单地从最便宜的雇工中挑一个来满足其育儿需求，这一发现与许多有关保姆和家庭雇工的研究结论相矛盾。[1]同样地，在选择某个特定族裔群体的时候，她们既不寻求建立阶层等级结构，也不追求民族上的相似性。相反，她们根据对其子女需求的认识以及某个特定族裔群体雇工的可得性，有策略、有选择地运用了自己的民族刻板印象。正如本章所述，民族逻辑的使用导致雇主把儿童看护物化和商品化了。

参与本研究的妈妈们表示，她们在招聘保姆时主要依靠中介机构、口碑和当地报纸上的广告。在发布广告、筛选、淘汰候选人的最初阶段，她们也会依赖自己对于想要找什么"类型"的人的模糊想法。大多数雇主妈妈都否认自己在寻找某个特定的类型；相反，她们提出要找"可靠的人""能照料孩子的人""能和孩子交流的人"。不过，当我们的讨论进一步深入时，就会明显发现：这些特点并不是没有民族偏见的。大多数雇主在招聘儿童看护时，心里都有一套特定的种族"标记"，也就是说，她们会把特定的语言、行为举止、价值观等与特定族群的人联系起来。然后，她们再把这些特征与一套育儿能力挂钩。本章探讨了种族、民族和迁出地等特征在保姆雇佣决策中所体现的象征性本质。在保姆沦为整个育儿体系中的一个元素之后，雇主通常会将保姆与育儿服务"捆绑"，或者通过雇用多名保姆来制造她们心目中理想的代理母亲。为了尽力仿效这种理想，雇主妈妈们被迫雇用、解雇以及（我们将在后面的章节中看到的）管理和监督儿童看护，从中体现出她们如何运用对儿童看护的管理来缓解自己同时兼任完美的（居家）母亲和理想的（男性）雇工的压力。

民族逻辑

和许多中产阶层的母亲一样，我所访谈的雇主认为做母亲不只是照料孩子，还涉及传递文化和社会资本。[2]她们敏锐地意识到了自己作为母亲的责任，那就是确保自己的孩子从婴儿期开始就适当地社会化：婴儿需要建立安全的情感联结；学步期的儿童则需要接触他们的同龄人，这样才能开始结交合适的朋友；学龄前和学龄儿童需要有机会学习如何与其他成年人和儿童进行正确的互动。所有孩子都需要与年龄相适应的认知刺激，无论是在妈妈肚子里听莫扎特，还是在蹒跚学步时参观博物馆，所有人都需要学会以一种适合其阶层的方式来"消费"文化。为了确保这些需求得到满足，我所访谈的雇主妈妈在选择孩子的代理母亲时非常谨慎。

雇主们策略性地利用种族、民族和移民身份来选择他们想要传递给孩子的品质。他们也可能会在保姆身上寻找一种"他者性"（otherness），就像在保姆身上寻找相似性一样。当种族/民族特征进入儿童看护雇佣决策时，通常不是为了建立什么等级结构，因为这个市场上已经存在雇主-雇工的等级结构了。准确地说，雇主们是给看护的民族背景赋予一种特定的含义，一种灌注在候选人身上的某些期望中的特征。我把这种将具体育儿需求与其认知中的民族特征相联系的过程称作"民族逻辑"（ethnic logics）。

有两个因素特别影响着儿童看护雇佣决策中民族逻辑的使用。第一个是"服务三角"（雇主-服务-顾客）；[3] 考虑顾客的态度和情感需求的雇主，可能会把某些服务能力归于某些"类型"的人。在雇用保姆这个问题上，雇主妈妈评估孩子（顾客）的需求，并将其与她认为最有可能满足这些需求的那种人相匹配。因此，孩子的发展阶段、性格类型和社会化程度的认知都被纳入演算过程，优先决定妈妈们可能会雇用谁来照顾孩子，然后再决定她如何管理保姆。（第五章探讨了管理的部分。）第二个，"情感的商品化"也在雇用儿童看护时发挥了作用。这个术语指的是雇工的个人特征，包括其自我呈现成为商品的种种方式。[4]由于这两个因素（服务三角和情感商品化）的存在，对看护的歧视呈现出不同的形式。将雇工视为一个具有某种民族特征或刻板印象化的民族特征的人，对于雇主评估顾客需求和工作中需要达到的期望至关重要。

儿童看护会把自己的情绪，有时候是很深的个人情感带入工作中。雇主妈妈们如何感知这些方面，挑选出她们追求的品质呢？答案很复杂，根据罗宾·赖德勒（Robin Leidner）的说法，管理者经常会将员工和客户之间的互动常规化或者"脚本化"（script），以保证服务体验的标准化和高品质。[5]如果互动工作过于复杂，以至于无法脚本化，雇主就有赖于雇用合适"类型"的员工，并对他们进行培训和激励，让他们表现得好像是脚本已经写好了或者被直接监控一样。儿童照顾是很难脚本化的。看护必须能够自动、立刻回应孩子的需求。

此外，在某种程度上，孩子与照顾者之间的互动，被认为会直接影响儿童早期发育，因此，寻找"类型"合适的雇工事关重大。这意味着：有关民族的刻板印象，可能在儿童看护的雇佣决策中尤其突出。因为雇用标准是个人化的、主观的，而且决定也都是在缺乏"个性化信息"的基础上做出来的。[6]大多数寻求儿童照顾服务的人都对服务提供者的资格知之甚少，因为对于什么是合乎育儿的"技能"几乎没有什么共识。此外，寻求儿童照顾服务的父母在决策时，还严重依赖非正式网络、口碑和他们自己的"直觉"，所有这些条件都可能导致他们采用刻板印象作为一种"认知捷径"。[7]

雇主妈妈们在做雇佣决策时，会策略性地把民族刻板印象翻译成具体的照顾技能，例如语言、学历或者育儿技能，接着进一步把这些技能与不那么具体的特点画上等号，例如传递文化或阶层的能力。这种翻译过程在白人父母和有色人种父母身上同样明显。不过，雇主与雇主之间所偏好的民族特点会有所区别，而且即便是对某一位雇主而言，随着孩子进入下一个成长阶段，这种偏好也常常会改变。这意味着雇佣决策往往和照顾者的客观条件关系不大。大多数情况下，民族逻辑的形成，只是因为雇主在其有关民族的一套核心假设以及另一套对于孩子需求的认知之间建立了不合逻辑的关联。

民族逻辑与刻板印象或歧视的标准概念有所不同，其区别在于它并非对待某一特定族裔群体的一整套观念，而是随着时间、区域和环境的改变而变化的。在这个意义上，它就像安·斯维德勒的文化理论中的"工具箱"一样，个人可以根据既定的目标从中取用符号工具。[8]文化逻辑是一种资源。它让个体和集体得以创建"行动策略"（strategies of action）来解决手头的问题——在这里就是如何匹配雇工（看护）、服务（具体的与孩子相关的技能）和顾客（孩子）。斯维德勒强调："行动策略只有在社会世界中才有意义。"[9]在这里，我们所说的"社会世界"就是竞争性母职文化与花钱请人代理部分母职的需求的结合。这些策略不一定理性，甚至也不一定是清醒的选择；尽管人们遵从日常的行为规范和标准，但他们可能没有意识到自己正在这么做；尽管他们的行动是利益取向的，但与此同时，他们也置身于社会和文化世界中，这个世界塑造了他们的选择以及他们实现这些选择所利用的资源。

而影响问题的因素经常变动，因此，行动策略可能不会显得很有逻辑、前后一致，可能会"不合常规，甚至缺乏条理"。[10]这是因为驱动实践逻辑的是需要，而不是符号的逻辑连贯性。[11]相反，"习惯、传统、习俗、观念——过去的文化和社会遗产——过滤和塑造个体和集体对现在和未来的反应。外部结构的影响经由它的中介产生了行动"[12]。斯维德勒认为，这意味着"制度构建文化，也构建特定文化元素发挥作用的情境"[13]。雇主们通过社交网络以及育儿指南中阐述的育儿规范来筛选看护，我们可以从中观察到他们是怎样运用行动策略做出雇佣决策的。

外部影响：雇佣亚文化和
儿童发展建议

在挑选孩子的看护者时，我访谈过的母亲们都非常依赖口碑。因此，她们也接受了当地对特定族裔群体保姆的偏好（和厌恶）。

社区的特定亚文化

在不同的招聘网络中，人们的偏好并不一致。被一个社区视为最理想的民族身份，在另一个社区经常被视为排斥的对象。

例如，来自波士顿北部郊区的大学讲师卡罗尔告诉我，她曾经想雇一位爱尔兰移民，但她的朋友建议她不要这样做："因为她们没有驾照，因为她们太穷（买不起车），而且还都抽烟。"与此同时，在波士顿的比肯山地区，几乎所有的保姆都是爱尔兰移民。38 岁的白人女性琼在那个地区当公司主管，她的解释是："我们跟朋友聊天的时候，她们说，你知道，你必须在《南波士顿报》上登广告，因为所有爱尔兰保姆都在那儿。"有趣的是，这两位雇主都没有谈到爱尔兰保姆是否具备看护技能。毋宁说，这个群体只是在一个地区受到偏爱，在另一个地区受到排斥而已。因此，民族逻辑不仅在雇主对工作和理想人选概念模糊的情况下适用，而且也具有社区特异性，雇主网络、保姆网络以及最重要的孩子的网络（游戏群体）都从中反映出来。

雇主们特别关注能否雇用一个可以带孩子融入当地游戏群体、进行社交的保姆。全职妈妈们的社交网络会排挤儿童看护，这让她们声誉不佳，而多数雇主妈妈都知道这一点。伊莲恩注意到，在她所在的郊区社区中，大多数孩子母亲不外出工作，有些妈妈要上班的孩子就遭到了排挤："确实有很多孩子的游戏群体不欢迎保姆，因为这些游戏群体一定程度上是孩子们的群体，但更大程度上是妈妈们的组织，所以，因为我不在家，他缺失了这一块。"在大多数地区，保姆们都会建立她们自己的游戏群体。由于保姆是联系玩伴、组织活动和接触其他孩子的联络人，所以她有必要融入当地的群体。如果她做不到，她照顾的孩子就有可能被孤立。[14]

乔伊斯在讲述自己寻找保姆的过程时提到，她没有雇用有色人种女性，而是雇用了斯泰西，部分原因是乔伊斯所住的郊区以白人居多，大部分保姆都是住在雇主家的中西部白人，而斯泰西可以跟她们交往。而都市区的母亲在雇请保姆时，这种计算方法就要反过来了。白人医生玛丽是这个群体的典型代表。她雇用了 34 岁的非裔美国人朗达作为不住家保姆，对此她是这样描述的："朗达非常热情，这样安排对她来说非常好。我家在波士顿大都会区快速交通系统（MBTA）上，而她没有车。她有很多朋友也在这个地区工作，所以从这个角度来说真的是很适合。"像大多数住在坎布里奇、波士顿和布鲁克林的雇主一样，玛丽通过当地的保姆网络找到了一位能融入当地游乐场文化的女性。根据当地的招聘文化，她选择了一名有色人种女性作为不住家保姆。

地方亚文化也反映了郊区和都会区生活的差异。在波士顿的郊区，父母们可以利用家里多余的空间，雇用住家的保姆和换工来节省开支。[15]此外，郊区生活要求保姆有自己的车，或者至少有驾驶执照，这也就排除了大多数移民保姆。在我进行观察的大多数富裕郊区的公园里，住家的换工和来自全美各地的美国白人保姆随处可见。相比之下，住在富裕的都会区的城里人就没有给保姆居住的地方，但他们有足够的收入，可以支付不住家保姆相对较高的工资。而且，由于公共交通便利，开车就不是问题了。占据这些地区公园和游乐场的，主要是拉丁裔、加勒比裔以及爱尔兰移民保姆。

运用民族身份来雇人"进入"当地的保姆网络，说明了雇佣模式的社区差异，以及这些模式是如何再生产的。[16]某个族裔群体最初可能因为一些实际原因而在某个特定地区变得受欢迎起来，随着时间的推移，一波又一波的雇主便会继续雇用这个群体的女性，这样她们的孩子就不会被当地以保姆为中心的游戏群体和网络所排斥。

指南资料和"捆绑"服务

雇主们如何看待"顾客"（也就是孩子们）在成长过程中不断变化的需求，以及各种育儿书如何对这些需求进行建构，使得民族逻辑进一步复杂化了。我访谈过的母亲们刻苦阅读的指南资料从两个方面影响了她们作为雇主的决策。首先，大多数资料都以一种种族化的方式来阐释关于儿童早期发展的专家建议，妈妈们也是照此来雇用看护者的。科学资料强调了与婴儿建立安全的依恋关系的重要性，指出："与安全密切相关的是对痛苦的迅速反应……温和、适当的刺激，互动性同步，以及热情、投入和响应能力。"[17]当我在访谈中问母亲们希望保姆有哪些特质时，她们都强调了这些特质，并且也用这些特质来评估将来和现在的保姆。友好、反应迅速的看护者适合婴儿，但按照资料上的说法，学步期儿童的需要更多。

专家建议也有助于母亲们"捆绑"儿童照顾服务。通常，母亲们会雇用那些她们认为具有一套被专家认可的基本素质的看护，等孩子进入学步期之后再补充其他服务，包括额外的儿童增益活动（课程、游戏群体或学前班），以弥补这一阶段保姆在提供认知刺激或教育孩子们与同龄人交往方面可能存在的不足。有时候，"捆绑"意味着添加一些保姆的合同里没有包含的服务（做饭、做清洁、打理花园或照顾宠物），但一般来说，在孩子进入新的阶段时换掉保姆，或者补充保姆的服务，是为了让特定的育儿技能与处在某一具体发展阶段的儿童相适配。

面试保姆候选人时，雇主们会进行自己的"陌生情境测试"。他们会评估孩子和保姆之间的互动。她抱孩子了吗？孩子对她有什么反应？她会不会俯下身陪孩子在地板上玩？孩子见她走会不会难过？36 岁的内科医生娜奥米对于她雇用的 42 岁牙买加女人伊冯所做的解释，阐明了母亲们赋予这些依恋信号的重要性："我想我在她来之后不久就知道她是适合我们的人选，因为她跟小婴儿在一起显得非常轻松自在。她只是把她抱起来，颠一颠，孩子就睡着了。"这些对于同孩子打交道的个人能力的评估很快就被泛化了，娜奥米将伊冯跟婴儿打交道的能力归因于"牙买加巫术"（Jamaican voodoo），并得出结论：加勒比地区的女性肯定擅长带孩子。同样，苏珊娜之所以会雇用来自加勒比的较为年长的保姆维奥莱特，并非因为她可以为苏珊娜的小女儿林赛提供认知刺激或社会化活动，而是因为苏珊娜认为维奥莱特"很虔诚"，因此值得信任，而且"懂得怎么照顾人"，对婴儿来说很好。[18]

随着孩子慢慢长大，母亲们意识到他们的需求也在变化。现在他们需要接触外面的世界，通过参加有组织的活动，比如体操和幼儿艺术、手工等增益项目来"完善"自己（见第二章对可完善文化的讨论）。尤其是在郊区，保姆需要开车来满足这些不断变化的需求。事实上，随着孩子渐渐长大，保姆开车的能力变得越来越重要，其他能力则相形失色。伊冯的情况就是这样。娜奥米解释说，当她的儿子内森进入学步期之后，她

"就知道他今年夏天得开始参加个项目了，我们希望他们开始做点什么"。伊冯不会开车，所以，就像很多移民保姆一样，她所承担的义务超出她的能力范围了。

我访谈过的大多数雇主妈妈都严格按照专家的建议，将保姆的服务与孩子的发展需求结合起来。她们认定婴儿期需要能提供照料的人，现在学步期就直接过渡到"活跃的"保姆了。新保姆需要具备语言技能，以满足学步期的孩子不断发展的语言习得需求。她的工作将由提供认知和社会刺激的课程来补充。这种不断提供与年龄相适应的增益活动的责任，促使许多母亲用学前班取代或补充非正式的游戏群体和一对一课程，通过给孩子注册课程来适应（甚至是预期）孩子向新的发展阶段转换。

大多数母亲等孩子一符合入学条件就为他们登记，一般是在孩子两岁零九个月的时候。29 岁的拉丁裔作家艾丽西亚把刚刚符合入学条件的孩子马格达莱纳送去了蒙台梭利学校，她这样解释："（现在）我觉得我无法对她的全面发展负责。我想情况就是这样。在这几个小时里她可不是止步不前在休息，而是从中有所收获。所以这对我帮助真的很大。"她家里的保姆莱蒂西亚和莱蒂西亚的女儿会教艾丽西亚的两个女儿说纯正的委内瑞拉西班牙语，而且非常会照顾人。尽管如此，艾丽西亚还是担心莱蒂西亚在"育儿理论"和"课程设置"上有所不足，她觉得这两方面正是她的孩子所需要的。

其他妈妈也和艾丽西亚一样，担心看护的技能可能无法满足学龄前或即将达到学龄前阶段的儿童的需要。例如，苏珊娜说："我不知道正确的答案是什么……比如当林赛开始问'为什么，为什么，为什么'的时候，我不知道维奥莱特会怎么回答。她是否会给出我（暂停了一下）喜欢的答案呢？她是否能（给林赛）提供广度和深度适当的经验？她会带林赛去，比方说，儿童博物馆吗?"同样，乔伊斯也想到了有一天斯泰西可能无法满足埃利斯所必要的"发展所需"："他的需求会随着时间的推移而改变，这就需要重新评估对他的照顾包括什么，我们已经开始考虑他满两岁之后需要多跟其他孩子接触，学习分享、怎么玩，还需要更多的发展……我们希望他能适应。"以上这些引述的话表明，孩子上学前班可能预示着保姆即将失业。随着孩子年龄的增长，提供适当的文化资本显得越来越重要。

对有的雇主妈妈来说，为了给学步的孩子提供成长所需的适当的认知和社交内容刺激，把原来雇用的满足婴儿抚育需求的年长保姆（通常是移民女性），换成年轻的换工或来自中西部的年轻女性，在情感上会经历一番挣扎（可参见第五章中对一位即将换保姆的雇主妈妈的心理斗争描写）。不过，许多家长都基于自己对育儿指南的理解，采取了实用主义的态度。不断成长的孩子需要新的服务，因此需要新的看护。雇主对所需服务的新定义，可能意味着对于照顾服务提供者的性别、年龄和种族的偏好发生改变。有一个我跟踪调查多年的家庭在两个孩子（都是男孩）到了上学年龄，需要融入有组织的体育运动和男孩俱乐部的时候，就把保姆换成了男换工。[19]

作为育儿工具的保姆更换：保护母亲的地位

对有些雇主来说，他们渴望的与其说是新服务，不如说是新面孔；这些上班族妈妈希望通过频繁地更换看护，使自己成为孩子生活中稳如磐石的中心。正如 34 岁的白人经理艾米在谈到她的换工安排时所说，"我认为一年的时间相当长了。我也有私心：这意味着宝宝仍然和你联系在一起，因为这个人只在这里待 12 个月，然后她就被换掉了。这样，孩子就会知道我是谁，也知道我总是在她身边。这很重要。我想，如果这个人要在孩子身边待上五年，我在平衡工作和生活时会觉得有点不安全"。

雇主妈妈们对于保姆的地位也具有类似的矛盾心理，尤其是在讨论保姆离职的影响时，对于孩子与有酬照顾者之间关系的重要性，她们会同时表现出充分重视和极度轻视。为了满足对自己的育儿安排感觉良好的需要，雇主妈妈可能会极为推崇保姆和孩子的关系，强调保姆是"伟大的"，她的孩子"爱"保姆。然而，同样的需求，也可能会让她对换保姆给孩子情绪健康带来的影响轻描淡写。例如，34 岁的白人高管简说，保姆的离开对她八岁和两岁半的两个儿子来说并不是问题。她说，因为她的大儿子一直在日托中心，"他能很好地对待变化，所以对他来说，如果有人住在这里或者搬走，不是什么大问题"。她认为她的小儿子马修在情感上也同样强健。她说马修和第一个保姆辛迪"彼此非常有感情"，辛迪从他一出生到 18 个月一直在带他，但按照简的说法，他们的分离对马修的"整体幸福感"影响不大。"嗯，他还很小，所以，你知道，他总是提起她。我的意思是，他理解并且说辛迪回家和她的妈咪爹地在一起了。我觉得他很想她，但这似乎对他的整体健康没有产生什么巨大的影响……我想我的感觉一直是，如果家庭生活足够稳定，儿童看护换一换，只要不是一直在变，就不会有什么严重的问题"。
·· ·
（作者强调）

简在"家庭生活"和"儿童看护"之间所做的区别很说明
问题。虽然在马修出生后一年半的时间里，辛迪与马修相处的
时间比家里的任何人都要长，但简并没有把她看作儿子的生活
中不可或缺的一部分，在心理上和符号意义上都是如此。此外，
一方面强调孩子与保姆感情好的益处，另一方面又对保姆离开
给孩子的影响轻描淡写，她对这一内在矛盾似乎也不以为意。

妈妈们和保姆们对于保姆更换造成的影响，评价往往不一
致，这不足为奇。在我们的访谈中，为简工作的 24 岁白人保姆
莎拉对辛迪的离开带来的影响有着不同的理解。"我觉得马修现
在很难过，因为带过他的保姆太多了。我的意思是，他还会提
起其他保姆。我以前和他的第一个保姆辛迪是好朋友，我有一
张她的照片在楼上。他会去看，问她什么时候回来。他的第二
个保姆也是一样。他想知道她们为什么要走……他真的不明白
为什么她们要离开他。而且他还问我什么时候要走。"莎拉说出
了一个普遍担忧的问题，即照顾者的替换对儿童信任能力的影
响。她说，她和她照顾的八岁的布莱恩沟通有困难，"布莱恩不
愿意接近任何人，因为他知道他们最终都会离开"。

其他雇主则与简不同，她们于频繁的保姆更换中吸取了教
训，对自己的孩子是否能够承受许多照顾者来来去去的情况没
那么乐观。卡罗尔解释说，她的孩子们拒绝与第五个换工贝蕾
妮丝合作。她说，她的三个儿子变得"厌倦了"，因此不能或者
不愿意同他们知道一年后就会离开的人建立情感联系。她这样

描述孩子们对新换工的反应："就好像一个人在经历第六次或第七次离婚后再婚……你知道这只是暂时的。"因此，卡罗尔认为现在需要找一个能够成为家庭生活一分子的看护，让孩子们能够重新感受到与照顾者之间建立感情是安全的。

尽管特定年龄段应适配最佳照顾的逻辑，往往决定了保姆的高更换率，但更换保姆还具有另一种功能。在密集母职的背景下，在一段时间内与同一照顾者保持关联，无论这段时间超过一年还是不到一年，都会涉及如何平衡的问题：一方面，为儿童提供长期的情感联系是有价值的；另一方面，也必须确保母亲是"最稳定的人"。频繁地更换保姆确保了父母，特别是母亲，在这个不断变化的照顾场域中，仍然是子女身边唯一不变的人。

上述策略呈现了雇主依据专家建议作出雇佣决策的一些方式，这里的建议还包括维持母亲在照料中的中心和首要地位。这些策略还展现了雇主妈妈对看护的看法是如何将看护可能提供的服务具体确定下来，从而掩盖了将看护视为一个与儿童有着独特关系的完整的人的观点。在本研究中，妈妈一般不会尝试雇用能够适应孩子需求变化的人，她们只是随着孩子所需服务种类的变化更换服务提供者而已。

因此，雇用和解雇的决策可以满足几个目标。这些决策使雇主妈妈得以在看护的技能和孩子的发展需求之间制造最优匹配；正是因为这种最优匹配能被她们制造，也使妈妈们认为自己能够控制孩子的成长；还能使看护在孩子的生活中扮演着确定的、暂时性的角色。这种照顾孩子的方法形成了一个明显的问题——父母和其他人一样，既有长处，也有短处：他们可能更适合于某项育儿任务，或某一年龄段的孩子，而在其他方面就没那么适合。但是，人们期望父母能够习得技能，期望子女能够适应父母不同的能力水平。那为什么不这样看待有酬照顾者呢？本研究中的许多妈妈选择将她们的看护定义为一系列育儿服务，而不是将其定义为一个随着工作的变化而不断发展的个体，其实意味着她们接受了一个长期存在的（虽然很少被承认）基于阶层的假设：中产阶层母亲的文化资本和社会技能是不可替代的，只能通过对各种服务的精心安排大体上得到实现。[20]

用民族逻辑来确保技能、 价值观和文化的传递

雇主妈妈们策略性地把刻板印象作为"工具"来使用，以解决在她们缺席时，如何将某些品质和经验传给孩子的问题。她们的民族逻辑把种族和民族性转译成个性，并把个性理解成她们最为重视的情感劳动和互动表现类型。

养育

有位母亲雇用了一位来自加勒比地区的看护，因为她认为这些岛屿上的妇女"非常虔诚"，"养育孩子这类事情很在行"。还有一位母亲特别提到，她的看护是在牙买加长大的，在那里她"一直都在当家庭雇工，要么看护孩子，要么看护老人。她

干的可不只是临时保姆那点活儿，她真的很会照顾人"。对这些雇主来说，来自加勒比地区代表着一种特殊的养育方向。这种刻板印象并不限于有色人种女性，还延及欧洲的换工和来自美国各州的女性。艾米在伦敦旅行后得出结论，斯堪的纳维亚换工比英国换工更优秀。"看到伦敦，看到那里的青少年和年轻女孩的样子，我感觉那里太都市化、太复杂了……我对斯堪的纳维亚国家的印象是更安静、更闲散——我（承认）这完全是出于无知。我从来没有去过斯堪的纳维亚国家。"讽刺的是，尽管艾米想找一个喝牛奶长大的乡村女孩，但她的换工却来自斯德哥尔摩。其他的妈妈们也有同样的看法，认为英国的换工世故得可怕，而来自斯堪的纳维亚有农村背景的换工不仅健康，而且善于养育孩子。另一位雇主妈妈在她换工申请表上的批注很好地反映了这种观点：她要找的是"欧洲版的美国女孩"，并补充说她更喜欢来自斯堪的纳维亚国家的换工。

对许多白人父母来说，白人是与养育有关的一系列特征的代名词——健康、安全和共同的文化。对于其他人来说，白人是中产阶层价值观的代表。但是，有白人也就有黑人。一家保姆中介机构的老板跟我解释说，来自中西部的保姆非常受欢迎，尤其受寻找住家看护的雇主青睐，这不仅是因为她们的家乡相对缺乏经济机会，使这些年轻女性工价不高，让人负担得起，而且还因为，中介公司老板说，她的大多数客户都在找"漂亮的、充满青春朝气的孩子"——他们希望找"美国年轻白人"来和他们一起生活，"谢绝"有色人种的申请人。而其他白人雇主则转向了"黑人养育"（blackness as nurturance）的套路。值得注意的是，这两类雇主除了对自己孩子的需求和某些族裔群体的育儿特质的假设之外，并没有表达其他针对种族的态度。

雇主们普遍认为，一个领域的相似性可以被理解为另一个领域的相似性，例如种族或民族血统的相似可以被视作育儿价值观或其他文化规范的相似。莱恩特·乌塔尔（Lynet Uttal）指出，"由于种族或民族成员身份被当作一个标志，它被用来评估是否文化适配，以及是否会有共享的价值观和模式，文化上是否具有相似性"[21]，但她强调，相比白人父母，有色人种父母认为民族上的相似性更重要。然而，我发现：民族相似性对两类父母都很重要，尽管方式略有不同。一位白人母亲，希望她雇用的英国换工能够分享她家的价值观，因为她和丈夫都是英国人。她的理由是，由于"我们是在相同的文化中长大的"，英国换工可以"凭直觉"掌握她的育儿方法，因此不需要任何培训。其他的白人父母，则更看重移民女性或有色人种妇女，但也是出于同样的原因——他们把民族和文化等同起来，把文化和具体的育儿特质等同起来。这类雇主妈妈通常认为某些族裔群体具有异国情调，其成员具有特殊的育儿素质（娜奥米将"牙买加巫术"技能和她的保姆伊冯相关联就是一个例子）。

我所采访的非裔美国父母也在雇保姆时寻求种族相似性，尽管和乔伊斯一样，他们不一定能如愿以偿。卡罗琳是一位 35 岁的非裔美籍历史学教授，她雇用了一位非裔美国保姆，对于为什么作出这样的选择，她的解释是："我想，如果我们之间存在某种种族平等，那么在照顾孩子们的方案上就会有共同点，有一种团结的感觉。而这也许会消除雇主-雇工关系中固有的一些不平等的对立，甚至于，嗯，她们可能会觉得为一对黑人夫妇工作比为白人夫妇工作更舒服。而认为她们确实感觉更舒服，她们就可以感觉更舒服，因为，毕竟我们都是黑人。"种族和民族的相似性，确实给许多雇用同种族妇女的家庭提升了（双方的）舒适感。然而，这种相似性并没有缩小社会阶层和文化的差距。卡罗琳告诉我，她保姆的福音派基督教信仰让她感到不安，而且保姆还经常带孩子们去吃麦当劳，而她更希望孩子们吃低脂的食物。[22]卡罗琳发现在相似性方面，阶层的重要性超过了种族："在文化方面，我们没什么共同点……事实证明，这主要是因为阶层。所以，从政治上讲，我们并不相似，我们的教育和背景有很大的不同。所以，好像阶层的不平等更明显。所以，以种族为标志给文化共性画等号是行不通的，因为我们甚至不喜欢同样的黑人音乐，你明白吗?"对于种族相似性并不等于文化舒适性的亲身发现，促使卡罗琳尝试了不同的用人策略。在寻找下一任看护时，她选择了一个中产阶层家庭出身的巴西混血换工。

教授技能和传递文化

在我研究的儿童照顾的雇佣关系中，超过三分之二的家庭，父母一方或双方与看护拥有同样的种族和/或语言，在超过三分之一的案例中，父母至少有一方和看护是同一民族或来自同一国家。[23]不过，与其说雇主寻求的是民族相似性本身，毋宁说他们是把相似的民族背景转化成了有形的技能（例如语言），以及无形的技能（比如传播特定文化资本的能力）。

会说且会教地道的英语或西班牙语是最为普遍的有形技能的需求。对大多数父母来说，良好的英语是必须的，即使是那些像乔伊斯一样来自移民家庭的父母也是如此。有时，这种偏好会引起种族内疚或焦虑。琼谈到，她在工作中参加过一个多元化项目，之后就对自己选择的保姆感到"有点内疚"。她回忆道，在寻找看护的过程中，"当我遇到英语我听不太懂的人的时候，我就不愿意再回电话了，因为我担心孩子们学不到地道的英语或者听不懂"。我访谈的许多雇主都表达了类似的观点，但像琼和乔伊斯一样，她们优先关注的是孩子们的语言发展，而不是非歧视性雇佣实践。

良好的西班牙语能力和英语能力一样重要。当被问及时，大多数雇用了移民保姆的雇主解释说，他们之所以雇用这些儿童看护，是因为她们具有语言技能。在所有我访谈的拉丁裔保姆工作的家庭中，孩子父母至少有一方讲西班牙语，而且这些家庭会对看护教孩子的西班牙语类型有非常具体的要求。波多黎各人和多米尼加人占拉丁裔人口的大多数，也是大波士顿地区有证移民工人的重要组成部分，[24] 但雇主的语言偏好使这些族裔群体的成员最不可能成为薪水较高、只负责看护孩子的工作的候选人。一位准备做保姆的波多黎各人告诉我，"我的西班牙语不是他们希望孩子们学习的那种西班牙语"。符合本研究条件的拉丁裔儿童看护来自墨西哥、危地马拉、厄瓜多尔、洪都拉斯、委内瑞拉和智利。所有人都是因其民族身份和迁出地被雇用的，而不是因为移民保姆可能工价更便宜；所有人都要教她们看护的孩子特定的技能，或是用特定的文化背景来熏陶他们，或者两者兼而有之。罗莎这样描述她的雇主对她语言技能的重视："孩子们（和我一起）讲西班牙语，因为父母希望孩子们学好西班牙语，他们告诉我，'嗯，罗莎，他们和你在这里一起学西班牙语，因为波多黎各西班牙语不好'，他们告诉我，'墨西哥的西班牙语会唱歌'。"25

另一些母亲则认为，孩子学习第二语言纯粹是为了提升技能。例如，艾丽西亚的家庭来自阿根廷，她自信地认为可以向孩子灌输"文化自豪感"，"语言学"则是另一回事。她说，这是我"最关心的事情"，也是她雇用会说"委内瑞拉西班牙语"保姆的主要原因。这位保姆很清楚自己的角色，她向我解释说："那些孩子——以后他们要上大学，那些会不止一种语言的人，那些会双语的赚的钱更多。"不过，对于大多数家庭来说，语言这一有形资产并不比文化传承这一无形资产更重要。罗莎告诉我，她的雇主不仅希望她教孩子们说西班牙语，还希望她确保"孩子们不要忘了根在何处"。罗莎是洪都拉斯人，而她的雇主是古巴人，但这似乎并没有给他们带来困扰。

雇用一位会说西班牙语却来自不同国家及文化背景的儿童看护，期望以此传递"文化价值观"，我所访谈的大多数拉丁裔美国人雇主和保姆，对这里的不一致似乎并不感到困扰。雇主希望通过黑人移民妇女向孩子们传递非裔美国人的文化时，情况也是如此。保姆们偶尔会对这种民族逻辑的运用提出批评，但更多时候是同意的。26 岁的尼尔达是一位来自蒙特塞拉特的加勒比黑人保姆，她钦佩地谈起雇主是如何雇用她的，因为"（宝宝）是被收养的，她是白人，她希望孩子身边有个非洲裔美国人，多少教他点什么……我知道对一个孩子来说，认同自己的文化或自己的种族是相当重要的，而她通过雇用我来同他分享与他相关的文化。她真的是无微不至"。保姆们往往会敏锐地意识到自己和雇主之间的阶层和文化差异，但她们也知道策略性地强调某些相似性是很重要的。

对拉丁裔父母来说，他们似乎可以接受这样的观点，即共同的语言意味着在更多的方面具有相似之处。例如，39 岁的白人心理学家宝拉和她的古巴籍丈夫就只雇用西班牙换工。她介绍说，他们在第三个孩子出生后就决定用住家换工来代替日托中心，因为他们希望"家里有一个会说西班牙语的人……我们可以开展文化方面的工作，可以有灵活的育儿安排，有更多的时间，而且，最后，（付）更少的时薪"。宝拉指出了与西班牙换工相关的另外几个优势。"西班牙文化真的很喜欢孩子"，西班牙人倾向于"表露情感"，他们的文化以"情感活泼"著称。虽然有人会说西班牙和古巴除了语言之外没有什么共同点，但对宝拉来说，"来自西班牙"这个民族标记，可以转化成"西班牙语技能"这种具体的好处，还可以转变成"开展文化工作"的无形资产及情感上的温暖与热情。

乍一看，这些雇主似乎只是在运用"统计学歧视"来以偏概全，从一个人推论整个阶层。[26] 然而，我想说的是，他们策略性地运用了一系列刻板印象，使他们对个人提供的服务质量充满信心。还有一种可能是他们运用相似性吸引，在民族相似性的基础上，推断态度相似性的存在。[27] 与其说这些刻板印象并不一致，也没有反映出雇主对整个族裔群体的看法是消极的还是积极的，毋宁说我所访谈的雇主妈妈是从现有的刻板印象中策略性地加以选择，将人的类型与他们所寻求的服务类型联系了起来。

民族逻辑创造了一种复杂的就业计算方法，它考虑到了广泛的因素：儿童的发展阶段和需求、本地育儿文化、对民族和文化相似性与差异性的观念，以及所购买的儿童照顾服务的性质。这种计算方式形成了一种以刻板印象为工具的独特使用方式。它也将民族特征加以商品化，结果使得某些类型的工人被定义成更理想的工人，另一些类型的工人则被认为不太令人满意，而且雇主经常以民族或种族特点来概括看护的素质。他们从一套关于种族或民族的先入为主的观念中推导出对某位看护的信任感，或是认为看护可能会把一些他们看重的特质传给他们的孩子。对于儿童看护来说，雇主的这种倾向有利于她们"零敲碎打"地推销。保姆和换工除了在给定的时间内销售自己的特殊技能，还心照不宣地将自己以及自己文化传统中更多个人层面的东西用于出售。如果雇工能突出这些特质，并表现出愿意将这些特质传给她们所看护的孩子，获得令人羡慕的单纯做保姆的机会就更大。

小　结

民族逻辑的使用，让妈妈们把保姆简化成几个根植于民族、年龄或迁出地的基本特征，而不是将这些看护视为复杂的不断发展的个体。母亲们称保姆是"安静的人""爱好户外的人"或是"擅长手工艺的人",还基于这些特征来判断保姆是否善于（或不善于）满足某个年龄段或儿童发展阶段所谓的需求。物化保姆使得妈妈们能够保持控制权。通过将保姆简化为一系列育儿素质，妈妈们可以感觉到她们在掌管如何满足孩子的需求。而且，妈妈们会根据孩子的发展阶段来定制保姆的特质，以完成密集母职意识形态赋予她们的责任：她们认真地咨询专家，了解哪种照顾适合特定年龄段的孩子，雇用他人来提供适合孩子年龄阶段的照顾服务，然后在孩子进入下一个发展阶段时更换或补充其他服务提供者。在这个框架中，保姆与其说是一个个体，不如说是雇主妈妈整体育儿策略中的一个工具。

⑤

请人代理密集母职

序曲：玛丽·安妮和埃丝特

玛丽·安妮是一位 34 岁的科学家，我在她位于市中心的公寓里对她进行了访谈。访谈当天是她的"特殊一天"——一个星期五，她准备和两岁的女儿詹妮弗一起度过这一天。玛丽·安妮每周安排四天工作，这样她和詹妮弗就可以拥有这一天额外的时间；她们用这段时间去办事，去郊游，一起参加美术、舞蹈和"游戏"课程。这些课程不仅是"特殊一天"的活动内容，也是玛丽·安妮为弥补保姆的缺点而设计的策略的一部分。

起初，玛丽·安妮认为自己找到 64 岁的亚裔移民埃丝特是很幸运的：埃丝特不仅是一名有十几年经验的好保姆，而且她还曾是一名内科医生。玛丽·安妮觉得这一点"帮了大忙"，因为这让她从一开始把襁褓中的女儿交给埃丝特照顾时就更为放心。但是，当我问及埃丝特的行医资质时，玛丽·安妮的反应却是描述她的保姆在之前的雇主的孩子生病时如何"头脑冷静"地加以处理。

她之前照顾的那个孩子……那个弟弟其实病得挺厉害的。他有一些先天性的问题。他一直有积液，这会导致出现窒息，所以她不得不给他抽取积液。她对这个孩子进行了许多次真正的医疗急救，所以我觉得真的很放心。你知道，如果詹妮弗真的出了什么事，我想她会真的很冷静，她有点医学背景，知道如何处理。其实我上班的地方很近，我的意思是，我跑回家很容易。

玛丽·安妮将埃丝特的专业资质简化为"有点医学背景"，最终把重点落在"自己的办公室离得很近"上，说一旦出现紧急情况，自己可以"跑回家"。这种对保姆的医学专业的不认可也许是无意识的，但却造成了实质性的后果——在我访谈的女性中，埃丝特的工资是最低的。

玛丽·安妮强调，当詹妮弗还是小婴儿的时候，她看重埃丝特的成熟、耐心和经验。与此同时，她指出，"作为一个新生儿，（詹妮弗）很容易照顾"，这表明保姆的素质可能并不重要。不过，埃丝特对她带孩子最初那几个月的看法却截然不同。我和她碰面的时候，她告诉我在对待像詹妮弗这样的新生儿时耐心是很重要的。

我记得我摇着椅子——小宝宝还只是个婴儿。哭，哭，哭，哭。我每天都摇着这把椅子，提高嗓门唱着，"摇啊摇，宝贝在树梢"（笑）……哦，天呐，那真是没个停。那把摇椅还在那里（笑）。有时候我跟她说："我的天啊，詹妮弗，哇，你哭了又哭，哭了又哭，哭了又哭。"（笑）她喜欢这样。当她还是个小宝宝的时候，她就喜欢听——她会爬到摇椅上，说："埃丝特，摇！摇！"（笑）她是个非常聪明的女孩。

我问她刚开始干的时候是否想过辞职，她有些遗憾地回答说："我差点就要辞职了，但那时候我已经跟她很亲了。"我也问了她是否和玛丽·安妮或玛丽·安妮的丈夫艾伦谈起过詹妮弗哭的事。"哎，他们不在家"，埃丝特解释说，"他们不在家。基本上是我把她带大的。（我照顾的）其他孩子也是这样。是的，嗯，父母要上班，所以保姆才是孩子真正亲近的人。"

对玛丽·安妮来说，她既认为请到这位保姆是自己的运气，同时也在担心埃丝特年纪太大或太害羞，因此没法做她和艾伦希望保姆和詹妮弗一起做的事情。玛丽·安妮对埃丝特带詹妮弗的日子有明确的安排。她给我看日志，她希望埃丝特把每天的活动记录在上面；她给我看了她留给埃丝特的清单，上面写着她们应该去什么地方，应该做什么事情；最后，她向我展示了她是如何让埃丝特把剩下的婴儿食品冷藏在原来的容器里的。玛丽·安妮每天晚上检查这些容器，然后记录下外观检查的结果："我会（在日志中）写，嗯，你知道，詹妮弗今天吃得好或是不好。"玛丽·安妮采用了一种我称之为"操纵木偶"的管理方式。她安排埃丝特的所有活动，就像一个木偶表演者控制木偶一样。

即使有这样密切的监管，玛丽·安妮还是担心，对于詹妮弗不断变化的需求而言，埃丝特不再是最佳"匹配"。

我以前喜欢年龄大一点的保姆，因为我认为这对孩子的影响非常好。现在我在想，也许我会喜欢年轻点的人……因为现在她已经是个学走路的孩子了，她很活泼好动，而且……我想，也许她们可以到处跑，带她出去多玩一会儿。我的保姆人很好，"但"她很害羞，所以她不会带她去人多的地方。所以，我认为詹妮弗跟其他孩子和很多人打交道的能力不太好。

　　玛丽·安妮认为她必须弥补埃丝特的不足："这就是为什么我要带（詹妮弗）去上美术课，这以前是个游戏课，后来我们报名参加了美术班，下次我们要去上舞蹈课——这样，我认为，和同龄的孩子在一起对她有好处。但是……我喜欢老一点的保姆，因为她非常有耐心，而且总是非常疼爱孩子，这是我所希望的，尤其是当她还是个小宝宝的时候。"

　　现在詹妮弗两岁了，活泼好动，玛丽·安妮最初最看重埃丝特的那些地方似乎不那么重要了。玛丽·安妮认为，为了让学步期孩子的认知和社交能力获得更好的发展，詹妮弗需要一个能带她去"许多地方"，还能教会她如何与他人友好相处的看护。这尤其重要，因为詹妮弗并不是天生外向的性格："詹妮弗有点害羞，我不知道这是不是埃丝特的缘故，我爸妈说我小时候也完全一样。他们看着她说，你知道，'她就跟你小时候一样'——因为我年轻时候也比较害羞，但是她，对她来说很难……她不太跟（暂停了一下）陌生人打交道，所以我希望（新的保姆）是她真正喜欢的人。"玛丽·安妮对于换保姆真的很矛盾。尽管如此，她还是悄悄地开始寻找替代者，因为她担心这样下去可能会影响女儿的成长。埃丝特的能力似乎已经跟不上詹妮弗的成长了。

　　虽然玛丽·安妮不知道，但埃丝特明白她的雇主认为自己的年龄和行动能力是个问题。她认为这与其说是出于身体上的限制，不如说是由于育儿理念不同。尤其是艾伦，他似乎特别喜欢一种埃丝特认为很麻烦的方式："艾伦总是想让我们走得越远越好，越远越好……我觉得他不希望詹妮弗只是在家里。他想让她学到东西，所以我们总是被送到科学博物馆去，对吗？我们走得越远，艾伦就越高兴。"这种不停给予刺激的育儿理念在我访谈的父母中普遍存在，但在埃丝特看来，这是错误的。"但是（詹妮弗）太小了，我的意思是说，现在没法做到出类拔萃，你知道吗？什么——她必须——这是我的观念，一个小宝宝，她只是一个小宝宝，他们把她逼得，就像对待一个四五岁的孩子一样。婴儿期有多长？……她才两岁，他们对她的期望（张开双臂）却是这样，你明白吗？"埃丝特并没有试图向她的雇主阐明她看似行动不便的真正原因。但她向我明确表示，在她看来，她的年龄不是问题。相反，重要的是詹妮弗的年龄。"这太过了，有时候太过了。我不是说我做不到。但这是孩子，孩子会累。而他们的父母，你知道，他们总是喜欢逼孩子。把他们的孩子，嗯，逼到极限。我的态度是尽量让他们当小孩，因为人生还有很长的路要走，但快乐的时光却很短。"

对于跟玛丽·安妮和艾伦意见不一致的时候是否要听他们的，埃丝特感到很矛盾。她觉得自己说不上话。"他们不会征求我的意见。我能看明白一些事，但我从来没有对艾伦或玛丽·安妮说过什么。（为什么不呢？）因为我认为这不关我的事。我只是来照顾詹妮弗的。我又不是在那儿当老师，或者是当家长。你明白我的意思吗？詹妮弗需要有时间放松一下。他们把她逼到了极限……因为当她看到我的时候，就好像在说，'哦，救救我！'我的意思是，她想放松。因为我太爱詹妮弗了。我知道会发生什么，你明白吗？"她还是从来不发表自己的意见，尽管她不情愿，她也还是试着带詹妮弗到处去玩。她担心按照自己的观念行事，甚至把想法说出来的话"就会失业"。

也许埃丝特的确年纪太大了，跟不上好动的学步期儿童，或者是太害羞了，对于帮助詹妮弗学习社交感到不自在。又或者，正如她所说，她不挑战这些观念，是为了避免在她眼中真正的问题上发生冲突。重要的是，尽管她和玛丽·安妮都对她们关系中的核心问题体验到了情感上的痛苦，但她们从未讨论过。而且，尽管玛丽·安妮非常感激埃丝特对詹妮弗的照顾，但她正在悄悄地积极物色替代者。她并没有把埃丝特视为詹妮弗生活大家庭中永远的一员，也没有把埃丝特看成整个家庭的朋友，甚至也不把她视为拥有持久价值的技能型雇工。相反，她把埃丝特看作满足詹妮弗不断变化的发展需求的整体育儿策略的一部分——照顾婴儿的那部分。这些需求实际上已经在埃丝特身上盖上了有效期。

※　※　※

在我的受访者中，绝大多数雇主的育儿观念反映了第二章所述的密集母职理想。[1]这些女人坚信，儿童的早期经历对其一生的发展有重大影响，作为母亲，她们有责任确保子女在这个"关键时期"的需求得到充分满足。她们对孩子方方面面的照顾设计和管理得越是专业，就越是自信地认为自己达到了众所周知、广为接受的母职文化标准。此外，达到这些标准，还有力地证明了：孩子们不会因为她们决定继续自己的事业追求而受到不利影响。因此，正如第四章呈现的那样，在做雇佣决策时，这些母亲会寻找特定"类型"的儿童看护，有意识地将她们眼中保姆的特点与子女的需求相匹配。

　　本章将重点转移到实行代理母职的另一个方面，即母亲们如何管理她们雇来照顾孩子的人员。我访谈的大多数女性都希望尽力像全职妈妈一样来养育孩子。她们通过保姆和换工，来复制想象中自己在家照顾孩子的方式。

　　这些雇主妈妈的整体育儿策略，也是为了在安排委托照顾的同时，维持至关重要的母子关系。当前的育儿理念强调：频繁的母子互动，对孩子具有长期积极的影响；反过来说，如果早期依恋处理得不好，孩子在以后的生活中就可能出现困难（见第二章）。访谈中，许多母亲对此颇为担忧，她们害怕外出工作的几个小时，可能会以某种方式伤害孩子。在男性占主导地位的职业中，她们处于相对边缘的位置，因此几乎无法对工作时间加以调整，不得不把注意力转向优化家庭环境。为了消除对子女健康成长的担忧和不确定性，她们对于"母亲和幼儿之间的关联具有独特意义"这类专家建议进行了重新解读。委托照顾（substitute care）成为一种可接受的选择，但前提是母亲对看护保有完全的权威和控制权——我称之为"代理密集母职"（intensive mothering by proxy）。母亲确定并按重要性对孩子的各种需求排好序，通过将保姆作为"媒介"，自己监控"后院"——这两个相互关联的管理策略，使这些需求获得充分满足。

　　把孩子委托给看护来照顾不一定有问题，[2]但雇主委托照顾的方式形塑了看护的工作经验，却有可能会影响孩子得到的照顾。第九章探讨了一小部分研究参与者所采用的管理策略的效果。在她们的管理策略中，儿童看护和雇主是以合作伙伴的身份来养育孩子的。[3]本章描写了当女性被夹在密集母职和男性模式的职业要求之间时，她们是如何通过管理保姆来应对由此产生的压力的。正如家庭是不断变化的经济和职场需求的"减震器"一样，儿童看护往往也扮演着工作和家庭生活外溢失衡时的减震器角色。[4]此外，正如本章和后面的章节所呈现的，当看护仅仅被视为整个育儿机制的一个方面或母亲的一种延伸时，她们可能会变得很受挫——看护和雇主妈妈之间交流和彼此帮衬的机会也会减少。这样一来，孩子得到的照顾质量可能会降低。甚至，雇主可能会发现，代理密集母职让她们几乎和看护一样受挫。

母亲们对真正的控制感和安全感的强烈渴望，驱使她们对自己不在时保姆的行为进行管控，但这种渴望永远不能完全得到满足。正如一位母亲哀叹的那样，"有了孩子就像你的心脏离开了你的身体，"她补充道，"这真的太难了，因为你永远都不知道（某个育儿决策）对不对。"尽管上班族妈妈把看护当成自己的延伸部分来管理，但她们仍然面临着不能同时身在两个地方的残酷现实。一天中至少有一部分时间里她们的孩子由别人来带，这让大多数母亲感到脆弱。雇主妈妈们对无力感和缺乏控制的恐惧尤其强烈，因为这些女性已经习惯了掌控生活的大部分领域。矛盾的是，她们觉得自己对生活中一个非常重要的领域失去了控制，却是因为她们努力工作取得的成功。而努力确保她们所依赖的"他人"尽可能做到最好，是这些上班族妈妈重申控制权、确保自己履行母职的最佳方案了。

作为媒介的保姆

《美国传统词典》对"medium"这个词给出了几个定义。[5]
其中包括："2. 一种中介物质，通过它传递或携带某物，如传递
能量的媒介。3. 一种媒介，如人、物体或特质，通过它来完成、
传递或转移某物……5. 被认为具有通灵能力的人，灵媒。"作为
代理密集母职的实践者，我访谈的大多数母亲（21 位）都把看
护当作媒介。在 30 位母亲中，有 11 位认为保姆是传导她们的
心愿和实现最佳照顾想象的"载体"。通过为保姆制定一系列日
间活动规则和脚本，这些母亲希望精心塑造和指导保姆的行为。
她们似乎认为，这种程度的控制可以让她们满足最高标准的母
职文化要求，即使她们不在家也一样。我把这种方式称为操纵
木偶式管理（puppeteer management）。有 9 个案例中的母亲几
乎是在超自然意义上将保姆视为能通灵的人。这些母亲认为保
姆是她们自身的延伸。她们似乎认为，她们的看护能够"自然
地"凭直觉感知她们的愿望；在没有雇主指示的情况下，看护
们能够，也会"自然地"作出与母亲自己的决定相似的决定。[6]
我把这种方式称为超自然式管理（paranormal management）。

这两种管理风格类似于罗宾·赖德勒所说的互动服务工作
的管理者用于控制"服务三角"（见第四章）所采用的管理方
式。互动服务工作通常发生在远离经理直接监督的地方，所以
必须有一两种办法来管理经理、员工和服务对象（顾客）之间

的三角关系。在某些服务形式中，例如对于快餐店柜台工作人员或是客户服务中心代表提供的服务，经理使用特定的脚本来培训员工，从而使员工对客户的反应变得常规化。这可以确保互动质量稳定："你想搭配薯条吗？"在其他类型的服务中，与顾客的互动太复杂了，无法用脚本描述。在这种情况下，雇主必须依靠自己的能力，来招聘和雇用"合适类型"的人，然后鼓励他们在工作中听从自己的直觉。[7]

我访谈的雇主妈妈不同于商界的雇主，她们对自己作为保姆管理者的角色抱着一种矛盾的态度。无论是喜欢操纵木偶式还是超自然式的管理，她们都认为保姆的工作是执行母亲的意愿，而不是一种由一个自主的行动者去从事的不断发展的活动。[8]事实上，带孩子是需要共同完成的任务，但任何其他的、更平等的管理方式的念头都被一种深深的需要压倒了，那就是即便自己不在家，对"后院"也要有控制感。监督某个看护可以让雇主妈妈在一定程度上控制看护工作，并根据孩子的需要进行调整。但是，正如雇主们所承认的那样，这也让她们依赖那名看护，因此也更容易受她伤害。我访谈的大多数母亲都敏锐地意识到，她们是通过别人把自己的母职理念和做法传达给孩子的。36 岁的白人律师珍妮特说："我觉得自己是在通过保姆当妈妈，我不喜欢这样。"每一次指导或监督看护的行为都又一次提醒她们自己以及其他人，她们是通过代理人来做母亲的。

许多母亲表示，让孩子单独和雇工在一起很长时间会让她们感到焦虑。艾米是这样描述她去接第一个换工时的担忧的："我还记得站在（波士顿）洛根机场时，我在想，'天呐，我要把我的孩子交给一个我从没见过的人。这个人要下飞机了——
如果我不喜欢她的样子，不喜欢她这个人怎么办——我已经答
应要把这个孩子交给这个完全陌生的人'。"有时候，为了管理
和控制保姆的劳动而采取的严厉和侵略性的措施（下文将会讨
论）在某种程度上也源于这种焦虑。

操纵木偶式管理策略

操纵木偶式的管理者定好规矩、报告的程序和监控策略，
在某种程度上是为了给她们的孩子带来稳定的照顾体验，而没
有考虑到保姆。这些母亲倾向于认为她们的保姆是可以互换的，
因而对每个保姆都采用同样的规则。为了控制保姆，把工作日
安排妥当，她们采取了各种措施，从泰勒式（Taylorist）的日
程安排和规则制定到不那么直接的各种限制，比如限制保姆在
家内外的活动，控制她的时间安排，等等。最基本的规则体现
在孩子们的时间表上。雇主妈妈们设置好每天的活动模式，指
定午睡、吃饭和室内外活动的时间。艾米跟我解释了她采用的
规则："现在她（孩子）在一天天长大，我希望这个人（现在的
换工）确保她每天能够做更多规划好的事……我希望她每天都
在外面呼吸新鲜空气。拿今天来说，我认为她们可以一整天都
在外面，除了午餐和午睡……食物对我来说很重要。去年（从
另一位换工那里）我学到了一些东西；今年，我的选择更加具
体：早餐选这些，而午餐吃那些。"

操纵木偶式的管理者还经常为看护写好时间表，让她们遵
照执行。一些人还尝试就看护和孩子之间的互动给出具体的指

示，比如如何称呼孩子以及她们认为哪种语言合适。黛比介绍了她训练新保姆的计划："我只是确保她们明白我要什么，教她们我希望她们如何对待孩子们，我花了一整天跟她们一起干活，让她们看我怎么给孩子洗澡——回到我们前面提到的训练问题——我跟她们建议，不要说'你晚饭吃这个'，而是说，'米兰达，你想吃鱼柳还是金枪鱼？'……诸如此类的事情。"这些脚本化的尝试是为了尽量减少母亲与保姆之间因社会阶层、文化背景或个人行为方式的差异所带来的影响。如果把孩子交给一个语言和行为举止都很像母亲的临时代替者来照顾，那么，他们想必也可以从这种移接来的文化资本中获益。

母亲们还会制定社交的规则。例如，有些人希望保姆帮孩子约玩伴一起玩。不过，如果保姆觉得跟自己的朋友以及她们照看的孩子聚会更自在，而不想与雇主的朋友及其子女聚会，就可能会引发冲突。卡罗尔对这一困境表示担忧："我想我们最担心的是他们没和我们朋友的孩子在一起，而是和其他换工看护的孩子在一起玩。我们真的不太了解这些家庭……他们会把一些东西带回来，态度什么的，打打杀杀的游戏啊，我们不太喜欢这些东西。"一些妈妈坚持认为保姆根本就不应该参加社交活动，因此她们对这一点有明确的规定。更常见的情况是，操纵木偶式的管理者允许孩子和其他看护照顾的孩子们一起玩，前提是她们得先筛选可能在一起玩的玩伴和看护。不幸的是，这个看似合理的附带条款可能会导致孩子根本没有社交活动。因为父母在家的时间往往不够长，或者待在家里的时间不合适，没法带孩子碰到合适的玩伴。所以，无论是受规矩约束还是习惯成自然，许多保姆发现自己成天孤孤单单地待在家里，无法与其他成年人接触。

制定规则的雇主妈妈们都有一个同样的主题：保姆的工作得按照雇主的时间表来安排。那些为依靠操纵木偶式管理策略的母亲工作的保姆，只能做母亲们允许的事情，既没有休息时间，也没有"私人时间"。尽管很多妈妈会把为孩子的事跑腿儿纳入保姆的工作说明中，比如去杂货店买东西等等，但她们通常不希望保姆在和孩子一起时去做这些杂事。她们当然也不想让保姆在她的"上班时间"去办自己的事："我告诉她，我不想让她带着孩子跑去办自己的事……我知道很多换工都这么干，她问我是否可以带孩子去商店买一台立体声音响。我告诉她，'你每周都休息一天半，每天晚上都休息，商店都开到很晚。我就是不喜欢这样。我不这样做，我也不希望你这样做'。"区分上下班时间、区分保姆可以和孩子一起做的事以及必须留到休息日做的事，诸如此类，反映了雇主妈妈眼中保姆和全职妈妈的差别，保姆是雇工，因此要遵守雇主的时间，而全职妈妈是自主的个体，有自己的时间表。

这种分工进一步说明了全职妈妈和专业技术阶层的上班族妈妈之间的区别，前者别无选择，只能带着孩子去办事，而后者则把这些任务委托给其他人。代理密集母职可以把全职妈妈的各种活动分成不同的类别。做到了这一点，雇主就可以通过仔细安排和分配家里的工作（往往还包括雇用其他人来做与孩子无关的工作）来确保保姆的精力主要花在孩子身上。也许是因为沉迷于这些显得十分理性、高效的时间表带来的讲究感，也许只是因为缺乏亲身体验，本研究中的妈妈们轻易地把这些规则施加在她们雇用的看护身上，尽管她们自己也很难整天待在家里带小孩。

与使用汽车有关的规定最为棘手。有时，操纵木偶式的管理者会通过不让保姆用车的方式来回避可能出现的日程安排纠纷。对于那些在没有公共交通的地方工作的保姆来说，这尤其令人沮丧；她们实际上就像囚犯一样，每天要在雇主家里待上12个小时。不过，尤其是在郊区，许多母亲是希望保姆开车带孩子去参加活动的。这些母亲允许保姆使用汽车，但因为她们也想对保姆带孩子去哪里保持控制，所以会施加各种限制。艾米解释道："但是，我也不希望她——你知道，我不希望她开车带孩子去太远的地方，你知道，带着孩子到处跑。我的意思是，孩子和车都得在家附近，你知道——别开车去佛蒙特州。"同样，家附近有公共交通设施的妈妈们，也会限制保姆只能在特定的公交线路或城市的特定区域活动。在她们看来，这既有助于促进她们认可的开阔视野的活动（例如去儿童博物馆、图书馆和公园），同时也可以阻止可能的心血来潮的冒险，让孩子接触到不好的地方或人群。杰西卡用一套通用规则来管理安娜贝尔的行动。

如果她只是去当地的公园转转，那她不需要打电话给我或者留纸条，因为如果我回家的时候她不在，我第一个去的地方就是那儿，我会在那里找到她。但是，如果她去别的地方，那么她必须打电话给我，或是留一张纸条在这里，这样我才不会陷入恐慌。（笑）而且，如果安娜贝尔要带孩子去一些她没有去过的地方，比如说去别人家里，去商场，或者坐地铁之类的，她还会提前征求我的意见。她想去任何地方我都没意见，只要不是去城里危险的地方或类似的地方。安娜贝尔并不认为这些规则不合理。这些规则比大多数操纵木偶式的管理策略更加灵活。

有些雇主妈妈会把家里的空间分配作为一种隐性或显性的控制手段。例如，有些人希望住家保姆不要在自己的房间里跟孩子玩。她们没有直接说出来，而是要求保姆一直待在其他楼层或区域，确保保姆在孩子自己的空间而不是保姆的空间里照顾孩子。有一位母亲重新安排了家具的布局，就是为了让换工不方便使用婴儿游戏围栏，她不赞成这种做法。同样，雇主也会对不住家保姆的汽车使用进行限制，以避免直面更敏感的问题——告诉保姆不要把看护的孩子带到她们自己家里去。

所有这些规定都是在尽量控制保姆的自主性，减少保姆个人行为方式的影响，以便保护雇主的孩子。通过一系列大大小小的规矩，这些母亲希望提前控制所有她们不在时发生的日常决策。她们希望看护不是靠自己去做判断，而是执行雇主妈妈做好的决定。遗憾的是，这种做法往往会使看护沦为雇主整体的育儿系统中可替换的齿轮。这种做法还使得她们的工作从具有潜在意义和创造性的互动变成按部就班地传达雇主的育儿观念和做法，而这往往是单调乏味的。

超自然式管理策略

母亲们用来控制后院的第二种策略是雇用一名不仅符合第四章所述的民族逻辑标准，而且还可以跟自己通过直觉心意相通的保姆，这样就可以将保姆当作自己的延伸。在这些案例中，控制权问题被前置到选择看护的过程之中。这些母亲认为，雇用一个合适的人，可以让她们不用在每天的玩耍聚会、午睡和吃饭等日常决策上对保姆实施控制。她们只需要相信保姆的判断会跟她们自己一样。丽的评论完美地抓住了这种方法的本质："有些父母说，他们告诉她……她不能这样做，她必须那样做，孩子们应该把靴子放在这里，我们喜欢坐在桌前，他们必须这样做，必须那样做。我的感觉完全相反：如果这个女孩没有领会我们如何对待孩子的直觉判断力，如果她在几个星期内还不明白我们对孩子的期望是什么，那她就没戏。"在作出最初的雇佣决策时，我访谈的所有雇主妈妈都花了很多心思去考虑哪种保姆对确保孩子们得到最好的照顾最为重要（见第四章）。不过，只有采取超自然式策略的管理者，才会将她们的雇佣逻辑转化为一种持续的管理策略。

大多数实行这种管理方式的母亲，都想找点理由让自己觉得安心，说服自己相信这些妇女能够"凭直觉"了解她们希望如何抚养孩子。有些人通过雇用与自己同一民族或来自同一个地方的妇女来实现这个目标；另一些人则致力于寻找那些价值观、信奉的理念或其他重要特征跟自己相同或相近，看起来令人放心的看护。雇一个"像她们"的人，或是看起来值得信赖的人，使得这些母亲期望看护们能够凭直觉了解并且自动执行她们的想法。

正如黛比在谈到她的第一个换工时所说："安妮卡很像我……我是说，我宁愿坐下来看本书什么的，她也基本上就是这样。"除了兴趣和世界观上的相似之处，这位母亲还注意到了她们的育儿风格也差不多："不知道为什么，安妮卡很清楚我想要什么。"黛比的第二个换工乌拉并不"像她"，她不喜欢读书，更喜欢和朋友一起出去玩。这种不同让黛比得出结论，乌拉需要的是操纵木偶式的管理方式，而不是她用于安妮卡身上的超自然式管理策略。

年龄往往是可信度的代表，对最年长和最年轻的看护来说都是如此。尽管一些妈妈们认为年长的妇女特别会培养孩子，但其他妈妈们更看重年轻看护的可塑性。一位雇用了 20 岁换工的妈妈夸赞她的看护在潜移默化中学会了自己的育儿方式。"这就是我喜欢年轻人的原因之一……她对我照顾孩子的方式很感兴趣，希望像我一样来照顾他……她以前没有照顾过新生儿，所以花了好几个星期来尽力模仿我是怎么照顾孩子的"，这位妈妈补充道，她不会雇年长的保姆，因为年长的女性不会有这样的可塑性。"我想一个年长的人，比如一个带过孩子的 60 岁的人会说，'不对，这事我是这么做的'，我的意思是，我母亲和我婆婆的那一套我已经受够了……我不能每天都面对这个问题。"

超自然式管理最关键的优势在于：它让看护和雇主之间明确的指示或讨论变得不必要了。正如娜奥米在谈到她那个会"牙买加巫术"的保姆时所说："你要知道，到最后，我们完全理解对方的想法。彼此之间甚至不需要说任何话。她知道我们想要什么。我们知道她想要什么。"因为在我进行访谈的时候，这位保姆已经开始干另一份工作了，所以没法通过对她的访谈搞清楚她是否同意她们彼此之间已经达到"完全理解"了。

为了增加一开始就通过直觉心意相通的可能性，一些采用超自然式管理的雇主会雇用种族背景与自己儿时的照顾者相似的保姆。比方说，珍妮特是在波兰由一位波兰保姆带大的，她就雇用了一位波兰移民来照顾自己的孩子。同样，苏珊娜是由加勒比地区的保姆抚养长大的，她也为自己的女儿雇用了一名加勒比人看护。艾丽西亚雇用了小时候照顾过她的委内瑞拉妇女的女儿，于是得到了这两位妇女的育儿服务，也得到了一种安全感，知道自己的孩子会被怎样对待。39岁的白人律师琳达将这一策略发挥到了极致，她雇用了自己童年时的保姆，一名现在已经年纪相当大的非裔美国妇女。不幸的是，琳达没法凭直觉信任约瑟芬，她发现自己陷入了尴尬的境地，不得不再雇一个保姆来同时照顾孩子和年迈的保姆。后来她大部分时间都用在调停两个保姆之间的争吵上。

采用超自然式策略的管理者，不同于其他雇主的地方在于：她们会把大多数雇主在雇用保姆或换工时使用的相似或增强的逻辑，延伸到管理中，并在管理中运用这些原则。她们不再以大多数操纵木偶式管理者所依赖的精确到每分每秒的规则和时间表作为主要管理工具。一旦她们找到了合适的妇女，使用超自然式策略的管理者就觉得她们可以放弃日常控制。而她们的看护"就是知道"如何"按照她们的方式"来做事。

监管后院

在母亲们制定并告知看护有关照顾孩子的规矩和原则之后，

又出现了一系列新的挑战。如果一个母亲每天出门 10—12 个小时，她如何确保自己的愿望和指令得到执行？一位雇主妈妈谈到了这种困境："你知道一直以来人们担心的是什么吗？你在的时候和你不在的时候会不会不一样。我想这也是我不告诉保姆我的日程安排的原因，我只是突然回来看一下情况。我认为这种担忧全世界都有——你不了解的人在照顾你的孩子。但这（种恐惧）也算不上太大，你知道，不是不能承受。"为了让自己对家里的日常生活有足够的了解，感到足够的安全，不至于在工作的时候过度焦虑，我访谈的雇主们采用了各种监管策略。尽管这些雇主妈妈拒绝使用摄像机来监控她们的看护，但她们确实要依靠好些不太有技术含量的策略来实施监管，包括"突然串门""身体检查"以及让大点的孩子、管家或陌生人汇报情况。

"突然串门"是指在不告知保姆的情况下，让家庭成员或可靠的朋友到家里来，检查保姆的活动情况。这是最常用的监督策略。有位母亲让她的丈夫（自雇者）回家吃午饭，然后向她汇报。"所以你进来后，你明白吧，你可能会听到他们在玩，或是听到音乐在响，或者，你知道，（宝宝）睡着了，而她在看电视，"这位母亲解释说，"事实上，我们能做到这一点让我们都更安心。"

工作时间上有一定弹性的雇主妈妈，有时会自己突然回家。玛丽·安妮讲了一个故事，以证明她和她保姆的育儿方式确实是相同的。"有一次，我提前回家，埃丝特不知道我在家。所以我听到她……和詹妮弗一起进来，我听到她说（笑）——因为我猜詹妮弗咬了她的鼻子（笑）——我听到她说，'不，詹妮弗，不要咬埃丝特！'所以，听她说的话和对事情的反应很有趣……然后詹妮弗不想进屋里来，她说，'好吧，那就待在外面的走廊上吧'（笑）。而（我想）'我也会这么说'。"偷听是终极的"串门"。在门外偷听的母亲们，觉得她们可以看到保姆与孩子之间未经修饰的互动。在这个案例中，玛丽·安妮并没有假想詹妮弗是完美的，或者永远是个容易相处的孩子，埃丝特的反应与她想象中自己在孩子不听话时的反应一样，这让她放下心来。还有的雇主会通过陌生人来了解情况。苏珊娜解释说："我或者我丈夫有时会带林赛去公园，跟林赛一起玩的那些孩子的妈妈都对我们的保姆评价很高。"

妈妈们还有一招是"身体检查"。她们通过评估孩子的打扮、吃饭和洗澡的情况，来衡量孩子是否得到了良好的照顾。艾米对身体检查的方法直言不讳，她这样描述她的监管理念："说实话，我晚上给她洗澡的时候，我会看有没有瘀青，你知道的，我希望她身上的每一个印记我都能注意到，我会问清楚。'她腿上有一道划痕。她的腿是怎么划伤的？她的手臂上有一道擦伤。怎么了？'你知道，这种情况并不经常发生。（换工）可能比我更善于避免让孩子磕磕碰碰，因为她们知道我会过问的。"身体检查既是确定孩子是否受伤、是否健康的办法，也是检验保姆是否诚实的一种方式。如果保姆不需要家长问就主动汇报孩子哪里受伤了，妈妈们就可以放心地信任她。

举个例子，娜奥米医生说，当娜奥米五个月大的孩子在浴缸里滑倒摔破嘴唇之后，她的保姆伊冯一边哭一边立刻给她工作的医院打电话，娜奥米赶紧冲回了家。娜奥米原本还担心保姆究竟能有多爱孩子，伊冯的举动扫光了她心里的疑虑：

> 我回到家，伊冯抱着她，她抱着孩子说："我怎么能这样对你？"那一刻，我觉得如果我曾经对她是否爱我的孩子有疑虑的话，这问题不存在了。对我来说，看到她这么关心孩子真是太棒了。所以我检查了一下（孩子），她看起来很好，我说："非常感谢你打电话给我，你做得非常正确。"……我回到车上，回去继续上班了。你知道，我没有给她放一天假什么的。

娜奥米把这种情况看作对保姆的考验，看她能否处理危机以及有多诚实。伊冯在这两项上得分都很高，而娜奥米为了表达对她的信任又回去上班，家里还是留给伊冯负责。她说："我认为，如果我想弄明白出了什么事，这会让她感到更舒服。我们不会相互指责，嗯，因为我认为父母最难做的事情之一就是放手让别人来负责孩子的安全。这是一件非常困难的事情。"

有的家里孩子年龄大一些，妈妈们还靠这些孩子来汇报当天的情况以及保姆如何对待他们。不过这种方法可能并不可靠。娜奥米告诉我，她三岁的女儿萨莎一直很喜欢的保姆伊冯走了之后，就出现了这样的情况，取而代之的是一位 26 岁的加勒比人保姆卡拉。娜奥米认为她和卡拉之间并没有和伊冯的那种"完全互相理解"的感觉。此外，萨莎对换保姆也感到不满。她觉得卡拉更爱弟弟内森。萨莎还用了"闭嘴"这个词，让卡拉和萨莎原本紧张的关系更加复杂化了。

显然，萨莎是听卡拉命令家里的狗别叫时，学会这句话的。

娜奥米反应强烈，要求保姆永远不要在女儿身边使用这些话。这一番指责之后，萨莎又报告说卡拉让她"闭嘴"，于是娜奥米不得不又一次跟卡拉坐下来谈话。卡拉坚持认为，虽然她从来没有让萨莎"闭嘴"，但萨莎经常对她说这句话。娜奥米陷入了到底相信谁的棘手问题："萨莎只有三岁半。这很难，我不想成为那种，你知道的，那些一天 24 小时在家里架起一个小摄像机，盯着家里发生的一切的人。我认为那是不对的，实际上我也认为没有必要。我怀疑这是萨莎编出来的，因为当她说这句话的时候，我们把它当成了一件大事。"

娜奥米的两难处境，反映了上班族妈妈在保姆与孩子发生冲突时面临的困难，她们永远无法弄清所有的事实。"这在育儿和忠诚之间形成了一种有趣的困境，因为你不想破坏你同保姆的关系，不希望你的保姆认为你不信任他/她，你也不希望你的孩子认为发生在他们身上的坏事只是幻想，应该闭口不提。这非常棘手。"娜奥米承认，她希望她的新保姆"一下子把女儿抱起来，不停地亲她"，但她也表示，她确信卡拉喜爱萨莎。最后，娜奥米用的是自己的身体检查法——她关注卡拉如何给萨莎穿衣服。"我知道（卡拉喜爱萨莎），"娜奥米说，"因为有时我会回家，如果我需要带萨莎去某个地方，她会给她打扮得很漂亮，像个小天使。而我觉得如果你不喜欢孩子，就不会为他们做这些。"

除了这些常见的监管技术外，操纵木偶式和超自然式管理者各有其特定的风格。例如，操纵木偶式管理者比超自然式管理者更依赖任务清单、日志和其他报告系统。黛比像玛丽·安妮及其他操纵木偶式管理者一样，也采用每天的活动日志来帮她监控家里。黛比解释说："我做了一张表，她每天都要填写，上面写着宝宝做了什么，他们玩了什么游戏，谁来做客了……这样，我就可以了解一天的情况。我的意思是她可以撒谎，但她没有。"

保姆们通常都能察觉到这些监管技术，而且认为它们具有侵入性。大多数人的期望是最初受到一些监控，但一旦证明自己是可靠的，就能获得一定程度的自主权和信任。⁹有些母亲理解这一点，因此试图尽量平衡限制孩子活动的需求与保姆跟成年人打交道的需求。例如，苏珊娜一般不喜欢维奥莱特带着女儿去坐地铁或离家很远，但她鼓励维奥莱特在当地的公园里与成年人交往，或是登门拜访其他住家保姆。"我认为，对她（维奥莱特）来说，能与其他人交流也很重要。我的意思是，整天和一个一岁的孩子在一起，你知道，这对我来说有时也很困难。我很愿意让她去公园和其他保姆或其他孩子的母亲交朋友。我认为这也为林赛跟其他孩子交往树立了一个很好的榜样。而且她——保姆和林赛在公园里都有一群朋友。"

苏珊娜与我访谈的其他部分雇主妈妈不同，她能够设身处地为保姆着想，并且意识到她对成人之间的互动和刺激可能也有类似的需求。在这种情况下，她并没有把维奥莱特看成是她使用的工具，而是把她看成和自己一样的人。同时，苏珊娜承认维奥莱特的需求是合理的，部分原因是她认为这些需求也与林赛的社会化需求不谋而合。不幸的是，除了孩子的发展需要之外，保姆的基本权利不可能得到承认。最后，虽然在我访谈的30位雇主中故意限制看护行动的只有10人，但这些限制说明了一个更普遍的现象：雇主将看护的时间、精力和个人忠诚视为自己的延伸。

代理密集母职的冲突和复杂性

上班族妈妈希望为子女提供符合其个人和文化期望的家庭式教育，这给她们自己和看护都制造了不少问题。母亲们希望感觉到孩子是安全的，是以"她们的方式"被照顾的。对于一些人来说，相信她们的保姆或换工是"什么样的人"就足够了。比方说，艾丽西亚对莱蒂西亚的信任并不是基于公开的、双向的沟通，而是因为艾丽西亚觉得自己了解这名看护的基本素质。"至少她让我相信她会按照我的要求去做事！（笑）有时候，你知道，你会尝试一下——把摄像头安在这里，让我们看看他们怎么做。（笑）但她是一个非常诚实的人。她是一个非常谦虚的人……我不认为——她对我说的话或者问她的问题并不抗拒。"其他妈妈们对她们不在家时发生的事情希望了解更多细节——但不要提供太多信息，以免她们感觉受到威胁或感到被嫉妒。日常琐事的"窗口"可以让人痛苦地明白，孩子有独立的生活，其中许多活动、关系和发展里程碑并没有母亲的参与。这就是艾米选择不让保姆向她汇报的原因。

当我不在的时候，我的脑海里会对她们在做什么有种想象。我想，如果每天都把它写下来，看到我不在的时候（宝宝）做的所有事情，那就更难了。我从心理上知道，但我不需要每天都看到她在做我没有参与的事情。另外，我认为这是个不合理的要求。你知道，这是很难写下来的，你知道，"在外面玩"或"吃午饭，我们午餐吃的这些"，所以我就不这么做了。

许多看护都非常同意艾米的说法，即雇主的监管策略是"一种不合理的要求"。尽管我访谈的母亲们都尽量不去异化她们的看护，但那些依靠代理密集母职的母亲，却成了许多保姆抱怨的对象（见第七章和第八章）。不足为奇的是，保姆和换工对操纵木偶式的管理者的意见最大。她们认为，这些雇主限制她们的自由，剥夺她们的自主权，说明她们不尊重儿童看护的技能。有些人担心隐藏的摄像头，怀疑是否一举一动都受到监视。许多人都知道妈妈们要进行身体检查，一开始带孩子就小心翼翼地查看是否有擦伤、瘀青或健康状况不好，发现任何异常情况都会立即报告。当来自牙买加的保姆安妮发现由于拉链在夜间刺激了婴儿的皮肤，婴儿出现了皮疹时，"我告诉（孩子妈妈），'我只是想让你知道，这不是我带孩子的时候出现的'"。

同样，雇主对活动的限制也让看护们感到沮丧。朗达这样描述她对这些限制的反应："我觉得自己被关在里面，就像被关在火柴盒里一样。我不喜欢这种感觉……她不想让我走路去操场。有一天，她开车送我去游乐场。然后她觉得那个公园的太阳太大，我们就离开了那个公园，去了一个没有孩子的公园，只有我和她儿子，还有她。另一个公园里有很多孩子，但就因为那里阳光太好，她不想让他待在那里。"最后，朗达总结道：

"因为有个宝贝每时每刻都跟你在一起，不是背着就是抱着……我明白她想来看看我和孩子的情况。但是，'哦，不，把他带到这里来……''哦，不，不要带他去做那个'。我觉得如果是这样的话……'你自己来带他吧。你要我干什么？'"她不干了。

孤独不仅会让看护们感到沮丧，而且还具有潜在的危险性。[10]研究表明，保姆的待遇与她们对待自己所照顾的儿童的方式存在联系。"那些自己情绪得不到滋养的有酬看护，也许每天要与幼儿在一起 10—12 个小时，她们可能特别难以集中精神跟孩子们积极互动。"[11]阿普里尔指出了这种关联性。她将雇主禁止保姆社交的行为，称作"父母对保姆的一种巨大伤害"，指出了剥夺儿童看护与成人的正常接触给儿童带来的消极后果。"如果除了（跟雇主妈妈）在午餐的时候聊两句之外没有一个人可以说话，如果这让你感到很痛苦、很沮丧，那么你也没法好好工作。你不太轻松，孩子肯定会察觉到这一点。"孤独的看护更有可能虐待孩子，不仅是因为她们缺乏关键的社会支持，还因为她们缺乏重要的社会控制机制。一些保姆和换工提到她们会在游乐场和社交聚会中监督其他的看护。有一位换工看到另一位换工打她照顾的孩子的屁股，向她的雇主举报了。所以，讽刺的是：雇主妈妈为了保证孩子的安全对看护施加严格的限制，可能反而使得孩子处于危险之中。[12]

最后，那些剥夺看护基本行动自由的雇主，实际上是将她们置于自己也难以忍受的处境之中。赫兹指出，"对于双职工夫妇来说，把妻子关在家里是不可想象的"[13]。被关在家里，对于任何人来说都是不可想象的——包括全职妈妈，她们通常会用出门办事、拜访朋友、逛公园和其他活动来丰富日常生活。

我访谈的保姆和换工还面临着沟通问题。那些为操纵木偶式管理者工作的看护抱怨说，雇主用纸条给她们指令，她们不得不通过日志或在中午的时候回电话作为回复。而在那些为超自然式管理者工作的人中，关于孩子的面对面的、开放式的谈话很常见。虽然处于这种情况下的大多数看护都认为：她们的雇主基本上信任她们的判断，并且给了她们很大的自由度，但缺乏反馈使她们的自主权及其背后的信任显得很空洞。有些人怀疑雇主是否真的关心他们上班期间家里发生的事情。20 岁的瑞典换工埃尔莎曾照顾过一个患有严重的注意缺陷多动障碍（ADHA）的学龄男孩，她向我们讲述了这个工作所带来的挑战。他经常失控，对她拳打脚踢。她解释说："我试着和她谈了很多关于孩子的事……几个月后，她（雇主）说，'哦，但你可以这样做，试试看'，我说，'为什么我来的时候你不告诉我？'她说，'你应该明白的。你应该自己意识到该怎么做'。"卢拉总结了看护们对沟通重要性的感受："我觉得很多问题都出在这儿。当保姆对某件事情不确定时，她不敢问，父母也不敢说。但如果你不会沟通，你应该把他们（孩子）送到日托中心去。我的意思是，如果你不会跟人沟通，留条子也沟通不了！（笑）这是基本的沟通。记得时不时地跟她们说声谢谢。"

跟限制自主性和行动自由一样，如果不能建立良好的沟通，也会对照顾服务产生影响。采用超自然式管理策略的雇主妈妈偶尔会惊讶地发现，她们误判了看护的育儿技能。举例来说，有位母亲发现，虽然她的看护有很好的推荐信，而且家庭背景也跟她自己很类似，有令人赞赏的"家庭价值观"，但却有严重的贪食症和情绪障碍，因此，她不得不换人。同样，身为非裔的美国雇主卡罗琳在发现她的看护会带孩子去自己觉得危险的地方时，也意识到共同的种族背景并不总是等同于共同的价值观。

显然，代理密集母职并没有挑战"儿童需要全职妈妈在家"的观念。它的首要目标是确保孩子们得到母亲想象中的如果自己在家会提供的照顾。大多数母亲没有意识到的是，无论她们多么看重这一目标，它也不一定等同于为孩子提供最安全或最优质的照料。

小　结

所有采用代理密集母职的雇主妈妈们都致力于把看护变成自己的延伸，对孩子们的生活进行监督，导致从定义上讲，孩子的家庭生活并不包括母亲。许多父母与孩子们的日常生活脱节。苏珊娜讲起了一件普通的小事，但它让她深刻地意识到，她和丈夫并没有参与到孩子的生活之中："有一天，我丈夫带着林赛去超市，几个他从来没有见过的女人走过来说，'你好啊，林赛'。"这种脱节表明，无论苏珊娜或者其他雇主妈妈如何努力地监控后院，她们实际上没有真正地掌握家里发生的一切。归根结底，不在家让她们变得弱势，只能寄望于看护值得信任。

同时，这一育儿机制既然允许母亲们工作日把孩子留在家里，就要求她们在看护是否可信这个问题上不能太过计较。正如艾米所说："他们做那个关于虐待之类的系列节目时我就想过这个问题，然后——你又一次感觉想知道（家里的情况），但是……我不能辞掉工作待在家里。另一面的我必须相信——这是因为我必须在这里（工作）——如果我的女儿不开心，我就会知道。"

为了有足够的信心把孩子交给别人，这些母亲们诉诸密集母职的基本原则是——母亲就是"知道"。琼是这样说的："如果有什么不对的地方，你知道，我真的觉得能看出来。我认为可以通过孩子的行为来判断。你知道，我就是比较相信你可以，即使他们还不会说话，有些事情迟早会表现出来，我认为（停顿了一下），就是如此。"具有讽刺意味的是，这种所谓"脐带连接神圣而永久"的观念是密集母职最难以证明的信条之一。

对于那些采用代理密集母职的雇主来说，试图管理和观察独立于她们的家庭生活造成了一连串痛苦的悖论。她们雇用保姆或换工，监督雇工照顾孩子，以制造一种类似于全职妈妈的感觉。她们期望这样做能让她们感觉到对育儿方式有更多的控制。然而事与愿违，她们常常感到对家里的控制不足，反而更容易受到她们所雇用的人影响。此外，代理密集母职并没有减轻"负全责"带来的任何负担。上班族妈妈觉得要对自己不在家期间家里家外的所有事情负责，还要考虑随着时间的推移，随着孩子长大成人，这些活动或关系可能会对他们产生怎样的影响。对于那些相信密集母职的雇主妈妈来说，基于她们对看护在孩子生活中所处地位的定位，她们常常感到自己做母亲和管理者都不称职，进而为自己辛辛苦苦营造的"以家庭为中心的童年"感到焦虑不已。

6

制造影子母亲

序曲：琼和梅兰妮

根据琼和梅兰妮的说法，她们的关系很棒。我在她们各自的工作场所进行了访谈。琼的办公室在一栋玻璃塔楼高层的转角处，俯瞰着波士顿港；访谈梅兰妮则在琼和她丈夫比尔装饰雅致的公寓里。两位女士在谈到对方时都赞不绝口。双方都对劳动分工方式很满意，对比尔的付出很满意，也都很宠爱一岁的夏洛特。她们是我所采访的妈妈-保姆组合中彼此最满意的一对，然而，在她们的关系中也有"断裂带"（lines of fault）[1]和未曾明言的紧张。

琼在三十多岁时开始做母亲，此前她全身心地投入公司的事业中。她本来没打算要孩子，但在35岁时她走入第二段婚姻，嫁给了一个讲求平等主义的丈夫，这改变了她的想法。她发现丈夫比尔"在打破一些传统界限方面做得很好"，于是有了生儿育女的念头。多年以来，琼一直没有考虑过做母亲这个选项，但现在发现对她来说做母亲是非常"自然"的，她喜欢这样的生活："这是我做过的最棒的事情。你知道，我不敢相信我竟然等了这么久……我的意思是，你知道，所有这些我从来不觉得存在的母性本能都冒了出来，我必须告诉你，这一切都完全是自然的。这根本不需要斗争。你知道，因为她就像是人们说的那种'我的生命之光'。在这种情况下，这比我想象的要容易得多。"

她和比尔意识到他们需要一个完美的保姆来让他们忙碌的

生活成为可能。他们找到了梅兰妮，这个 24 岁的白人姑娘拥有幼儿教育学位，还曾经当过几天学前班老师。另外，琼指出，他们对梅兰妮本人的教养也很认可，"她的家庭价值观什么的，你知道的，很不错。我的意思是，她和她的父母很亲近——她有一个不错的家庭"。琼跟我开玩笑说，她在面试梅兰妮后感觉很轻松，以至于马上就分娩了。"梅兰妮来了，我们见了她，我们真的很喜欢她。她走后五分钟，我的羊水就破了，我就分娩了。我的意思是，事情就是这样。（笑）就这样，我当天晚上就把孩子生下来了。"

梅兰妮在当学前班老师期间对管理中的政治感到失望，想要有更大的自主性和权限。所以，她计划在考虑上研究生的同时寻找一份保姆工作作为过渡性就业。梅兰妮知道，她"希望这家人信任我，你知道，授权给我，而不是一直在质疑我，检查我"。她很感激琼和比尔认可并重视她的专业知识。"我告诉他们我的经验和我的期待，面试进行得非常顺利。他们给我的印象是，'你听起来比我们更有经验。你听起来比我们和孩子相处的时间长得多'。这是他们的第一个孩子。所以我觉得他们很重视我的早期儿童（教育）的学位和我跟孩子打交道的所有经验。"从工资来看，他们也的确是非常重视，不仅为她每周 50 小时的工作时间支付了高价，还提供了健康保险、病假工资、假期工资和奖金等附加福利。她是本研究中收入最高的保姆之一，她对自己这份不住家保姆的工作非常满意。

然而，正如我访谈的大多数保姆一样，梅兰妮的工作不仅仅是照顾孩子。她还要照顾孩子妈妈。作为担当企业关系副总

裁的一个初为人母的母亲，琼与孩子相处的时间有相当严格的
限制。琼有时会担心她会失去作为夏洛特主要照顾者的位置。
她需要梅兰妮的帮助，才能对这个角色感到安心。就像我访谈
的其他初为人母的母亲一样，琼似乎对自己作为母亲的能力和
地位有一种脆弱的感觉。像苏珊娜、杰西卡和乔伊斯一样，她
对自己与宝宝"面对面"的时间能有多久表示担忧：她想知道夏
洛特是否知道她是"母亲"。琼描述了一段特别艰难的时光。
"有一段时间，我不记得夏洛特当时多大，也许六个月了，她真
的，真的更喜欢比尔而不是我。听我这么说的每个人都说：
'哇，这很少见。通常孩子都更喜欢妈妈。'哦，谢谢你补刀。
（笑）比尔一走进房间，她就会哭，直到他把她抱起来。比尔一
走出房间，她就崩溃了。有几个星期，她除了嚷嚷比尔、比尔、
比尔，什么事也不干。"梅兰妮也注意到了这一点，她在访谈时
也表达了对这个阶段的担忧。"当爸爸去上班时，（夏洛特）就
会开始哭，我发现这让妈妈很困扰。我当时就想，'哦，亲爱的
上帝，我走的时候她可别哭，不要让这种情况发生'。"

　　这是梅兰妮最担心的事情——未来的某一天，宝宝会更喜
欢她而不是琼，就像宝宝现在似乎更喜欢比尔一样。此外，梅
兰妮认为，缓和"比尔"的处境是她的责任，于是她采取了相
应的措施。琼描述了这样一次干预。"有一天，梅兰妮带着（孩
子）来到我的办公室，给我带了花。我的意思是，我想，'她明
白这一点，是不是很有意思？'因为我从来没有说过什么，因为
感觉很糟糕。梅兰妮什么都做不了，我也做不了，就好像突然
间我的孩子就不喜欢我了，这是很可怕的事情。她发现了这一

点，我觉得真是太贴心了。"除了这个舒缓雇主受伤感情的"贴心"举动之外，梅兰妮还搜集专家证据来让琼放心，说她确实是夏洛特生命中最重要的人。琼回忆说，"有一天我下班回家，她在一本育儿读物上发现了一篇文章，讲到孩子们会经历一个喜欢这个人超过另一个的阶段，我说：'是的，我知道，我读过。'然后我们开始就这个话题聊了几句。我觉得这太有洞察力了。卡梅伦，当然，我的意思不是说搞明白我的感受就像个火箭科学家一样了不起，但这很好。"

梅兰妮则认为这很正常，当父母都带孩子的时候，孩子最喜欢的人会在父母之间变来变去。不过，她和雇主一起对这件事进行了重新定义，让琼作为夏洛特主要家长的地位不会受到影响。梅兰妮回忆道："我们读了育儿指南书上对婴儿出生头一年的情况介绍。（书）里面大概的意思是说，带孩子带得更多的一方感到最难受的时候就是孩子去找另一方。所以，如果孩子去找爸爸，妈妈就会找理由，比如孩子可能是在考验妈妈什么的。"有趣的是，在琼所讲的版本中，她把这个"理由"说成是梅兰妮提供的。不管是哪种说法，两人都明白家里每个人都会坚持这种解释。双方都认为，创造/维持这些"以妈妈为中心"的叙事将是梅兰妮工作的一部分。

梅兰妮的另一部分工作是"读懂"琼，去认识她的好恶。最重要的是，她需要意识到她与夏洛特的关系和琼与夏洛特的关系之间的界限。例如，对琼来说，重要的是梅兰妮要尊重某些界限，知道应该和宝宝在一起做什么，不应该做什么。与其说这是安全守则，不如说是琼心目中只属于母亲的任务。琼并没有给梅兰妮列出哪些事该做，哪些事不该做，而是适时地讲一些故事作为警示。

　　我回家的时候会讲讲上班时从其他人那里听到的有关保姆的故事。然后，我会和梅兰妮谈论这个问题，我会问她在同样的情况下她会怎么做。我最好的朋友之一玛丽提到，有一天她的保姆带着她的小儿子去看马戏。她下班回家时，（保姆说）"宝宝和我今天去看了，你知道，大苹果马戏团表演"。玛丽说，她有点震惊。因为这件事她很想做，但保姆从来没有问过她，因为她可能认为这挺好，这是为了让宝宝开心。我只是把故事讲给梅兰妮听，希望她搞清楚，如果她想做这样的事情，她应该打电话给我。

　　梅兰妮明白了。当我访谈她时（大约在访谈琼之前那周），她给我讲了一个故事，表达了她对这些隐性界限的理解。"我不想触怒她，不会去和夏洛特做一些他们想带她初次体验的事情。所以我会打电话给她，看看她是否介意，或者她是否更希望夏洛特的初次体验自己带她去，比方说坐天鹅船兜风这些傻事。在夏洛特这个年龄，有些事情真的不重要，因为她不会记得，但是，你知道，在他们心里——我不知道他们是否希望和她一起做这些。"

　　此外，当梅兰妮偶尔在不经意间越过隐性界限时，她的工作就是平静地度过这些艰难的时刻。有一天，当她准备离开时，梅兰妮最担心的事情发生了——夏洛特哭起来了。虽然琼没有在访谈中提到这件事，但它在梅兰妮的故事中很重要。她认为这是唯一一次明确造成她们之间关系紧张的事件。梅兰妮觉得夏洛特为她离开而哭的那天，琼很生气，"当我要走的时候，她只是离开了房间，而她通常在说再见时都会挺当回事儿的。比方说，她会说：'好吧，夏洛特，让我们和梅兰妮说再见吧。'那天她没有说。我可以从她的表情看出来她有点紧张，不像平时那样。她甚至跟夏洛特在一起的时候，也同平时不一样。所以，她什么也没有跟我说，但正是因为她什么也不说，我就明白了"。梅兰妮相信，在琼的眼里，夏洛特天真地越过了母亲与非母亲的界限，在某种程度上是梅兰妮的错。

她回忆说："她有这样的反应，我其实有点生气，因为这不是我的错。"尽管如此，第二天她们还是和好了。

第二天我和她谈了，她道了歉并说她那天过得很糟糕，你知道，工作上的事什么的，她向我道歉，诸如此类的。所以，我告诉她我当时的感受，而且我并不想要这样——这是肯定要发生的——我很抱歉她那天过得这么糟糕。她说，"嗯，我知道她是因为不想让你走才哭的，比起你走的时候激动你来的时候哭，这让我更开心一些"。所以我觉得确实如此，这种事就是会发生，我花了这么多时间陪在一起的孩子，就会对我有这样的反应。这是我最担心的事情之一，事情发生了，而我不知道该如何应对。

在解决这个小冲突的过程中，两位女性都卷入了复杂的情感和解释工作。[2]她们双方都必须决定是否承认这个事件，如何解释它，谁有错，以及如何解决它。琼首先转移了对越界事件的注意力，而把重点放在自己把工作中"糟糕一天"的紧张情绪带回家上。梅兰妮则不放弃夏洛特哭的问题，试图将这一事件正常化，认为这是"肯定要发生的"。最后，她们都接受了一个解释，突出了梅兰妮的工作能力。梅兰妮仍然感到不悦："但后来我也完全理解她了。我了解两方面的情况。"不过从更深层次来看，显然这件事是梅兰妮和琼试图实现的和谐家庭生活中的裂痕。

这一事件揭示了最成功的育儿伙伴关系也存在张力，此外，还清楚地表明：梅兰妮的工作在很大程度上需要维持雇主作为主要照顾者的形象。梅兰妮的工作说明中有一个没有言明的部分，但也是作为非母亲角色的一个主要组成部分，即她需要重新确立一种与密集母职理想相符的家庭生活的观念，即便这种观念有时会背离生活经验，也只能如此。

※　※　※

"孩子爸妈真的要明白一件事，"有着 13 年看护经验的隆奈尔告诉我，"不管怎样，孩子们都会爱爸爸妈妈。他们越长大，爸爸妈妈的位置就越无法替代。无论我们怎么照顾他们，他们还是会爱爸爸妈妈的。"有经验的妈妈们对这一观点表示赞同，研究也为这个结论提供了更多支撑。一项美国国家儿童健康与人类发展研究所对母子依恋关系的纵贯研究中一个最惊人的发现是：儿童照顾质量越高，儿童对照顾者的安全感就越强，他们对母亲的依恋也就越牢固。[3]有酬看护可能是亲爱的伙伴，但他们不能取代父母。正如隆奈尔所说："我们不是像他们的母亲一样去接管父母的工作。我们只是去帮助他们。"

我所访谈的大多数雇主妈妈因为深受竞争性母职意识形态的影响，而且她们的孩子还很小，所以并不完全理解这一点。密集母职理想对她们的影响更大，这种理想把孩子与成年照顾者建立关系的能力，描绘成一种零和的依恋。这意味着，任何其他慈爱照顾者的存在（父亲除外，但这类案例有限），都可能侵犯甚至威胁到母子关系的完整性。这也意味着在如何分担母职任务、如何解释这种委托关系时，情况可能会变得棘手。第五章探讨了母亲需要在看护和自己之间进行一种特殊的分工并对其加以管理。本章讨论的是一个与之不同而又密切相关的问题：母亲们在为自己和她们所雇用的看护定义这种分工时，下了哪些功夫？

母亲希望保姆能像自己一样照顾和爱护她的孩子，这经常与她自己想成为主要照顾者的愿望以及她对密集型母爱思想的信念产生冲突。此外，母亲希望控制对孩子的照顾，这与保姆的自主性需求和希望雇主欣赏她的专业技能的愿望相冲突。[4]这些紧张关系导致我采访的许多雇主妈妈希望有一个"影子母亲"——她是自己的延伸，就像母亲一样待在家里，但当真正的母亲回来时，她就会消失，在她们共同的孩子的心理生活中不留下任何痕迹，也不声称自己有做母亲的知识或技能。

作为影子劳动的儿童照顾

伊凡·伊里奇（Ivan Illich）发明了"影子工作"（shadow

work）这个词，指的是"工业社会要求的作为商品和服务生产必要补充的，一种完全不同类型的无报酬工作"。[5] "影子工作"通常被称为再生产劳动（reproductive labor），或是"女人的工作"（women's work），它的价值被贬低，往往是看不见的，而且通常没有报酬。阿琳·卡普兰·丹尼尔斯（Arlene Kaplan Daniels）对这一定义进行了扩展，她指出，再生产劳动是"看不见的工作"，一定程度上是因为我们对"何为工作"的常识性理解，遮蔽了那些没有报酬的、私人领域的工作，以及传统上由女性从事的互动工作。[6] 因此，母亲们所做的许多工作，以及她们后来委托给看护的许多工作，都不被视为劳动。[7] 照顾者的工作隐藏在家里，通常被理解为出于爱心而不是为了工资而工作。

生产劳动和再生产劳动，为钱而劳动和为爱而劳动，市场工作和影子工作之间的概念区别，都让那些不易商品化或不易被当作基于商品或服务有偿交换的市场经济组成部分的任务贬值。正因如此，尽管做饭、做清洁、养育孩子和照顾其他家庭成员都是维持人类生命的基本任务，但再生产劳动的价值长期以来一直被低估。正是这种劳动创造和维持了作为社会群体的家庭，而家庭是家庭成员个人营养的来源，使他们能够进入经济和公民生活的"生产"领域。[8] 然而，那些提供这些重要服务的人往往得不到认可和奖赏。而且，如果服务者是有酬的工人，则往往被视为按传统应该完成这些工作的母亲或家庭主妇的糟糕的替代品。

由于人们普遍倾向于将再生产劳动——"女人的工作"——看作先天倾向的简单实施，儿童照顾被进一步推向了影子工作的领域。换句话说，家务劳动就是在做对女人来说"自然"的事情。它既不需要技巧也不需要努力。人们期望女性"天生"就善解人意；保姆"自然"会爱她们照顾的孩子。正如丹尼尔斯所说，将这些能力和行为划归为"自然的"的人类行为，掩盖了为这些能力和行为所付出的努力，导致人们进一步低估其价值。[9]而且，正如第三章所讨论的，看护常常被剥夺了大多数非技术工人享有的在工作场所的基本权利。[10]

　　母职是一种特别矛盾的影子工作形式，因为与其他形式的家务不同，它既被贬低又被赞美。政治家和育儿专家经常把抚育幼儿的工作称为世界上最重要的工作和妇女的神圣使命。19世纪中期，母亲的角色首次在美国大众的想象中被视为一种神圣的使命，白人中产阶层妇女通过将做饭和做清洁等其他家务活委托给仆人来让自己全身心完成这一使命。这种实际的劳动分工是通过一种概念上的分离来实现的，这种分离，将家庭中再生产劳动的"精神"方面，分配给白人中产阶层妇女，而将杂活分配给有色人种妇女和劳工阶层妇女。[11]这种分离培养了家庭生活（domesticity）的观念，使白人妇女的母职具有了道德目标，也给家庭带来了神圣天堂的光环。

　　将私领域的工作分为精神劳动和杂活，并为这种分工赋予种族和阶层属性，导致女性之间种族和阶层等级制度长期存在，妇女的工作普遍受到贬低。正如第三章所阐释的那样，这种等级制度通过社会分层再生产继续形塑着家庭雇工的劳动力市场。21世纪版本的精神/杂活的再生产劳动分工，使一个阶层的妇女，得以进入劳动力市场并保持母亲角色的精神层面；而另一个阶层的妇女，则拿着微薄的薪水接替她们在家里的工作，完成与孩子进行日常互动的母亲的杂活。上班族妈妈把精神上的母职工作定义为设计和监督儿童照顾运作方式，把自己与子女相处的时间定义为"高质量陪伴时间"，无论护理责任在实践中是如何分配的，都要保持自己作为主要父母的地位，由此也强化了家务劳动中精神/杂活的分化。

然而，由于密集母职已成为当今规范，将家务劳动分为精神劳动和杂务两部分会产生实质性的紧张关系。将母亲的工作委托给一个有酬雇工，加剧了精神/杂活的分化，因为被视为构成母亲和孩子之间联系纽带的、被当作好妈妈基本条件的，正是这些与琐碎母职相关的工作，比如喂孩子、抱孩子、教孩子规矩等等。那么，外出工作的母亲们是如何将委派母职中的杂活，与自己作为主要照顾者所要保持的精神上的母职相结合的呢？而作为母亲的自己和作为非母亲的保姆之间的界限又是如何划分的呢？

正如第五章所呈现的，上述问题的部分答案在于将儿童照顾的提供者定义为传导母亲育儿观念和做法的媒介。保姆被看作其雇主为母之道的延伸，而不是一个与孩子们有特殊关系的个体。本章也会提到，对于表明保姆与孩子之间特殊关系的迹象，雇主和雇工都会小心地加以回避或是淡化处理，因为这种关系被理解为违反了照顾者的责任规范，而照顾者的责任只是母亲的延伸。作为雇主，母亲有权规定保姆的工作条件，包括与照顾孩子的日常活动有关的"感情规则"[12]。

而雇主妈妈们还有一个额外的优先权。她还要尽力确保保姆的日常实践不会危及她作为主要家长的地位。就拿杰西卡来说，她希望自己不在家时安娜贝尔能够疼爱小萨米，但当她这个真正的母亲回来的时候，安娜贝尔就化为木偶。我访谈的大多数母亲都对保姆提出了或含蓄或明确的要求，希望保姆能够延续雇主妈妈的育儿习惯，但不要对她的主要父母地位形成威胁。看护这个工作包含着许多价值得不到认可的劳动密集型任务和问题重重的期望，其中抹除自我，情绪瞬间开启或关闭，确保母亲和"非母亲"之间明确的分界等各种要求，尤其令人烦恼。

上班族妈妈和她们所雇用的看护共同创造了一种象征性的秩序，这种秩序定义了母职分工的意义，使得文化上认可的母亲形象被再生产出来。双方为制造和维持影子母职所做的工作主要分为三类：让保姆在家庭生活中隐身、提高母亲的可见度和不断检视母亲/非母亲的边界。

抹除保姆的痕迹

保姆是否在场和是否管孩子都是"划界"（boundary work）的重要手段，有助于孩子父母设置和保持工作与家庭生活之间的界限。[13]由于保姆在场意味着工作时间，或者是家庭生活的对立面，许多雇主妈妈设计了一些策略和规则来减少或避免"保姆时间"和"妈咪时间"之间出现重叠。举例来说，苏珊娜选择雇用不住家看护，以防止保姆工作时间无限延长，耽误她和女儿相处："我们曾经讨论过请住家保姆，但我一直比较犹豫，因为那样的话——就像现在，有一种组织安排，你说它是人为的也好，不是人为的也好，总之我的脑子里会设定一个时间，到这个时间点我就要到家。而且我觉得，如果我请看护一直住在家里，这就会混淆起来。"有了一个不住家的看护，苏珊娜就通过让保姆下班来划定重要的边界。

对其他母亲来说，看护的到来和离开是一种令人痛切的提醒——自己不是孩子生命中唯一的母亲。例如，杰西卡为失去和儿子共度的"特别时光"而感到遗憾，这种情况在每个周末结束、换工回来时都会不可避免地发生："她周末的时候会出去，但周日晚上会回来。有时她会在六点回家，她回家让我很难过，因为这意味着我和儿子的特别时光结束了——这让我想起自己不得不离开儿子，让我想起儿子见到换工会特别兴奋。嗯，现在他要的不是我，是她。"为了避免这种矛盾，很多妈妈都会让看护先在一旁等着，直到需要她们帮忙时再让其出现。

这种妈妈在家时看护就应该隐身的愿望，让一些保姆感到被排斥和不受欢迎。当雇主要求她们协助划分"家人"和"非家人"之间的界限时，无论要求多么含蓄，她们都不情愿，因为她们要把自己排斥在外。对住家的雇工来说，给雇主一家人私人时间很有压力，尤其麻烦——因为不像其他看护，她们在下班后没有自己的家可回。例如，本研究中换工都是离家很远的年轻人。美国国务院鼓励她们认为自己是"寄宿家庭"的一员，她们也常常将雇主视为父母的替身（见第三章）。为了给雇主一家制造"家庭时间"而隐身，这种额外的工作在情感上令人痛苦。在谈到雇主时，一位换工哀叹道："我总是感觉，'哦，她要出去了。耶！'"另一位换工解释说："我只有在工作的时候才有饭吃。我几乎没有吃过晚饭，因为他们晚饭前就回家了……当他们在家而你不工作的时候，他们基本上是不想让你打扰他们的，你知道，他们想花时间陪孩子。"

雇主在描述家人的时候也不会提到保姆。尽管许多上班族妈妈，尤其是那些雇用住家保姆的母亲都把保姆称为"家庭中的一员"，但在我每次登门拜访雇主家的时候，都没有看到过保姆和孩子的照片。这一遗漏在两方面引人注意。一方面我看了很多家庭照片，有些母亲给我看相册，有时候我会见到母亲、孩子们和大家族的亲戚的照片摆放在显眼的位置，但不论哪种情况都看不到保姆。另一方面，当我去保姆的住所或是雇主家里她们居住的房间时，她们现在和从前照顾的孩子的照片都摆放在显眼的位置。一般来说，保姆会有一组她们自己家人的照片，还有一排照片用于展示她们照顾过的"工作上的孩子"和雇主家庭。有时候两组"亲戚"的照片都混在一起。这些照片和家人的肖像表明，保姆-孩子关系的重要性在母亲和看护眼中明显是不同的。

超脱型依恋

保姆常常抱怨自己在孩子生活中的重要性没有得到承认和回报（见第七章）。保姆不但要接受这一现实，还需要把自己这种依恋隐藏起来。保姆的工作要求她们按照玛格丽特·纳尔逊所说的"超脱型依恋"（detached attachment）规则来抹除自我。[14]这是构成有酬儿童照顾的情感劳动的"情感规则"之一。[15]

超脱型依恋的规则是为了确保照顾者表现出足够的温暖和感情，让孩子感受到爱，让雇主对照顾质量感到满意，但温暖和关怀也不能太过，以免导致孩子过度依恋，破坏父母在孩子感情中的核心地位。

超脱型依恋实际上是三条规则合一：第一条规则，要求她们要像父母一样关爱自己看护的孩子，与他们形成稳定的感情。第二条规则，要求照顾者既要爱孩子，又要保持一定的情感距离，这样她和孩子才能为最终的分离做好准备。第三条规则，要求看护不能篡夺母亲作为主要照顾者的地位，不管她跟孩子在一起的时间有多少，也不管母子之间的感情怎么样。超脱型依恋是一种非同寻常的情感劳动。大多数情感规则要求人们表现出一种当时未必感受到的情感。例如，商店职员或银行出纳员在每笔交易结束时都会给客人送上一句愉快的祝愿："祝您度过愉快的一天。"其他工作中则需要霍赫希尔德所说的"深层表演"，员工必须先"努力工作"，再表现出他们在工作环境中通常不会表达的感受。[16]例如，养老院的工作人员可能会把他们看护的病人想象成年长的亲戚，让自己的上班时间好过一些。然而，这种类型的服务工作只需要"表演……而不是发展真正的人际关系"[17]。

相较而言，看护孩子却需要培养真正的情感依恋。保姆和换工普遍认同所谓"这种工作要求不是工作"的常见解释：她们把疼爱自己照顾的孩子说成轻松、自然和有趣的事情。大多数看护都把这种关系比作恋爱，米里亚姆也不例外。米里亚姆是一名白人大学生，暑假做全职保姆，上学期间则做兼职。我请米里亚姆举例说明照顾两岁的双胞胎有哪些时候让她感到特别，她举了几个例子："比如他们用爱回报我的时候。比如他们叫我'咪咪'，看到我很高兴，想被抱起来，想跳舞……这些时候，这一切就像一种浪漫的关系，你知道吗？还有我看到他们在学习我教给他们的事的时候。"对大多数保姆来说，"依恋"似乎并不是什么工作。超脱型依恋所涉及的劳动隐藏在表面之下——弄清楚如何掌控依恋的程度，如何让母亲接受，以及如何防止这种依恋将来对孩子产生不利影响。

不管涉及什么工作，在一份很少有其他回报的工作中，建立和维持依恋关系是获得情感滋养的重要来源。为玛丽工作的非裔美国保姆朗达说，她"喜欢来上班，从没有哪一天起床的时候会说'哦，我不想去了'"。她提到她和她看护的三个月大的宝宝莫莉早上打招呼的习惯，喜悦之情溢于言表："（我走进屋里说）'早上好，早上好，莫莉。我的小公主好吗？'她听到了我的声音，想看看我在哪里。她会找来找去的，我就说，'我知道你听到了'，然后，她就开始笑了。她很关注我，我们在一起很开心。"

建立依恋有时还需要有意识地培养感情，在孩子出现令人不快的行为时能够宽宏大量地去寻找背后的根源。并非所有的孩子都惹人喜爱。有些保姆照顾的是有行为问题/发育障碍的孩子。还有人会遇上踢咬她们（或虐待其他孩子）的孩子，但却发现雇主只是希望她们容忍这种行为。尽管如此，大多数看护还是设法去爱那些即使是最不听话的孩子。28岁的科琳娜是肯尼亚移民，有五年儿童照顾经验。她介绍了自己对待她照顾的

"被宠坏了"的三岁女孩柯尔斯顿的方式。她似乎有意让每一天都过得很痛苦，但科琳娜还是强迫自己去爱她。她将柯尔斯顿的坏脾气归因于其父母的缺点："所有这些可怕的事情，你看到这些就会想，'她不坏，是父母不好。这不是她的错。这是父母的错'。我真的为这样一个孩子感到难过。"尽管柯尔斯顿不断地折腾科琳娜，但科琳娜把她们的关系重新阐释为一种怜悯。柯尔斯顿的父母，一个是做时装设计的亚裔美国人，一个是白人医生——由于他们的错误判断，孩子变成了一个恶魔。在这样的案例中，超脱型依恋的"依恋"部分很艰难，需要创造性的阐释。

如下面几章所述，很多保姆都是密集母职意识形态的坚定信徒；不过作为劳工，她们也理解雇主需要为家人提供经济上的支持。因此，许多人尽管不赞成但也接受雇主外出工作的决定。于是，她们把对雇主孩子的依恋，解释为帮助弥补其父母不在身边的缺失。[18]以埃丝特为例，她认为自己是看护着整个家，是詹妮弗幸福的守护者。和我访谈过的大多数看护一样，她认为，在一个母亲"永远都不在家"的孩子的生活中，她所扮演的角色至关重要。她指出，孩子们可能很少有机会跟妈妈建立感情，"因为妈妈不在家"，她觉得，这就是"詹妮弗跟我有感情的原因"。

这种可能似乎也困扰着雇主妈妈们。在某些情况下，雇主要求保姆别管孩子（尽管很少明说），这表明：母亲认为照顾者与孩子相处是一种威胁。比如，艾米对一位换工跟她孩子的感情既恼火又沮丧。"和我家第一个换工相处的最后一个月，对我来说非常艰难。我的意思是，我下班回家后她会哭，因为她意识到她的下班时间到了，你知道，她对自己将要被替换掉这件事感到非常难受，她跟我们说，'我无法想象除了我之外，还有谁能照顾孩子'。我说：'嘿！我是她妈妈。'"

不过，隆奈尔认为像艾米这样的雇主要求保姆保持超脱是错误的。在她看来，上班族妈妈需要承认并接受她们花在孩子身上的时间与保姆投入的时间不平衡所带来的后果："我有时从早八点到晚八点都在那儿。所以，就会产生依恋。我的意思是，他们都是孩子。他们会喜欢和他们在一起待的时间最多的人。不管是谁，奶奶、姨妈还是保姆。我的意思是，肯定会有嫉妒，但我的意思是她们是上班族妈妈，她们事业和家庭生活都想要，得到的所有东西不可能都一样多。"

有些雇主会明确地执行超脱型依恋的规则，以保证家庭时间和隐私不受影响。来自波士顿的 21 岁的白人保姆克莉丝汀说，她雇主的行为是试图与她保持距离："我下班的时候，我就下班了，但伊莲恩觉得我周末想花时间陪孩子很奇怪。她会说，'好啦，我相信你有更重要的事情可以做'。但我想和孩子在一起。她好像是想把我推开。"不过，也有一些雇主妈妈表示，她们鼓励保姆下班后别管孩子，是因为她们不愿意在保姆休息时间里剥削她们。

无论雇主要求看护做到超脱型依恋的动机是什么，看护都要想办法满足这一期待。大多数保姆和换工会在与孩子独处时表现出对孩子的依恋，而在雇主面前则会在一定程度上采取父母赞赏的超然态度。埃丝特是这样总结的："我总是尽量不让父母，呃，嗯……看到我们太亲密了。因为我不知道，我不知道他们是否会觉得我对她的疼爱有点过了。我不知道。"这些评论，以及埃丝特之前在访谈中提到她和詹妮弗的关系时用的"不是，呃，那个，那个，呃，很亲密。我的意思是说已经够亲密了"，反映了很多看护在"足够喜爱"和"太喜爱了"之间划分界限时的焦虑和困惑。一般来说，我所访谈的保姆们都对孩子发展出了一定程度的依恋，她们认为这种依恋在情感上是令人满意的，而且这种依恋对孩子们是有益的，但她们也很小心，不让雇主了解这种感情有多深。

由于换工和孩子们之间的关系结局已经预先注定，所以她们尤其倾向于运用超脱型依恋的规则来减轻最终分离的痛苦。[19]过去的经历也会降低保姆的依恋程度。卢拉是一个有 11 年经验的老保姆，她说在她第一次经历跟孩子的分离之后，学会了永远不要那么依恋。"我想这是因为你自己不让。因为你知道当你不得不离开他们的时候有多难多痛。所以你爱他们，你知道，你对他们有点喜欢，但你不会让他们再走进你的心里。所以，你把他们当自己的孩子来对待，但你并不像爱自己的孩子一样爱他们。这很难做到。"来自波士顿的 27 岁的白人工薪阶层保姆卡西补充道，在她为第二个家庭工作的时候，她需要花时间鼓起勇气去爱孩子："直到一年前，我才真正对她产生了感情。我有点让自己保持距离，不是故意的，我是下意识这么做的，因为我不想再经历那种伤害了。我花了很长时间才忘记金伯利（她第一个雇主的孩子）。我仍然很想她，但我开始对琳恩有当初对金伯利一样的感情了。"

　　还有一些人提到，为了保护自己和自己看护的孩子，她们对感情的某些核心方面有所保留。24 岁的英国换工玛格丽特在接受访谈时正在为第三家雇主工作，她说："你尽量不去想，你骗自己说你会和他们在一起很长一段时间。嗯，这从来没有让我的付出打过折扣，我总是尽可能地付出所有的友情、爱和关怀，而不是更感性、更个人化的自我。它从来不会影响我全力付出。但是你知道，当你从事这份工作的时候，你当然知道有一天你会离开。这太难了。"因此，超脱型依恋需要一种情感平衡：如果照顾者把工作做得太好，太爱孩子，她们必然会在分离时感到难受；而如果她们保护自己，又担心自己剥夺了孩子们的爱，没有做好自己的工作。最后，大多数人都听从了自己对依恋的渴望，希望得到最好的结果。

　　相比之下，她们对孩子们感情的保护从来都是不遗余力的。大多数儿童看护都把寻找一种尽可能轻松地跟孩子分开的方式当作其工作中极为重要的一个方面。找到一种尽可能不痛不痒地与孩子们分离的方法，是她们工作中的一个方面。合同只剩几个月的瓦莱丽这样描述她的离职计划："在接下来的几个星期里，我打算不要和他们太亲近。或者说，我已经和他们很亲近了，但我在尝试在他们没有意识到的情况下慢慢打破这种亲近的关系。比方说，以前他们有什么事做得很好我总是会拥抱他们。现在我只是在早上看到他们的时候，或者是在他们放学回家的时候，才会给他们拥抱。我慢慢来（跟他们分开）。"然而，当阿普里尔试图让佐伊做好准备时发现，对于非常年幼的孩子来说，循序渐进的办法并没有多大用处。因为她知道佐伊不明白"将来"这个时间概念，她一直等到临行前不久才告诉她这个消息。尽管如此，阿普里尔还是郁闷地承认："她当然没有领会到这个形势有多令人发愁。我试着告诉她，然后她就会说，'我现在可以吃点零食吗?'（笑）我就会想，'不，你不懂! 这可是感情上的煎熬啊!'"

即使像这个例子一样，因为孩子年龄太小而无法认识到即将到来的离别会有什么影响，看护们还是觉得有必要让孩子们为她们的离开做好准备。大多数情况下都没有人帮她们来完成这项工作，因为许多父母并没有意识到保姆的离开是一件重要的事情。即使是在告别的时候，她们也不会留下任何脚印。

提高母亲的地位

在儿童照顾雇佣关系中，好妈妈的形象就像圣像一样处于核心位置。母亲和保姆双方都会尽力提高母亲在孩子日常生活中的真实或抽象的地位，保持母亲与非母亲之间的界限，以此表达对母亲神圣地位的敬意。有一系列独立的育儿任务是为母亲保留的，这些任务被赋予了特殊的地位；孩子的成长里程碑，在母亲见证之前不会被赋予重大意义；孩子的每一天，都是为了确保母亲一回家就可以开始高质量陪伴来规划的。19 世纪的母职在精神层面和杂活层面上的分化，在今天的家庭看护中依然存在。本节指出，影子母亲包含的大量解释性工作，其目的是将母亲的神圣领域与看护的世俗任务象征性地区别开来。

精心安排高质量陪伴时间

母亲们通过确保"高质量陪伴"来充分利用与孩子相处的时间。举例来说，苏珊娜解释道，"（我）需要很多和女儿面对面的交流感情的时间，"她说，她丈夫建议"我打扫卫生时，你为什么不去和（宝宝）玩呢？"这让她很感激。如第二章所说，"面对面的时间"对许多母亲来说意义重大，不仅因为她们想和孩子在一起，还因为她们希望自己的样子牢牢地固定在孩子的脑海里。最后，作为密集母职意识形态的信徒，我所访谈的雇主妈妈们都相信，她们的孩子应该有，也需要有一个一直在身边的、专注细致的照顾者。保姆使这一理想得以实现。杰西卡讲到保姆和父母如何轮替以确保孩子有个高质量的童年："他（杰西卡的儿子）整天都由安娜贝尔（换工）来照顾，因为他白天会睡五个小时，我想他醒着的时候，她就可以有百分之百的精力来陪他。然后我们晚上回到家，看到他就很兴奋，这样爸爸妈妈跟他在一起时也一样有最佳表现。"妈妈们在比较自己目前的育儿状况和待在家里做全职妈妈可能会出现的情况时，经常提到"最佳表现"（peak performance）的概念：孩子最好有多个照顾者，这样大家都能以最佳状态来陪孩子，而不是一个人忙得筋疲力尽或是感到无聊。

母亲们还希望在自己照管孩子的时段确保进行的是最高质量的陪伴。看护则需要完成大量的协调和幕后工作，才能在每天下班时营造出亲子相聚的完美画面：孩子已经得到提醒——爸爸妈妈要回家了，已经被换上了干净的衣服，已经吃好了晚饭，兴高采烈地等待家庭时间开始。为晚上的高质量时间做准备也需要孩子付出努力，母亲和看护经常为此发生冲突。一位雇主妈妈这样解释她制定的午睡安排：

> 安排午睡的时间，决定宝宝什么时候该睡什么时候不该睡成了一个问题。你看，宝宝可以在白天睡一个午觉，这样一直到五点左右换工下班的时候都没事。如果她没有睡两次觉，她痛苦的时间就不是在换工照顾她的时候，而是六点到八点半之间，你知道，这是我们和她在一起的时候……这样一来，（陪伴）质量是很糟糕的，因为她又心烦又疲倦，我们无法享受在一起的时间。

为了解决这个难题，她指示换工让宝宝在上午小睡一小时后叫醒她，这样她下午就会足够累，可以去睡第二觉。她承认，执行这一计划对换工来说可能是个困难。"我的意思是，很难把宝宝叫醒。当你叫醒她的时候，她脾气会很不好，但这很重要，这样她才会睡第二觉。按照她的时间表工作我不能接受，这是对我的欺骗，这会让我很生气。嗯，当一切都计划好了之后，她却错过了她的第二次小睡，而我和她在一起的时候是她一天中状态最糟糕的时候，这真的会让我很不高兴。"这个例子表明，高质量陪伴时间可能并不会自然出现。而当它没有出现时，看护的影子工作就要负责确保孩子的"糟糕时间"出现在她上班期间，而不是雇主管孩子的时候。

其他雇主妈妈们则根据她们是否需要费劲地把孩子哄上床

睡觉来界定高质量陪伴时间。在这种情况下，照顾者的任务就不是让孩子们晚上保持精力充沛、精神抖擞；而是让孩子们白天保持清醒，以便晚上容易上床入睡。克莉丝汀的雇主要求她阻止三岁的考特尼午睡，就是这个原因。克莉丝汀很反感这个不准午睡的安排，不仅因为这意味着她必须连轴转 12 个小时，没有休息时间，还因为自己不能做最有利于孩子的事："我认为考特尼真的需要小睡。特别是在她上学的日子里，她回到家时已经筋疲力尽了。她会在车上睡着。她还会在吃饭的时候睡着，但我还不得不给她安排点活动让她别闲着。每当她发脾气的时候，（雇主）都会归因于她饿了或者她需要活动，而不是她需要午睡。所以她一直在吃东西，而且你必须一直给她找事情做，但你不知道还有什么可做了，这真是让我抓狂。"

来自尼加拉瓜的 37 岁保姆玛丽索尔也有类似的担忧。她的雇主希望宝宝在她回家时已经睡着了，这样她吃完晚饭后宝宝就能神清气爽地醒来。"但我不喜欢她的一点是，如果宝宝在她回家时还没有睡着，她就会生气。我知道有两件事是不好的：强迫宝宝睡觉或吃饭。儿科医生告诉我，强迫宝宝吃饭或睡觉是有害的。你会给他们造成心理上的创伤，但她要我强迫他。"玛丽索尔说，她就没有按照雇主的要求去做，"因为这会对（宝宝）造成伤害"。其他保姆也说，她们不得不选择到底是服从具体指令还是听从自己对孩子需求的感觉。

这些围绕高质量陪伴发生斗争的例子表明，双方面对的核心问题是时间观念的错位。雇主妈妈必须应对形塑其职场生活的"工业时间"施加给她的限制，而保姆则坚持"宝宝时间"，根据她们对孩子需求的理解来安排一天的时间。[20] 由于工作场所的时间安排通常是有严格规定的，我访谈的许多上班族妈妈需要将家庭时间安排在晚上。家庭时间相对短暂，而且家庭时间的安排在很大程度上是由母亲们无法控制的力量决定的，这导致她们在家庭时间安排出现意外变化时更加懊恼。例如，琼记得有一天晚上她回家发现一岁大的夏洛特在六点钟就睡着了，她很恼火。她质问梅兰妮为什么不按平常的时间表来安排：

> 梅兰妮说："你知道，我的哲学是顺着夏洛特的需求去做。她真的很累，脾气真的很差，这不正常，但总之出于某种原因她想睡觉。所以我就让她睡了。"……我说："好吧，你要明白我是怎么回事。当我回到家，她在六点钟的时候睡觉，我知道她会七点钟醒过来。然后我就要整晚都陪着她，第二天早上七点半我还有一个重要的会议。这就是我要面对的事情。"

在这个案例中，琼认为她的工作时间表的要求应该优先于她女儿的作息时间表。

霍赫希尔德用家庭时间和工业时间的区别来对比全职妈妈和上班族妈妈的经历。在她的笔下，全职妈妈认为自己围绕着孩子的生活建立了"宽敞的时间城堡"，而上班族妈妈则被看成是计时的"监狱看守"[21]。然而，我访谈的雇主妈妈们却并非"监狱看守"。正是为了避免对孩子的严格管束，她们才选择了一对一的看护，而不是有自己常规的日托中心。而当她们在家的时候，她们也自觉地调整为和孩子们一起享受家庭时光的轻松节奏。但具有讽刺意味的是，这些雇主妈妈中的许多人为了尽可能给自己制造家庭时间，或者为了适应自己以工业时间为基础的职场生活，会毫不犹豫地将工业时间安排强加给保姆，进而强加给孩子。

母亲和保姆还通过"苦活/好活"的分工来精心安排高质量的陪伴时间。[22]保姆经常发现自己在雇主的家庭中扮演着管教者或规则执行者的角色，因为父母不愿意让管教引发的矛盾破坏高质量陪伴。[23]有些人认为，她们被过于宽容的父母"设计"了，父母自己不在场，让看护来扮演强制执行者的角色。隆奈尔描述了一个典型的场景："他们说孩子不听话，不听他们的。他们以为你要来让孩子听他们的话，其实孩子开始听你的话，还是不听他们的话。他们想让你去执行规则，而他们不去执行。所以，我的意思是，这样是不行的。你们得一起努力。"

不过，那些早上匆忙出门上班，或是在办公室工作了一整天后疲惫不堪的母亲们，还是有充分的理由不和孩子们进行意志上的缠斗。克莉丝汀指出："（考特尼的）妈妈总是说，'好吧，我希望今天早上别和她大吵大闹，我得去上班了'，他们不会花几分钟和她争论，而是让她想干什么就干什么。"安排高质量陪伴时间的工作，可能会让保姆觉得自己就像离婚判决书上有子女监护权的一方：她们做了不愉快的育儿工作，而雇主总是能带孩子享受周末郊游和亲子活动。雇主妈妈们普遍同意这种评价，尽管不认可保姆们对此所作的价值判断。杰西卡说自己雇用换工正是为了让她们在家"百分之百地去照顾孩子"，这番话代表了许多母亲的心声。

只属于妈妈的任务

最后，母亲们会通过指定和选择"只属于母亲的"任务[24]来提升其母亲形象。但事实是，某些事件更有可能发生在保姆上班的时候，或者她管孩子的时间可能比母亲更长，而这些影响可以通过规定只有母亲才可以或应该执行的某些育儿任务来抵消。母乳喂养是最常被引用的例子。丽是一名医生，我们本来预计她也许会强调母乳喂养的天然营养或情感价值。然而，像其他提到这项任务的母亲一样，她却强调了母乳喂养的象征意义，以此来作为母亲的标志："这是唯一一件我能做而换工或保姆做不到的事。我们从前有个保姆，每天都来。她可以做其他一切事情。她可以照顾他，和他建立感情。这是我唯一能做的。这是我和自己玩的一个小的心理游戏。（笑）这就像是说，'宝贝，我真的是你的妈妈，因为我是唯一能做这件事的人'……我认为这对我有帮助。它有助于我面对别人在家陪他们的事实。"

其他母亲选择了洗澡、睡前仪式或准备早餐来作为她们专属的任务。除了母乳喂养以外，这些限制性任务的性质并不重要。最重要的是这些任务是神圣的，它只属于母亲，而且严格遵守着只属于母亲的限制。琼解释说，梅兰妮"（从不）给孩子吃晚饭。我们（琼和丈夫）总是跟孩子一起吃晚饭，然后我们一起给孩子洗澡。所以，晚餐和洗澡总是我们的事"。苏珊娜更进一步定义了只属于母亲的任务。她把她的丈夫和女儿的保姆都排除在外："总是我叫她起床。（不是你丈夫，而是你？）是的。她总是需要我，而且……我想把这变成个规定——我是她见到的第一个人。"

帕特讲到了一种与只属于母亲的任务有关的典型冲突。她把给宝贝儿子蒂米洗澡作为她的专属仪式。（"这是妈妈想做的事，是我的自我所在。"）她要求保姆达格玛白天不要给他洗澡。然后，有一天帕特上班时间格外地长，很晚才回到家，以至于她连蒂米的面都没见到，更别说给他洗澡了。她感觉对自己"很生气"，也"对这个世界很生气"，她向保姆道了歉："我进屋后，跟她说：'哦，对不起，达格玛，我没有给蒂米洗澡。'她说：'没关系。我今天早上给他洗过澡了。'——所以我当时真的很生气。"但在"好好地哭了一场，喝了一杯"，并认真思考之后，帕特意识到，"我的不高兴只是因为我作了一个决定，认为那是一个妈妈应该做的，对吗？因为我妈妈就是这么做的"。

再多想了一下，她得出了两个结论：一、没有给儿子洗澡并不代表她是"坏妈妈"；二、蒂米当天确实洗了澡，尽管不是她给他洗的。帕特说，这些感悟让她决定"抛弃母亲应该如何对待婴儿，保姆应该如何对待婴儿的看法，因为无论如何，我永远是孩子们的母亲。而她们永远是孩子们的保姆，孩子们可能会和她们发展出相同或类似的非常非常亲密的关系，但我永远是他们的妈妈。在这一刻，我们所谓的'洗澡的事情'就翻篇了"。

帕特的解决方案之所以意义重大，有几个原因。她有意识地选择了一种符合常识的方法来满足孩子的实际需求而不是理想化需求，从而摆脱了造成情感和认知压力的意识形态的束缚。她断言"无论谁给孩子洗澡，她永远是母亲"，这代表着一种观念的转变，不再固执地相信只有母亲亲自完成的育儿任务才是重要的。

检视母亲/非母亲的边界

　　我所访谈的大多数雇主妈妈，尤其是那些通过代理人完成密集母职的妈妈（见第五章）都担心她们的孩子，特别是年幼的孩子可能无法对她们保持安全的依恋，会把保姆当作母亲的替代。因此，她们对如何解释看护和孩子之间的依恋现象非常矛盾。苏珊娜说："实际上，就在这个星期，当维奥莱特离开时，林赛哭了。一方面，我很受伤；另一方面，我喜欢这样，但这也让我受伤——林赛，她是如此依恋维奥莱特。""我喜欢这样，但这让我受伤"恰好抓住了这一广泛认同的困境。我所访谈的大多数雇主妈妈都希望确知自己的孩子得到了很好的照顾，从而获得安全感，但她们又担心自己在孩子的心中被取代。卡罗尔想起了一件往事。当时她最小的孩子摔了一跤，尽管她就站在旁边，孩子还是向换工寻求安慰。她承认他的选择伤害了她，但她说"这样总比反过来好。但如果这种情况发生得太频繁——我是说如果这种情况一直发生的话……跟丈夫之间也是一样的。当孩子们在感情中来回摇摆的时候，这是好事。这是个健康的事情"。卡罗尔以孩子们对父亲而不是代理母亲的依恋为框架，将孩子们对换工的感情正常化。卡罗尔与初为人母的苏珊娜和琼不同，她有经验上的优势。作为三个孩子的母亲，她已经明白，无论偶尔成为第二选择会给她带来多大的伤害，比起把孩子交给一个他们不爱或不信任的照顾者，她宁愿自己成为第二选择。

雇主妈妈们经常将依恋的概念强加到双重服务中。有几位妈妈提到她们作为孩子"特别的人"是很重要的，或是会强调她们的孩子非常"认妈妈"。这些说法表明她们已经跟孩子建立了作为"好妈妈"前提条件的主要纽带（primary bond）。然后，她们又说孩子"喜爱"保姆或是"对她很有感情"，以确定在自己不在场的时候也有一个代理人能培育孩子，这也是成为好妈妈的一个标志。然而，相信这两种依恋的重要性让这些母亲一直在情感上处于两难。维护"主要"和"次要"依恋角色的概念有助于减轻一些压力。

看护不仅在日常决策上要尊重雇主（如第五章所述），而且在角色区分时也要听雇主的。于是，举例来说，琼会表扬梅兰妮对"我是妈妈而她不是妈妈这一事实"的认识和敏感。"当我在场的时候，她对我很尊重。就好像我是主角，她是配角。"确保母亲和看护之间的地位界限清晰明确不仅非常必要——而且，正如琼所指出、本研究中所有保姆和换工所证实的那样，这主要是看护的责任。

尤其是初为人母的妈妈们，她们希望自己的宝宝能够清楚地认出自己才是妈妈。例如，乔伊斯谈到，有一天她的丈夫问她，他们11个月大的婴儿是否知道她——加勒比黑人母亲和他的白人保姆斯泰西看起来不同意味着什么，她对此感到很不舒服。"他说，'嗯，我想他能看出区别，但他知道你是他的母亲吗'？我说，'他当然知道'。我不知道是不是真的，但他可能知道。（停顿）但她（保姆）陪他的时间确实比我多，我觉得他知道有一些区别。他可能还没有搞明白。"不管宝宝是否真的明白这两位照顾他的女人之间的区别，这个家庭的顺利运转都需要各方保持默契，就当作宝宝一切都明白。

当孩子们长大到可以开始说话的时候，建立和维持母亲和保姆之间的区别，对成年人来说就变得非常重要。然而，这种区别对有些孩子来说似乎意义不大。例如，克莉丝汀回忆说，她照顾的最小的孩子扎卡里学说话时有一段紧张的时期："有一段时间，扎卡里认为我是他的妈妈。当扎卡里开始说'妈妈'的时候，伊莲恩又高兴又激动，而且他是在周末说的。我周一去他们家的时候，这可是一件大事情，'扎卡里现在能说妈妈了'。嗯，他也会对我说，所以我想他还搞不明白。扎卡里现在两个人都想要，有时他要我，有时他要她，有时他还会要（他爸爸）——（他爸爸）不能理解，因为（他）认为扎卡里连自己是谁都不知道。"

妈妈这个词和它的用法，被认为是边界是否得到良好维护的重要标志。安妮认为，教她看护的孩子正确使用妈妈和爸爸这两个词是她工作的一个组成部分。"我试着教孩子，当我看到他们开始叫我'妈妈'时，我会教他们，'不，我不是妈妈，我是安妮'，我开始教他们我的名字。然后我让他们叫妈妈'妈妈'，你知道吗？我是安妮。我只是让他们换了个称呼。但一开始，他们有点搞不明白。他们觉得可以叫每个人"爸爸"。你知道吗？他们可能也会叫女人"爸爸"。（笑）所以他们还是搞不明白。"然而，安妮发现，即使精心辅导也不一定能带来理想的效果。

他们还是叫我"妈妈"，就当着他们父母的面。我知道，因为每次……嗯，他们知道盖尔（安妮的雇主）是与众不同的。他们知道盖尔是他们的妈妈什么的，但他们可以叫其他人的名字，你知道，每次当他们叫我"妈妈"的时候，我就说，"是安妮，安妮"。但对他们来说，我的名字就是"妈妈，妈妈"。你知道的。有时候盖尔说："哦，那太好了。你知道，如果你没有好好照顾他们，他们不会叫你妈妈。"你知道吗？她只是一笑置之。换了有些人，大概很久以前就会解雇我，因为他们会说，不管怎样，这个孩子不应该叫我妈妈，因为我是安妮。

正如安妮所说，本研究中的保姆和换工都知道，如果她们没能很好地维护母亲与非母亲的界限，就可能会失去工作。有些人就是因为没做到这一点才被以前的雇主解雇的。相比之下，有些像盖尔这样的孩子母亲会认为孩子把名字搞混是保姆干得好的表现，只要保姆尽力去纠正错误就好。

当孩子天真地越过母亲/非母亲的边界乱喊妈妈时，如果这让人感觉孩子更喜欢保姆而非母亲，就会让看护感到内疚。阿普里尔举了这样一个例子："有时邦妮似乎急着让我离开那里。如果佐伊更想找我，她就会非常生气。比方说她想让我抱她，牵她的手或者什么的，邦妮就会非常生气。你不可能注意不到，因为她的脸色会变难看。"我采访的保姆们不仅经常觉得自己要为这些基本上不可避免的越界负责，还会觉得有责任恢复母亲作为主要照顾者的应有地位。对阿普里尔来说，尽管她也不喜欢她的雇主，觉得给她干活很困难，她还是觉得自己应该协助母亲来巩固她们二人之间的边界："通常情况下，无论我对邦妮做的很多事情和她对待我的方式有多厌烦，我还是会为她感到难过。我会想，'不，别这样，佐伊，这是你的妈妈'。我觉得很可怕。"

　　为了进一步提高母亲的地位，母亲和看护会联合起来对童年里程碑进行选择性定义。一般来说，发展的里程碑只有在母亲亲自见证后才会"算数"。丽给我们做了一番解释。"我记得有一天下班回家，保姆说：'他迈了第一步。'我说，那太好了，我真为他高兴。但在我心里，他还没有迈出第一步，因为我没有看到他迈出第一步。当他迈出第一步而我看到的时候，我才会记在宝宝纪念册上。我是不是有点心怀不满？我不知道这算不算自私。"育儿专家支持了这种观点，例如，他们建议儿童看护尽量别告诉孩子父母重要的第一步发生在他们不在家的时候，而是要给出暗示，例如"我敢打赌，她现在随时都会走路"。[25]许多母亲很欣赏这种花招。比方说，帕特提到："你知道，达格玛看到蒂米迈出了第一步。但她没有告诉我们，而是很体贴地等着。在我们看到他走了几次之后，我说：'好吧，他会走有多久了？'——我可没傻到觉得他只是跟我在一起的时候才开始走路的。她就说：'哦，大概一个星期吧。但我不想告诉你。'"就我访谈的大多数母亲而言，无论她们选择不承认"第一次"发生在保姆上班期间，还是希望知道事件第一次发生的时间点，她们都是通过轮班来追踪孩子发展的里程碑的。她们认为在她们的"注视"之下出现的发展更为重要。保姆和换工都很清楚这种区别。大多数人告诉我，她们要么不把这些事件告诉孩子父母，拿保姆的话来说，"我只是让她自己去看，这样她就会很高兴"；

要么就祝自己好运，希望每个里程碑都发生在周末或晚上。

小　结

影子母职的工作与儿童照顾的实际质量或照顾儿童的工作关系不大。除了母乳喂养之外，看护可以而且也确实执行了全职妈妈所承担的所有育儿任务。因此，在雇主妈妈的家里，必须有意识地区分母亲和非母亲，并不断加以监控。此外，雇主妈妈和看护合作建立和维持的是一种特殊的共享母职。这种共同照料是在主流文化意识形态的背景下产生的，而这种文化意识形态只重视由生母或养母而不是雇请的照顾者来提供密集母职。因此，母亲和保姆从事的是额外的影子工作，其目的是掩盖母亲工作实际上是共同承担的这一事实。影子母职劳动的一个显著特点是：这种工作既不为孩子服务，也不为整个家庭服务，而是服务于意识形态——密集母职的信条和自给自足的核心家庭的理想。

具有讽刺意味的是，虽然影子母职强化了母亲的理想化形象，并试图缓解母亲们在面对这一形象时自愧不如的感觉，但它并不一定符合母亲们的利益。在看护的帮助下，我所访谈的雇主妈妈们通过制定和维持母亲与非母亲之间的界限的规则，强化了一种普遍存在的观念——无论保姆的照顾质量如何，没有由母亲来照顾的儿童（在某种程度上）还是有所缺失的。因此，这些母亲不可避免地（虽然是无意地）强化了一种观念系统，这种观念系统常常使她们感到内疚和不快，也常常给她们的看护带来类似的痛苦。然而，重要的是要注意到，在她们努力进行她们所认为的必要和适当的劳工分工时，母亲们并非是独断专行或故意不体谅他人。她们试图借此减轻一些因兼顾理想化的母职原则和男性主导职场的刻板要求而产生的巨大压力。大多数人几乎没有产假，也没有机会享有诸如非全日制工作或弹性工作时间这样的友好的家庭工作时间安排。因此，她们常常烦恼地感到自己与白天家里发生的事情脱节了。她们依靠看护来帮助自己增强作为家庭中主要照顾者的角色感。

保姆和换工面临的困难比雇主更多，但有所不同。与雇主一样，这些女人也经常作出违背自己最佳利益的行为。影子母职需要抹去育儿中对她们来说最有意义的一面，或者至少与之保持距离。然而，在大多数情况下她们并不反对抹除自我，还跟雇主进行合谋。第七章和第八章将更详细地说明，她们这样做是因为与雇主一样，她们相信并坚持密集母职的信条。而且，就像她们的雇主一样，这些信条导致她们的行为和感受自相矛盾。一方面，她们一致认为孩子的母亲应该是主要父母，所以她们会努力强化这一形象。另一方面，她们也相信感情的价值，相信自己和孩子之间的感情以及建立在这些感情之上的认识，她们讨厌被排除在家庭成员之外。大多数人都渴望自己的技能——包括跟自己照顾的孩子建立牢固而有意义的联系的能力，能得到雇主的认可和重视。下一章将会就她们对"第三位家长"地位的诉求展开讨论。

⑦

『第三位家长』的理想

序曲：简和莎拉

回顾我对担任公司副总裁的简和她的保姆莎拉的访谈时，我惊讶地发现，她们对共同生活的看法是如此不同。尽管是在同一个屋檐下生活，但两人讲述了截然不同的故事。很难相信简和莎拉描述的是同一个家庭，同样的孩子，或者是同一对雇主-雇工关系。就连房子看起来似乎都不一样，这取决于我访谈的是谁。

两次访谈我都是从厨房门——"仆人入口"进屋的。当我访谈简时，开门的是简的丈夫彼得，他正忙着给孩子们做准备，八岁的布莱恩和两岁的马修要去外面铲车道上的雪。在彼得和孩子们穿戴上冬季装备之后，简和我端着茶杯来到家中宽敞雅致的客厅，开始了我们的"前台"（front-of-the-house）访谈。对简来说，厨房是一个进进出出的地方——它是人们进门和准备出门的地方，也可以在这儿准备茶点再带到其他地方去。

几天后，当我回到这所房子访谈莎拉时，她和我从未离开过厨房。这是莎拉的"后台"（back-of-the-house）客厅，我们就在这里，一起坐在吧台前完成了访谈。我去那里拜访了莎拉三次，看她做午饭，看她为办各种事来回奔忙，准备晚饭，洗碗，和马修玩，和各种修理工打交道。我从来没有见她进过前面的房间，也没有看到她使用前门或者前楼梯。她的世界仅限于厨房和后楼梯，后楼梯从厨房通往男孩们的房间，然后可以上到三楼，她的房间和游戏室就在那里。

简和莎拉对自己居住的空间有不同的体验，她们对孩子、保姆工作和彼此的看法也各不相同。简告诉我，她一般倾向于让保姆"觉得（自己）是家里的一分子，我们一起做事，互相帮助，而不是我坐在客厅里，希望她们来照顾我"。她认为莎拉与自己一家的关系非常亲，她提到，莎拉刚来几个月之后，孩子们对莎拉的感情就比之前待了将近一年的保姆还要深。简还提到莎拉会做饭，也会和他们一家人一起吃饭，这也跟之前的保姆不同。

莎拉的感觉是相反的，她觉得她跟这家人的关系很疏远，让人不舒服。她告诉我，她曾经考虑过离开，但她没有其他的工作可做，不愿意解除这个一年的合同。另外，她也喜欢布莱恩和马修："我大部分时间都是和他们打交道。简和彼得我早上见十分钟，晚上见十分钟，然后我会出去或者回房间去。他们对我很好。困难的地方在于我是从丹和凯伦（她以前的雇主）那里过来的，以前我们都会交流，在这里感觉是被迫的。我觉得他们很难让别人加入进来。"她还说："我在这里不做饭。我也不和他们一起吃饭。以前我跟丹和凯伦一起吃饭——在这里，我觉得和他们一起吃饭不太舒服。"这些说法跟简对他们关系的描述截然相反。[1]

简和莎拉对莎拉的职责以及哪些任务属于家庭成员也有不同的看法。简认为莎拉的工作主要是照顾孩子，再"帮忙做家务"。她告诉我，她不希望这份工作是"一边做家务，一边看孩子"。她希望莎拉能帮家里洗衣服、熨衣服，每天整理房间（包括打扫马修的房间和监督布莱恩打扫自己的房间），每个月做两次彻底的大扫除（为此她会额外支付费用给莎拉）。简在描述莎拉的家务责任时，用的是一种相互尊重、公平互惠的语言——"我不希望有人觉得自己是个女佣，我会说：'你是家里的一分子。我会帮你洗碗，我也希望你能帮我洗碗。'"

这个家庭成员都参与到家务中来的愿景与莎拉的日常体验并不一致。莎拉告诉我，她确实觉得自己像个女佣。在讲到教马修收拾玩具是多么有挑战性的时候，她哀叹道，他的父母"不会让他捡任何东西。当然，他们也不会捡任何东西（笑）。布莱恩也不会捡的"。据莎拉说，让布莱恩打扫房间、整理床铺的打算，是一个家庭神话："通常都是一团糟。有时候我不会管，但有时候我实在受不了，只好自己动手。但他们不会让他收拾的。"莎拉得选择究竟是为家务和孩子们争执一番，还是自己动手做家务。

莎拉和简对孩子们行为的看法和反应也大不相同，就好像她们照顾的根本就是不同的孩子一样。简的儿子布莱恩总是会整理床铺和打扫房间，而莎拉负责照顾的布莱恩很少这样做，当莎拉问他"你的房间干净吗"，得到的回答通常是"是的，够干净了"。莎拉还说马修总是哭哭啼啼的。她通常会告诉他，要么"好好说话，要么回自己的房间去"。她说，他父母"听之任之。我不知道他们怎么受得了，但这孩子周六和周日整天都在哭闹"。

和简相比，莎拉对孩子行为的看法更负面，部分原因是她的工作要求她一整个星期都要扮演"干苦活的家长"。母亲的苦差事都落在她身上：打扫卫生、洗衣服、熨衣服；每天都在纪律、家务和午睡上与男孩们斗争。相比之下，简大部分的母亲工作都在周末，这时主要是有一些有趣的活动，比如全家出游等等，还有大量的游戏时间。举例而言，马修在周末没有午睡时间。据莎拉说，这意味着他"接下来一周都很累"。简的看法有所不同。她把马修描述成一个"需要大量睡眠的孩子，他每天会睡两三个小时的午觉"。但她从未提及他在周末和平日的时间表的不同。作为母亲，简的工作似乎主要是享受有孩子的快乐，几乎没有什么烦恼（在这方面，她的角色与传统上父亲所扮演的角色差不多）。

为什么简和莎拉对她们共同生活的描述大相径庭？在思考这个问题的时候，我意识到这两个女人在分担照顾马修和布莱恩的母职工作时有不同的需求和不同的目标。简想要的是自己的延伸——一个影子般的自己。她希望有一个人在她工作的时候留在家里，执行她在家时要完成的任务。而且她希望这个人在她回家的时候能悄悄隐身。"当我回家的时候，"她告诉我，"我喜欢掌控局面。我喜欢我的孩子，我喜欢和他们一起玩，我不需要雇用别人来做这些。当我在上班的时候，那就由别人来负责。而我不想为此而烦恼。"实际上，不担心家里的事就意味着要控制它。简给男孩们制定了一个严格的活动时间表，并期望莎拉能执行。此外，简还留下了她希望能完成的家务清单。简提到，"如果（莎拉）能把晚餐的一些基本准备工作做好，那就意味着我一回到家就可以接手完成"，她会很感激。但莎拉的感觉是她几乎没有自主性，几乎只是为开始真正的家庭生活做"准备工作"的第二双手，这种感觉让莎拉很恼火。她之前做保

姆时要承担更多的责任，但也更自由。她对自己有限的自主权
和权力感到不满。她说："简和彼得喜欢自己来管家，我的意思
是，这可以理解，但我一点也不喜欢有限制。"她在之前的雇主
家里工作"棒极了——他们是最好的，我们就是一个大家庭。
杰森有三个家长，而不是只有两个"。莎拉希望与马修和布莱恩
实现类似的关系。她想成为他们的第三位家长，而不是他们的
"影子母亲"。然而，在新岗位上的头几个月让她感到灰心丧气。
她说，尽管她并不愿意解除为期一年的合同，但她还是打算在
合同到期前走人。

※　※　※

2005 年 7 月，曼哈顿一栋大楼倒塌，一位保姆冒着生命危
险救出了她照看的婴儿。《纽约时报》对这一事件的报道称："当
救援人员意识到这个被埋在刚刚倒塌的百老汇建筑下的小孩，
就是那个被布鲁妮达·蒂拉多（Brunilda Tirado）女士绝望地
大呼'我的宝贝！我的宝贝！'的孩子，根本不是蒂拉多的孩子
时，他们感到困惑不已。但是，她的几十位整天照顾别人孩子
的保姆同行都表示，他们的惊讶才令人诧异。"[2] 一位接受采访的
保姆解释说，蒂拉多女士的行为很正常："这些孩子是你的宝
贝，因为你整天都是他们的家长……当我离开的时候，他们又
变回了他们的家长。"[3] 参与我研究的保姆们对这类故事中所呈现
的那种"困惑"感到愤愤不平。让她们感到愤怒的是，未能胜
任看护工作的女性登上了新闻头条，而像蒂拉多这样对自己照
顾的孩子深有感情却被视为异常，或者完全被忽视了。[4] 和《纽

约时报》写到的保姆一样，她们对自己照顾的孩子有着强烈的感情，她们经常把这些孩子称为"自己的"，把自己称为"第三位家长"，而不是父母的替身。

我访谈的 50 名保姆和换工都对做雇主期待的"影子母亲"没兴趣。她们试图以一种有尊严的方式重新定义她们的工作。[5]对许多人来说，这意味着认同并捍卫一种母职模式，保姆们认为，幼儿在家里照顾是最好的，她们的工作是近乎理想的育儿方式；对于少数人（主要是来自中产阶层背景的白人保姆）来说，这意味着她们要遵循一种将其工作"专业化"的教学模式。[6]我访谈过的大多数保姆都从这两种模式中选取了一些要素，努力想要成为"第三位家长"。[7]

在访谈中，看护们一直在表达相同的基本愿望：希望能在工作中有一定的自主权，作为儿童看护的技能和对自己照看的孩子的感情能得到认可。也就是说，她们希望被视为在家庭中扮演独特角色的个体，而不是母亲隐形的延伸。她们希望自己作为儿童看护的工作技能得到认可，她们认为自己应该被当作技术工来对待。最后，她们希望雇主能够重视她们与自己照顾的孩子建立的深厚感情。她们认为，她们在雇主子女身上投入的时间和精力使她们不仅对于一般意义的儿童照顾，而且对于照顾这个特定的孩子，都形成了一定程度的专业知识。当她们谈到想要做第三位家长时，保姆和换工的意思是她们希望被当作培育孩子的家庭团队中被重视的一员，尽管她们可能只是一个过客。她们并非真的想成为家长。然而，由于缺乏一个社会可接受的术语来形容那些关爱幼儿并收取酬劳的人，她们只好诉诸为人父母的语言。

本章讨论的是"第三位家长"的理想，关注的主要是在看护眼中对她们最重要的三个工作特征，并且对为什么这些与工作相关的基本愿望很少得到满足给出了解释。

自主权

对于我所访谈的保姆和换工来说，她们希望作为雇工妈妈得到认可，这个愿望源于期待基本的自主权、尊重和人格认同的渴望，这是大多数成年的雇工所享有的。[8]但这些需求与雇主的需求构成了直接的冲突（见第五章和第六章）。雇主妈妈希望监督和控制家里的情况，她们希望保姆成为自己的延伸，而不是享有自主权。[9]她们的这些愿望可能会导致那些只关注孩子的规则得到执行，而从未考虑到对照顾者的潜在影响。例如，斯堪的纳维亚换工克里斯蒂娜抱怨一天 12 个小时被拴在家里有伤自尊，她注意到她的雇主只关心"宝宝"的需求。"因为他们认为，当我跟宝宝在一起的时候，可以带着宝宝去哪里？他不需要去任何地方。"

影子母职要求照顾者维护母亲作为主要父母的地位。在某些极端的情况下，这会形成一些限制，把保姆变成多余的人。25 岁的英国换工马乔里讲述了她与一位高度控制的雇主的故事："我只能围着街区绕圈，我不能带孩子去其他地方。我不能早上给孩子穿衣服。这一切她都想做。她想为他准备奶粉。洗澡的时候她想自己来，因为她显然认为自己错过了很多。"宝宝每天上午和下午会睡很长时间，所以马乔里觉得自己没什么事做，"我觉得自己一无是处，因为我什么都做不了"。这个故事很不寻常，因为很少有保姆需要面对工作太少的问题，但它也很有代表性，因为大多数保姆都觉得自己被剥夺了她们认为最有意义和最有成就感的育儿任务。

有些看护抱怨雇主在工作责任清单中给自己列的家务劳动越来越多，却不承认这些额外的任务可能会影响她们儿童照顾服务的质量。看护们希望她们的雇主明白，家务工作的时间应该与照顾孩子分开安排，而且应该付额外的报酬。尚塔尔告诉我，她的雇主开始把一些额外的工作塞给她，让她在宝宝午睡时去做（"宝宝睡觉的时候，你可以把这些衬衫熨一下"），她发现新的要求很难满足。她的挫败感中既隐含着保姆对家务劳动的等级意识（家务活一般不在她们的合同中），也透露出她对作为工作伦理的密集母职的拥护。宝宝一放进婴儿床里就会哭闹，所以她更愿意让他睡在自己的怀里。她说，"他又叫又哭，我不想就这样把他放在那儿，所以我也不洗衣服"。其他保姆表示，只要雇主能够围绕孩子们的需求来安排，而且做这些额外的工作能得到额外的报酬，他们对做饭或打扫卫生也并不介意。

保姆们还对雇主不断监督和安排她们的活动导致自己失去自主权表示了不满（见第五章）。大多数保姆都希望孩子父母给出指导意见，对孩子的玩伴和活动提点建议。但是，在得到了每天工作的大体建议之后，保姆们希望不必不断地报告工作的进展情况。卢拉对中午查岗电话的感受代表了大多数人的意见：

"但如果我在给他换尿布，我不会把他留在换尿布台上，所以我不会接电话，如果我不接电话，她就会跑回家，因为她上班的地方离这里只有几个街区。'哦，我的天啊。你没接电话。'……我说，'我在给他换尿布。我不会让他躺在换尿布台上接电话的，他可能会掉下来，伤到自己'……在我那次解释之后，她会等五分钟再打回来。真是太难了。"对于雇主想要了解情况和远距离参与的渴望，卢拉表示认同，"我不怪她，如果我在工作，我也想了解情况"。但她也认为，如果一个母亲选择去上班，她应该接受在自己上班期间有另一个人负责看家和照顾家人的现实。

对大多数看护来说，对自主权的渴望和作为技术工得到认可的期待使得"日志要求"特别让人心烦。有 10 位我访谈过的雇主明确表示，她们希望保姆能详细记录每天与婴幼儿进行了什么活动。负责照顾两个孩子（一岁和两岁）的尚塔尔介绍了她的雇主希望她写下哪些东西："我们玩了什么，我们吃了什么，他没吃什么；他们睡过觉没有，睡了多久；他们是否生气了。……你看，当你从另一个国家来到这儿，她看起来也有点太疯狂了……（最后）我说，'你看，我没有时间'。你听听，我怎么会记得那些小细节，他们哭了没有，他们摔了没有，他们吃了没有，喝了多少口牛奶或者果汁。（笑）所以我对自己说，'如果我带自己的孩子都从来没有这样做过，我为什么要这样做呢？'"当然，他们不是她的孩子这一事实正是争论的焦点。尚塔尔希望被当作孩子们的第二个妈妈，拥有这种身份所带来的自主权和信任，但她的雇主尽管在远处，却希望监督和体验孩子们的成长细节。这两位女性的愿望都是可以理解的，但却无法彼此相容。

阿普里尔比较理解雇主的需求，她说："日志的主要作用是让她弥补自己不在家的遗憾，让她看到发生了什么。也许佐伊说了一句以前没有说过的话什么的。也要把佐伊吃的东西写下来，这样她妈妈就能随时检查她吃得够不够多，营养是否足够之类的。"作为一个拥有创意写作学士学位的大学毕业生，阿普里尔笑着说："我肯定可以写。"但是，照顾学步期儿童的生活枯燥重复，甚至对阿普里尔的创造力也形成了挑战，尽管她也尽力想把平凡生活变得令人振奋，或者用她的话来说，尽力营造出"佐伊的大日子"，但最后也感到力不从心，"'她只是擤了擤鼻子！'（笑）有时候，当你照顾学步的孩子时，她睡午觉的时候你会去看日志，然后说：'该死的，她今天做的事和她每天做的都一样，因为她是一个学步期的孩子，他们每天都做同样的事情！'（笑）有时我觉得我不得不玩点文字游戏，编造一些东西，让它听起来很有趣，因为真的没有什么新的东西"。

写日志不只是让人厌烦和耗费时间，对大多数保姆来说，这是一种非人格化的具体表现，它总是提醒保姆，在家里要充当雇主的手、眼睛和耳朵。我所访谈的看护拒绝接受这种定位，她们不认为自己是母亲的延伸。她们是第三位家长，当其他两位家长外出工作时，她们是留在家里的那位。然而，她们缺乏自主权和资源，无法把她们对工作的这种看法变成现实。海琳描述了一个典型的困境："那天我们有很多活动。我不知道午餐要准备什么。"她没有时间，也没有钱去买午餐，所以她把手头为晚餐准备的冷冻食品给了孩子们，"第二天我收到一张纸条，说不要用冷冻食品，因为那是他们周末吃的。他们的意思大体是，'那是为了方便我们，不是为了方便你'"。

知识和技能的定义之争

第三位家长的理想也意味着保姆希望被当作儿童照顾的熟练工。然而，在我的访谈中，最令人惊讶的一个发现就是母亲们在回答"关于孩子的问题你会请教谁"这个问题时，很少提到保姆。亲戚、朋友、儿科医生和育儿指南都被视为重要的请教对象，但在雇主妈妈的回答中，她们雇用的每周花 60 小时与孩子交流的人几乎从未被列入名单。[10] 保姆和换工认为自己丰富的育儿技能、知识和实践经验可以帮助父母照顾孩子。她们希望雇主能咨询她们有关管教和照顾孩子的问题，邀请她们参加家长会，或者带她们一起去见儿科医生。她们希望她们的专业知识得到承认和尊重。

这并不是不合理的期待，因为在招聘广告以及与应聘者的面试中，雇主通常会强调他们更喜欢有经验的、最好是受过儿童早期发展培训的看护。然而，一旦找到并雇用了这些熟练的工人，雇主妈妈们却很少请教她们。我访谈的许多看护都表示，她们的建议很少被采纳，她们对孩子的观察也得不到重视，这让她们感到很受挫。她们的雇主希望她们接受对自己的新定义，即她们是育儿新手，而她们的雇主是专家。正如一位保姆所说：

"有时候我觉得他们不听我的。比如孩子们出现问题的时候，我跟他们提出来，有时我觉得这话就是左耳朵进右耳朵出，因为他们根本不想听"。

谁的知识重要：管理层／工人的劳动分工的影响

雇主不愿意听取看护的意见，可能有几个原因。一是与劳动分工有关。通常情况下，在管理层／工人的劳动分工中，对某项特定工作最有实践经验的人并不是制定政策的人。有酬儿童照顾也不例外。"头和手"或者"概念和执行"之间的分离是保姆和换工工作中的真实技能难以得到认可的一个关键原因。[11]实践经验是育儿知识的重要来源，这类工作对一般性规则和抽象的理论比较抵触。发出指令的母亲往往对工作要如何完成没有概念。莎拉在谈到她第一个雇主的指令时评价道："她叫我做所有这些事情，但又不给我足够的时间。她自己这些事干得太少了，所以不知道要花多少时间"。

保姆每周要花 60 个小时照顾一个或者好几个孩子。通过每天的试错，她们发现了什么办法能对孩子们起作用，什么办法没用。和其他环境中的儿童看护一样，随着时间的推移，保姆和换工会发现，对这个孩子有用的办法对那个孩子可能不奏效，昨天有效的方法很可能明天就失效了。[12]她们的雇主几乎没有机会获得这种程度的实操知识（grounded knowledge），因此对照顾幼儿的困难总是无知得令人沮丧。举例来说，22 岁的白人大学生米里亚姆经常觉得她是家里唯一一个真正体会到家有两岁双胞胎生活的"日常性"的人。她的雇主"陪孩子一小时或一个半小时"让他们生活在一个"泡沫"中，在这个泡沫中和孩子们生活在一起总是很轻松。米里亚姆总结道："我认为父母并非真的相信这个，但我也认为他们并不希望有人向他们证明事实并非如此。"而在卢拉的案例中，由于雇主缺乏经验，人们误认为孩子生活中正常的事情是重大突发事件，还认为这是保姆照顾不周的表现。卢拉照顾的孩子感冒了："有一天，我不得不把他鼻子里的东西吸出来，他当然会尖叫，邻居打电话给正在上班的（孩子妈妈），说她能听到他的哭声。所以（孩子妈妈）跑回家来了，我说：'你知道，你这样做的时候他会哭的。他们不喜欢这样。'"对保姆来说，这项任务虽然不愉快，但很正常；对她的雇主来说（也许雇主的邻居也一样），这是一个需要立即干预的危机。

除了造成不信任和误解之外，基于"工人没有知识或专业技能"这一假设之上的劳动分工，也会导致雇主无意中做出贬损看护的行为。我所访谈的大多数保姆和换工都对自己的专业技能感到自豪，无论其技能是来自正规的培训、以前的工作还是自己当母亲的经验。她们之所以恭恭敬敬地听一长串的指令，充其量只是一种尝试。正如罗莎所解释的那样："这太烦人了，因为即使是最基本的事情，他们也认为我不知道怎么做。换句话说，你知道，我不能讨论，也不能说：'你看，我有两个女儿。我知道这怎么弄，我知道怎么当家。'"厌烦在某些情况下会变成受伤的感觉，比如当孩子妈妈想教给保姆的知识最初来自保姆的时候。"唉，她生了第二个孩子，在女儿出生后，她在家待了一年。那段时间比较艰难，因为我在带第一个孩子的时候教给她的一切，她都想在带第二个孩子的时候重新教给我。倒也没有咄咄逼人，但她会说这说那的，在我的心里，我只有一个念头，'是我教你的'。"

谁的知识重要：密集母职意识形态的影响

之所以做母亲的，特别是初为人母的女性不寻求甚至不接受看护的建议，另一个可能的原因是她们不能这样做。密集母职的逻辑假定：一个好妈妈必须是最了解自己孩子及其需求的人。事实上，密集母职意识形态使得母亲们有一种道德责任，要比看护们更了解孩子的日常生活。这种不可能满足的文化需求极大地减少了雇主妈妈向照顾孩子的女人们征求意见的机会，而这些意见本可能让育儿变得更加有效。如果别人表现出对自己的孩子了如指掌，雇主妈妈非但不会为能够利用看护的专业知识而高兴，反而会感到威胁。

在我的研究中，即使是第一次做母亲的人也往往有确定的想法。例如，阿普里尔评论道，她的雇主"偶尔会问我对某些事情的意见，但在大多数情况下，她对于如何照顾佐伊差不多已经有了自己的想法，知道她想做什么，不想做什么"。在我访谈的母亲中，30 位母亲中有 14 位在她们的第一个孩子出生前没有照顾幼儿的经验，而且从未照顾过弟弟妹妹或任何其他孩子。[13] 然而，她们对看护所能提供的丰富信息不屑一顾或视而不见，尽管这些看护中的大多数人一生都在抚养孩子。她们转而求助于育儿指南，试图借此来应对由于缺乏经验和因无法掌控照顾孩子的日常生活造成的不安全感。她们从这些书中找到了普遍的育儿"法则",从中得到了安慰。这些没有经验的雇主在专家意见的基础上制定了具体的育儿规则,然后再把这些规则强加给她们的看护。

在界定什么是合乎需要的育儿知识以及谁可以合法地拥有这种知识时,雇主无意中强化了历史上对一般意义的女性工作的轻视,并且固化了只有亲生母亲才能了解其子女的观念。影子母职的概念假定:保姆和换工不会,也不应该对她们所照顾的孩子形成像孩子"真正的"母亲一样独特、亲密的了解。看护的作用是成为一个长期的替身,而不是一个独立的行动者。大多数接受我访谈的保姆都曾被委婉地告诫过不要提供自己的意见。而那些愿意分享的人也是小心翼翼的。卡西担心她所照顾的婴儿发育得太慢,但由于她的雇主林恩是第一次当妈妈,"没有带孩子的经验",她并不把卡西当作权威,所以卡西在提供关键信息的时候很谨慎。林恩仍然不知道自己正在接受教导,也不明白卡西在代她进行干预:"我曾经和他们一起去见儿科医生,我会问医生,或者我会让林恩去问,'也许你应该问医生这个问题',诸如此类。"林恩也不了解自己保姆的知识有多丰富,因为卡西为了保护雇主对自身育儿知识的专业感,刻意隐瞒了自己的知识。

谁的知识重要:"书本父母"和"自然的"保姆

最后,雇主们可能不承认保姆和换工的专业知识,因为她们的职业没有什么地位。看护工作的市场价值低,决定了这种工作中蕴含的知识价值也不高。基于这种观念,遇到有关孩子的问题，父母会求助于育儿指南书籍而不是咨询保姆。我所访谈的雇主妈妈倾向于将看护的知识描述成"本能"，因此价值也比较低。

儿童看护们则将其知识和技能追溯到一种完全不同的来源。她们引用了"照顾的理性"（rationality of caring），其中的知识既不是来自规则和理论，也不是来自本能和天生的能力。相反，它是基于经验的知识，"既依赖看护工作的实际经验，也有赖于对特定儿童个人的了解"[14]。雇主们查阅书籍，而保姆们则利用自己的"天赋"（motherwit），从经验、常识以及与特定儿童的直接互动中获得知识。[15]看护们极为推崇这种知识的价值。

在儿童看护的游乐场文化中，指责雇主"照书养娃"是最厉害的一种侮辱。保姆和换工语带嘲讽地提到雇主对育儿手册的依赖，部分原因是她们认为，作为儿童照顾的从业者，她们为雇主提供的丰富知识被忽视了。隆奈尔强调了这一点："很多父母都会听书上的——尤其是，举例来说，第一次做父母的人，你知道，他们直接按照书上的去做。而你告诉他们，你不能直接照它来，你要看孩子的情况，站在这个角度去感受。"莎拉讲了她在为第一个雇主工作时经历的书本知识和经验知识冲突的例子。用她的话来说，那家的雇主是"顶级的书本父母"：

> 他们读的那本书说你不应该说"不"，因为它会妨碍孩子的好奇心发展。所以他们就想，好吧，我们不想这样做，所以只是永远不要对他说"不"。所以就变成了他什么事都可以去做。你不能告诉他不要做，你不能对他说"不"，所以他们要我做的

就是把他的手拿开，或者把别的东西放在他的手里什么的。但如果孩子在玩电灯插座，你必须说"不"，你把他弄走，他必须知道这个。所以我最后就——当他们不在的时候，我会对他说"不"，否则孩子就是学不会。所以有一次他对（父母）说了"不"这个字。他们说："他在哪里学的'不'字？我们可不想教他说'不'这个字。"

最后，莎拉向雇主解释了为什么禁止说"不"并不是个好主意，雇主也听从和接受了她在这个问题上的建议。

艾达就没那么成功。38岁的艾达是一名来自特立尼达岛的保姆，有十多年照顾孩子的经验，自己也是一个母亲，但她在帮助雇主解决两岁儿子经常咳嗽的问题时却受到了挫折。艾达认为，孩子父母习惯在孩子夜里醒来时直接从冰箱里拿冷牛奶给他喝，这刺激了黏液的产生，这种黏液"直接进入你的胸部，让你感冒"。她提出了自己的理论，但孩子父母没有理会。艾达解释说，孩子妈妈"读了很多关于育儿的书"，但即使是孩子父母询问她的意见，他们"也不听我的。他们只是（做）他们自己的，或者她在书里看到别的东西，尝试一些东西"。艾达的抱怨代表了大多数保姆的心声。她说："如果你没上过学，你就不懂，尽管他们让你待在他们家里，但突然之间你什么都不懂了。他们问我受过什么培训？我告诉他们，我是一个母亲，到目前为止，我的孩子都很好。"和大多数保姆一样，艾达也认为，对于任何一个和孩子相处的人来说，急救培训和心肺复苏术是必要的，但除此之外，"你必须了解孩子"。

　　一般来说，看护会认为书本知识不太可靠，因为它跟实践经验和常识有点距离。此外，书本上的知识无法照顾到每个孩子独特的特点和需求。安妮赞同我访谈的大多数保姆的观点，她说："如果有人非要去看《了解如何培养孩子》，我认为他们就不应该有（孩子）——我认为这些东西应该自然地发生。我不知道有哪本书能让你为孩子的到来做好准备。因为所有写成的书和所有有孩子的人都没有面对过这个即将来到世界的孩子。你和这个孩子即将一起经历的事是第一次出现。"隆奈尔也表示同意："这些父母有很多人都看了这种书，怎么做这个，怎么做那个。很多写这些书的人甚至没有孩子！所以，我的意思是，饶了我吧！你需要的是经验而不是知识。你必须体验，而不只是靠书本上的智慧，你要知道，得亲身体验……你必须了解孩子的情况。每个人都是独立的个体。"

　　看护和雇主妈妈对什么知识更"重要"的争论强化了西方文化中根深蒂固的男女二元对立。这种二元论将母性视为一种"自然的"女性特质，认为它有生物学基础，包含着"强烈的情感依恋和利他主义动机"[16]。雇主们将看护与自然和天生的倾向相联系，从而把看护定义为雇主-雇工关系中的"女性"角色。举例来说，当我问琼是否觉得她从保姆梅兰妮那里学到了育儿知识时，她答道："也许有一点。我认为从某些方面来说，我更多的是研究、收集数据的那种人。我什么都读。我怀孕的时候肯定读了五本关于怀孕的书。我不能控制某些东西的时候，我至少要了解它（笑）……而梅兰妮则更多的是本能。我觉得她会成为一个伟大的妈妈。她想做妈妈，她很有直觉。她是天生就会。虽然她受过这方面的训练，但对她来说，我认为，这完全是自然的。"琼肯定了梅兰妮在育儿方面的训练和她的技巧，但她还是把梅兰妮现在和将来的成功归功于她照顾他人的本能和天性。

梅兰妮承认琼喜欢"收集数据"。但在她看来，琼用书本知识代替了经验知识："她确实每个月都会看有关儿童发育的书。比如，夏洛特十个月了，然后她会去看 11 个月时会发生什么事，看看要期待些什么。所以她看很多书，还会告诉我，'哦，我读了一些有趣的东西。你应该读一读'。"其实梅兰妮也会看书，但只有在遇到她经验之外的问题时才会这样："比如当夏洛特开始添加辅食了，我就会读这一节；或者她生病的时候，我就看那一节。"

在雇主妈妈眼里，她们的看护是喜欢照顾孩子的"那种人"，她们同时将这些工人定义为没有技能，但天生就会抚养人且拥有相关知识的人，不过因为这些知识都是本能，所以仍然等于无知。作为非技术性的影子母亲，保姆们被要求只能听从雇主的指示。这种对工作的解释与看护所追求的第三位家长的理想实在相去甚远。为了让自己的工作得到认可和尊重，我访谈的保姆和换工陷入了两难的境地。如果她们把自己定义为"像老师一样"，就否定了她们所重视的照顾者的精心育人和利他主义的自我形象。如果她们把自己定义为"像母亲一样"，就否定了她们在工作中真正的技能。[17] 更糟糕的是，这两个定义似乎都没有得到雇主的重视：大多数保姆和换工都认为雇主贬低了她们在这两个方面的贡献。如果她们接受过儿童早教培训，雇主会认为还远远不够；如果她们有当妈妈的经验，这些经验也会被本质化，得不到重视；如果她们跟自己照顾的孩子建立了很好的感情并对孩子有一定的了解，则会被视为一种威胁。当雇主妈妈听从畅销书作者和保健专家的建议时，实际上导致了保姆的育儿知识失去了价值。

依 恋

　　正如第四、五、六章所讨论的，雇主们普遍不赞成看护和孩子的关系过于紧密。然而，我访谈的许多保姆都坦率地告诉我她们对孩子们的感情很深。比如，梅兰妮在描述她与夏洛特的关系时说道："基本上我就像她的妈妈一样，我会把她能从妈妈那里得到的一切都给她。"隆奈尔也有类似的说法："我爱孩子，所以我照顾的任何人都像我自己的孩子一样，我把他们当成自己的孩子来对待——虽然我没有任何孩子，但是我对他们就像对我自己的孩子一样。"米里亚姆说自己在照顾那对双胞胎时感觉"满心欢喜"。米里亚姆表示自己渴望成为第三位家长，许多我访谈过的保姆都有类似的说法。米里亚姆大声问道："母子之间的这种生物学联系究竟有什么特别的地方？"

　　保姆们向往的第三位家长的身份可以让她们不必隐藏或打消对雇主孩子的爱。但是，保姆们也小心翼翼地强调，她们并不是要取代亲生父母。第三位家长的理想是让孩子得到额外的爱。它的目的不是用一个成年人的爱来代替另一个成年人的爱。

英国换工玛格丽特悲伤地说，她在做第二份工作时被解雇了，因为她的雇主对她和孩子们之间的依恋程度感到不舒服。玛格丽特说，她从来没有打算取代孩子心目中母亲的位置，而只想处在她认为自己应有的位置上："你不是来代替妈妈的。这从来都不是我的本意。我想（上一个雇主的）部分问题在于，她认为我试图这样做。但你只想努力成为——你努力成为一个大姐姐。别的人，其他人，另一个他们可以交流和相处的成年人。"

大多数保姆都自豪地表示，比起全职妈妈，她们给了孩子更多的时间、关注和刺激。42 岁的席琳来自特立尼达，她总结了大多数保姆是如何在与全职妈妈的对比中评价自身工作的。"她们在哪里度过高质量陪伴时光？在沃尔玛。而当我和孩子们在一起的时候，我去的每个地方，做的每一件事都是为了他们，为了他们开心。"和她们的雇主一样，这些看护也相信密集母职的价值。她们努力工作，确保孩子们每时每刻都能得到高质量的陪伴。遗憾的是，许多自己也有孩子的保姆表示，她们为雇主的孩子做的事比为自己的孩子做的事更多。

对我访谈过的保姆来说，跟孩子们建立和保持健康关系的经验，以及雇主对这些关系的重要性的认可，都是满足感的重要来源。孩子们的感情往往是儿童照顾雇佣关系中的主要货币。一个看护待遇再好、工资再高，但如果雇主不承认她和她照顾的孩子之间情感联系的重要性，她就会觉得自己的工作被贬低了。同时，由于大多数雇主妈妈都遵循密集母职原则，她们无法相信孩子可以与另一个女人形成很强的联系，且这种联系不会威胁到她们作为好妈妈的地位。零和依恋概念的逻辑缺陷使雇主和看护都被当成了失败者。每一方都认为只有贬低对方的贡献，自己对养育孩子的贡献才能得到重视。

小 结

看护们希望被视为拥有基本权利的成年工人，被当成养育孩子的重要参与者，她们还希望被视为技术工人，获得她们认为与其工作所需的责任程度相当的自主权。第三位家长理想中的这三个组成部分对大多数看护来说都同样重要。然而，大多数人并没有得到这种认可，也没有得到相应的自主权。许多人被锁定在一个时间表和一套由雇主预先设定的规则中。正如卢佩所指出的那样，"孩子母亲可以改变主意，而我不能"。看护几乎没有随机应变的空间，也几乎无法考虑自己的感受或自己照顾的孩子的情绪和愿望。阿普里尔抱怨道："有些时候，那个愚蠢的时间表搞得我紧张极了。"

与之相反，莎拉这样描述她在自己最喜欢的工作中所体验到的自主和自由："在丹和凯伦家，当我到那里的时候，他们以我的名义开了一个家庭账户。他们只是把钱存进去，无论什么时候，只要我们需要什么东西，只要宝宝需要换大一号的衣服，需要新的内衣，我就会出去给他买……我的意思是一切都是我来做，我喜欢这样……当你想做的时候，你可以自由地做你想做的事，这样更好。"莎拉每周工作六七十个小时，所有的家务、跑腿、做饭等一系列"母亲"的职责都归她。尽管这样一来，上班下班时间没了明确的区分，也有了些额外的工作，但她把这看成是她作为家里的"第三位家长"所获得的自主权和认可的公平交换。

从本质上来说，影子母亲的规定适得其反，因为它妨碍了相互学习和信息共享，而且还建立在零和依恋的假设之上。不过，第三位家长的理想也有适得其反的一面。正如下一章所解释的那样，许多看护所采用的反抗策略包括在雇主家中承担更多而非更少的工作和责任。为了寻求认可，许多人会全心全意地承担起影子母亲的角色来。在这样的情况下，追求第三位家长的理想催生了另一种假象：那些选择相信自己无处不在的雇主，会试图将她们的看护变成影子母亲；而那些选择相信自己的工作得到认可和重视的员工，则表现得好像自己确实是她们照顾的孩子的母亲一样。正如一些保姆所发现的那样，这种假象可能会在情感上和经济上带来损失。

8

保姆的反抗策略

序曲：游乐场的牢骚大会

十月里一个温暖的日子，我和三位保姆坐在大游乐场的长椅上。这三位保姆分别是来自牙买加的有证移民安妮、曾经做过换工的英国混血姑娘佩内洛普和波士顿居民隆奈尔，她的家人早年间是从巴巴多斯移民过来的。本研究中的许多保姆都是我在公园里"闲逛"时认识的，我听她们发牢骚，招募她们加入我的研究。[1]这是我第三次和这群人一起度过整个下午。我们坐在一起分享零食，轮流照顾她们负责照顾的五个孩子，我问我是否可以把我们的对话录下来。她们同意了。隆奈尔第一个发言："我面试过一些工作好像要你每周工作五六十个小时，然后给你八块钱的工资，而且还是税前的。你什么都得不到，这么长的工作时间，你会累死的。然后他们还要你打扫卫生——而且他们不想付你（额外的）钱。"

安妮插话说："我听过最糟糕的故事，我们在这里碰到过一个女孩，她来自非洲。她是个住家保姆。既然是住家保姆，你应该有一些空闲的休息时间，但她白天晚上一刻不停地工作，而那位女士每小时只付给她五美元！五个孩子，再加上做清洁。而且，他们好像还很高调。"安妮解释说，她所说的这种无证移民面临着最严重的不公正待遇，因为她们的雇主经常阻止她们发展那种可以帮助她们的社会网络。"她来到公园，我们都坐在周围，那位女士（她的老板）看到了她。后来那位女士就不再允许她来公园了。也不让她和我们说话，因为，你知道，……
我们会告诉她'这不对'。"安妮还说，中介机构"应该对孩子
父母也进行和保姆一样的背景调查，因为你可能会遇到一些疯
子"。其他人纷纷附和"嗯，可不是嘛"。她们都同意在现实中
碰到疯狂的雇主是非常有可能的。

当我问到这群人她们自己的工作情况时，大家的回答不尽
相同。安妮说，她的雇主付给她很高的薪水："他们真的是竭尽
全力地让我开心。有时候我想，你知道，他们太爱孩子了，以
至于要把我的生活也变成天堂，你懂吗？"但佩内洛普打断了她
的话，提醒她别忘了工作"起头"的时候，安妮承认"孩子们
小一点的时候非常难缠"，而且她的雇主在她接受这份工作之前
并没有提醒她宝宝们"只会一直哭闹"。

隆奈尔也插进来给出了她的解释："他们不按时间表来。
（他们的妈妈）没有给他们安排时间表。"这句话引发了一场关
于有钱父母缺点的讨论——他们不愿意管教孩子，不设定界限，
以及保姆通常要如何弥补这些不足。隆奈尔描述了一个典型的
场景——她的雇主与三岁女儿之间的较量。"我和克洛伊达成了
共识。我是头儿，她听我的，她才三岁。所以（孩子妈妈）会
打电话问我：'你是怎么让她躺下睡午觉的？'"隆奈尔笑着补
充道："但我的意思是，她会打电话给我问我有什么建议，我很
感激。"谈话中断了几分钟，因为安妮照顾的三岁双胞胎中有一
个在沙盒附近玩耍时摔倒了，安妮正在处理。擦干了眼泪的小
姑娘高兴地依偎在安妮的大腿上，于是隆奈尔接着继续说。

"这就像带自己的孩子一样，"她说，"我的意思是，你可以

去任何你想去的地方。你在外面呼吸新鲜空气。基本上你想做的事都可以做。"

"嘿，"佩内洛普反驳道，"但你还是得请示他们呀。明天我可能会带他去水族馆，也可能去这个或那个地方。但如果他是我的孩子，我可能会带他走得更远，做一些我需要做的事情，你明白我的意思吗？"

安妮表示同意："事实上，我和这些宝贝儿们一起做的（以儿童为中心的活动）比和我自己的宝贝儿做的还要多。这可是千真万确的事实。"

"嗯，嗯。说得没错。"佩内洛普附和道。她强调带自己的孩子、自己安排时间，跟照顾别人的孩子、执行别人的时间表之间是有区别的。

然后，佩内洛普对隆奈尔说："但你的情况不同。他们是来向你寻求建议的。我要说的是，这是我的工作，隆奈尔，如果他们告诉我该怎么对待他，不管是给他喝果汁、牛奶还是水，他都不是我的孩子。我只会这样照做而已。"此时隆奈尔正把克洛伊抱在腿上，小姑娘吃着零食袋里的葡萄。

"嗯。我做的事是为克洛伊好。"隆奈尔不以为然。

"是啊，我们都知道那家里谁是当家的。"安妮笑着说，暗指隆奈尔雇主的家是她在管。

佩内洛普坚持己见："说到底，这是我的工作。他不是我的孩子。如果他们要叫我做这件事，我就不会做另一件事，你明白吗？"

我稍稍转换了一下话题，问她们："你们觉得对孩子们有感

情吗?"不出所料,隆奈尔又第一个做出了回答。克洛伊还坐在
她的腿上,她若有所思地说:"她马上就要四岁了,我从她 18
个月大就和她在一起了。孩子们学你可容易了……你知道,当
我开玩笑的时候,我会说:'对,克洛伊,走开。'有一天,她
对她妈妈说:'对,妈妈,走开!'"

安妮将她对自己照顾的孩子的爱和她对自己孩子的感情区
别开来。谈到后者,她发誓说:"即使死亡也不能把我和他们分
开。我认为(我的雇主)也因为我对孩子的态度而尊重我。"

佩内洛普说:"哎,如果你喜欢孩子,你又每天都和他们在
一起,怎么可能不爱上他们? 而且你知道,她们真的不能,真
的不应该……"她说着,陷入了沉默。

"什么?"安妮催她说,"吃你的醋? 如果孩子更喜欢来找你
了,这显然说明你做得不错。她们应该很高兴,但你看,有些
女人,我觉得不会考虑这些。"

※　※　※

正如第七章所讨论的那样,参加这项研究的看护希望得到
雇主的两种认可:承认她们作为有技能的儿童照顾工作者,具有
专业知识;承认她们通过与自己照顾的孩子建立深厚感情而作
出的重要贡献。然而,她们的雇主往往忽视她们的建议,对她
们的专业知识不屑一顾,而且对她们跟孩子建立的深厚感情感
到受威胁而不是高兴。因此,本章所描写的儿童看护是在一种
我所说的"认可不足"(recognition deficit)的情况下开展工作
的,也就是说,她们在其工作中最看重的方面很少或根本没有

得到认可或肯定。[2]这使得我访谈过的保姆中的很多人都进行了各种形式的反抗。有些反抗是公开的，比如离职或与雇主正面冲突。然而，与其他类型的家庭雇工或儿童照顾工作者相比，保姆较少采取这些行动，因为她们更依赖推荐人，而且她们对自己照顾的孩子也很有感情。

大多数情况下，保姆们采用隐蔽的形式进行反抗，例如悄悄打破她们认为不合理的规则。许多保姆会陷入一厢情愿的想法之中，比如想象自己对孩子们的影响是持久的，不管自己带孩子的时间多么短。也许最有害的是，当保姆无法实现成为第三位家长的心愿时，她们往往会争强好胜（overachieving），以此作为补偿：她们会把自己全身心地投入到密集母职理想中去；她们会与雇主暗中进行"能力竞赛"，目标就是"超过孩子母亲"。她们决心证明，至少对她们自己来说，她们可以比雇主更关心孩子，更多地陪在孩子身边，在某些情况下，她们甚至可以为孩子作出更多的牺牲。

保姆和换工的职业伦理与雇主的需求存在不可调和的冲突。儿童看护工作市场的行情和其他结构性因素造成了这种冲突（见第三章），雇主妈妈们努力满足的相互竞争的文化需求也难辞其咎。为了同时在男性模式的职场角色和密集母职的角色上取得成功，妈妈们不得不同时应付两个领域不同的，有时甚至是互不相容的期望（见第二章）。保姆们的工作和家庭生活在意识形态上更接近一致：她们在两个世界中都接受了密集母职的大部分内容。因此，保姆们常常会根据自己在财力足够的情况下可能如何做妈妈的设想，来弥补她们眼中没有能力履行母职的雇主的不足。而认为雇主没有达到"理想母职"的标准只会增加看护们的挫败感，令她们感到对雇主孩子的奉献不被重视、不被认可，或者被误以为是一种威胁。

保姆们感到自己对家庭生活作出了特殊的贡献却没有得到认可，她们得不到工作中的自主权，不被当作有尊严的技术工来对待，对于孩子的独特价值也得不到承认。获得认可的满足感被剥夺，让保姆们发展出一系列反抗形式来应对她们的愤怒、挫折和悲伤。对于否定人格，她们以辞职进行反抗；她们还制定了自己的规则来应对自主权的缺失；为回应对其能力的否定，她们开展了能力竞赛；当她们被要求不要流露对孩子的感情时，她们的回应是尽力在孩子的生活中留下持久的情感印记。

公开反抗的困难：在合同到期之前辞职

对保姆和家庭雇工的其他研究发现，当这些工人不满意时，她们往往会直接辞职。她们可能在跟雇主"闹翻"后突然走人，或者不那么戏剧化的方式就是请一天病假，之后再也不回来上班了。不过，这些研究包括了各种就业状况的女性——有些是为全职妈妈工作；有些是管家，负责在学龄儿童下午回家时"顺便"照顾孩子。而我访谈的保姆和换工都是在父母不在家的时候全职照顾婴儿和学龄前儿童。作为受托全天照顾易受伤害的幼儿的人，如果将来想找到工作，通常必须有完美的推荐信。

与女仆、管家和母亲的帮手不同，这些看护往往还得跟孩子建立感情才能继续当前的工作，否则她们可能就会离职。[3]

当然，有时恶劣的工作条件会迫使看护们不再考虑感情和法律上的联系。在我访谈的女性中，当辞职成为唯一选择时，在美国出生的保姆和持证移民最容易找到新工作。如果她们有不错的推荐信、良好的英语能力和工作许可证，另一份工作通常指日可待。而换工则面临着较大的困难，因为她们与中介公司签有一年的合同，而她们的工作对象仅限于已经在她们的中介公司注册的家庭，而且大多数家庭都不愿意雇用"有污点"的换工或者是一个签证剩余时间不到一年的换工。[4]无证移民的选择是最有限的，因为她们只能依赖口碑，而且许多雇主不愿意让她们只负责做照顾孩子的工作。那些阻止无证保姆前往受欢迎的公园和游乐场的糟糕雇主恶名远播，他们这样做是因为担心这些保姆会从当地的保姆网络了解到新的工作机会。[5]一些无证保姆提到，雇主威胁要向美国移民暨归化局（the U.S. Immigration and Naturalization Service）举报她们，而一旦被举报，她们可能会被驱逐出境。面对少得可怜的选择和可怕的威胁，她们往往只能干那些苦差事。

然而，大多数不开心的看护由于担心推荐信和抛弃孩子的负罪感，还是继续做着这份痛苦的工作。正如阿普里尔所说，为了确保获得良好的推荐信，辞职时要想一个既合理又不失礼貌的解释，这个任务很艰巨："在我之前的那个保姆说她的男朋友一直在跟踪她。我不知道。在我工作的过程中我多次猜测这可能是编出来的，只是一个体面离职的办法而已。我怀疑自己是否有能力编出这样一个故事（笑）。'被跟踪'已经不能用了，我想不得不用'得了重病'这个理由了（笑）。"尽管阿普里尔在这里冷嘲热讽，但她和其他保姆一样，时刻意识到自己未来的工作离不开从前雇主的善意。大多数人即使在离职时也会尽力保持客气。

隐秘的反抗

并非所有接受我访谈的保姆都不喜欢她们的雇主或雇主的丈夫。事实上，在 50 名保姆中，有 28 名说她们喜欢某些雇主，或者至少开始喜欢她们了。但是，当关系恶化，或者一开始就不愉快的时候，家政服务关系中固有的权力机制使得保姆很难直接面对雇主。大多数不满的保姆和换工并没有辞职。[6] 贬损、嘲讽、八卦和"幕后"的讽刺画是常见的反抗策略，没有什么权力的人靠这些策略来维持自尊感。[7] 公园里的牢骚大会表明，保姆和换工时常采用这些手段。

用聊天来应对

当地的公园、游乐场和碰头会提供了一个发牢骚的即兴论坛，看护们会在这儿把雇主的育儿方式、家务习惯和个人缺点比较一番。换工中介机构也会组织许多更正式的会议，这些见面会具有同样的功能——由当地的协调员主持，换工们可以聚在一起分享故事，互相提供支持。不管看护们的这些聚会是安排好的还是自发的，除了发牢骚之外，它还可以起到一个作用——有助于保姆们继续工作下去。朱莉解释说："我们聚在一起抱怨老板和孩子，你这样做了之后会感觉好多了。我们每周有一次（换工见面会），然后我们可以继续一周的工作。"

这些见面会发挥了两个作用：一是认可看护工作的辛劳；二是让她们放心，不管她们的工作有多困难，都会有其他人更辛苦。每次聚会都有机会来讲述或倾听真正的"噩梦"老板的故事。在这些讨论中所讲述的恐怖故事几乎从不涉及在场的保姆。这里讲的故事通常都是保姆们听来的，有时她们也见过当事的保姆。牢骚大会结束后保姆们总是会觉得，与其他人相比，无论她们的雇主多么不讲理，她们都是幸运的，因此最好是留在目前的工作岗位上。不过，她们还是找到了隐秘的报复方式，这让糟糕的工作变得可以忍受了。

用花招来应对

有些保姆会耍点花招，以此作为一种隐秘的报复。例如，来自萨尔瓦多的 21 岁移民皮拉尔抱怨说，她的雇主想要阻止她吃她为孩子们准备和提供的食物。皮拉尔记得，她每天到雇主家时都会发现前一天和孩子们一起吃的午餐被藏了起来，她对此感到很失望："你一天 10—11 个小时都和孩子们待在一起，但如果你今天吃了点东西，他们明天就会把它藏起来。"有一天，有个她照顾的孩子约了一个玩伴，皮拉尔想给孩子们带点零食，但她找不到合适的东西。当她问零食在哪里时，她照顾的那个男孩回答说："我妈妈把零食藏起来了，不让你吃。"于是她告诉孩子们当天没有零食吃了。然后她决定每天每样东西都吃一点，因为她盘算着要是孩子妈妈继续把自己吃过的东西藏起来，家里就没东西可吃了。

用规则的破旧立新来应对

如果保姆和换工认为雇主的指令很武断、不必要或不公平，往往会采取暗中破坏规则或自己制定规则的方式来进行报复。然而，即使是最谨慎的规则破坏者也有可能被抓住，因此，准备一个合乎情理的借口是很重要的。克莉丝汀为了规避雇主不让孩子睡觉的禁令，就开车带着考特尼到处跑，让考特尼在车里睡。克莉丝汀认为，坐在车里打瞌睡并不能算是正式的午睡。斯堪的纳维亚换工克里斯蒂娜的雇主禁止她开车和社交，于是她带着孩子走去镇上或者朋友家，最终也打破了雇主强加给她的规矩。她有些愧疚地承认："我认识了附近的另一个换工，所以我就去看看她。"当我问她的雇主是否知道这件事时，克里斯蒂娜说不知道。她说，这几次上门访友让她感觉特别不好，因为另一个换工照顾的孩子比她带的孩子大一岁，使得"为了孩子好"的社交活动成了一个危险而无力的借口。尽管如此，克里斯蒂娜还是继续秘密访友，"有一个和我同龄的成年人可以说话了"，这让她终于松了一口气。

当保姆们选择无视雇主的规定时，她们必须进行复杂的算计，把她们认为不公平或不现实的禁令，跟破坏禁令被发现的恐惧以及自己对怎么才算好好带孩子的认识，进行一番权衡。瓦莱丽在解释她如何处理"三点半后不吃零食"这个规矩时讲到了这种混合情况。虽然她希望不要影响孩子们吃晚饭的胃口，但她有时也会打破这个规定，因为她永远无法确定孩子父母什么时候回家吃晚饭。在这个时候，"孩子们都饿坏了……孩子们会说，'瓦莱丽，我饿了，我饿了'。如果我告诉他们'马上就吃晚饭'，之后五分钟他们又回来找我，我就知道他们是真的饿了。我会给他们点东西，但我只是让他们喝杯水什么的来填填肚子，因为我知道，要是他们的妈妈发现他们吃了半块饼干，她可能会抓狂"。

有时候保姆即使知道父母可能不同意，也会亲自管教她们照顾的孩子。科琳娜原本打算让孩子父母来解决三岁的柯尔斯顿的礼貌问题，但她对此越来越厌倦，于是开始自己行动：

我们一边走路回家一边聊天，我碰巧说到有东西闻起来很臭。然后柯尔斯顿说："是你。"我说："你说什么？"她说："我不是故意的。"我说："柯尔斯顿，你说这个不对。我不会接受的。回你房间吧。我不会和你说话的。我们回家吧。"所以在回家的路上，她越来越累，抱怨说："这是个玩笑。"我说："我不接受这种玩笑。你不要侮辱任何人。"她边走边抱怨。我说："想抱怨就抱怨吧。大家都会明白的。"她不喜欢尴尬，所以最后她屈服了，说："对不起。"然后我把她抱回家，她就睡着了。我没有告诉她的父母。因为我想："嘿，她在我这儿吸取了教训。她再也不会这样做了。"

在对柯尔斯顿进行管教时，科琳娜对她所能接受的行为类型设定了限制，同时又对她所认为的孩子父母的不良教养方式进行了纠正。科琳娜指出，长远来看，后者可能会产生严重的后果："如果她不学会如何与人相处，她永远都没有朋友。"

虽然有些人可能会把科琳娜所描述的冲突解释成对保姆的种族主义贬损，但科琳娜并不这样认为。在我访谈的看护中，像科琳娜这样的有色人种妇女在工作中遇到不良待遇的可能性并不比白人妇女更大。一般来说，孩子们对看护的行为与孩子的年龄以及父母所传递的关于可接受和不可接受行为的微妙信号有关。而与其他保姆相比，无证移民不太可能冒险制定自己的规则，因为她们的就业选择很少。但科琳娜有工作许可证。在她所描述的事件发生后不久她就辞职了，尽管柯尔斯顿的父母拒绝给她写积极的推荐信，她还是找到了一份更好的工作。柯尔斯顿的下一个保姆将成为三年内的第八个看护。

自己决定哪些规矩要遵守、哪些不用遵守，这是保姆和换工试图在工作中确立个人尊严和自主权的一种方式。然而，并非所有规矩的重要性都相同。有些规矩是不能不遵守的。跟我聊过的所有保姆都很清楚这些区别。例如，有几位保姆提到，她们从小就认为打屁股是一种可以接受的惩罚方式，她们表示，如果她们认为情况需要，她们可能会打自己孩子的屁股。同时，这些保姆也坚持认为，在管教自己照顾的孩子时，她们绝不会使用未经孩子父母明确同意的方法。她们承认雇主有权利制定一些关于照顾孩子的原则，无论她们个人是否相信这些原则，她们都会遵守。比如说，如果孩子父母相信"暂停"，那么保姆就会采用这种惩戒方法。根据我在雇主家里和公园里对保姆的长期观察，我从来没有看到过任何人对孩子进行体罚。

　　让看护们左右为难的是，她们一方面尝试通过制定自己的规则来求得尊严，另一方面也渴望得到归属感，希望能够被当作这个家里角色特殊的一员，并且拥有与这个角色相符的具体权利和责任。她们希望能像全职妈妈一样根据孩子们不同的、自发的需求来行动，而不是遵守雇主强加给她们的严格的时间表。一般来说，保姆和换工都会说她们打破规则、采用新规则或者偏离既定时间表的想法都是为了孩子好，而不是为了自己。然而，对于保姆和雇主来说，要面临的考验很多。大多数父母都不愿意放弃制定具体规则或日程表的权力，因为这样做意味着对照顾自己的孩子失去控制（参见第四至六章）。保姆不可能一直遵守规则或遵循日程表，因为这样会使她们感觉受制于人，有损于她们作为成年工人的尊严，或者有悖于她们对于什么才是适于儿童的照顾的观念。

能力竞赛

　　看护（以及其他家庭雇工）保持自身价值感的主要方式是发展一种微妙的"他者意识"，以缓解在雇主家庭中处于从属地位的具体和一般性压力。[8] 她们以自己对雇主生活的深入了解，特别是对雇主育儿技巧的了解为框架来重新解释自己的工作，定义自我价值。对于保姆和换工来说，他者意识通常关系到育儿技巧的高下之争——究竟是看护还是雇主妈妈的育儿技巧更高超？有时候这些能力竞赛在暗中进行，只有看护自己在计算分数；更多的情况下这是游乐场和公园里热议的话题。

保姆和换工通过跟雇主的对比来表现自身工作的价值和尊严。海琳抱怨说，她的雇主从来不会打电话提醒说自己可能会迟些时候回家，也从来不给她加班费。在海琳看来，这不仅造成了不便，不仅是对成年人自主权的剥夺，更多的是经济上的剥削。这违反了好妈妈的基本准则。她的雇主总是很晚才回家，甚至"孩子们都睡了"。海琳为这种行为感到很忧虑。她的结论是这位母亲"可能有外遇，我不想这么说，但她怎么可能干那么多活"。对我访谈过的大多数母亲雇主来说，工作日加班到晚上十点既不令人惊讶，也没什么可疑的。然而她们的保姆却认为，对工作投入到这种程度显然是缺乏母爱的证据。

大多数保姆认为，她们的雇主即使不是全部，也有一些能力不行。莎拉的抱怨很典型，她抱怨说，她的雇主晚上和周末没有按照商定好的育儿策略来照顾孩子，让她在工作日白天下的功夫都白费了。"我花了那么多时间和他们在一起，"她说，"但无论我花多少时间和他们在一起，每天晚上都会被破坏，你知道吗？又变成老样子了。"她讲起了自己在对马修进行如厕训练时遇到的困难："他们希望我来训练，但他们根本不帮我。我整个星期都在训练他，到了星期一，发现整个周末他根本没有用过便盆，他根本没有穿训练裤，整个周末他都穿着尿布，因为他们不想花时间帮他。所以我必须又从头开始。"与雇主不同的是，莎拉愿意而且事实上也确实多次"花时间帮助"孩子。她说这番话的时候，她给了这家人没有给予自己的认可。此外，通过比较和他者意识，她能够把自己的工作定义为技术工种，并把自己视为照顾雇主孩子的专家。

阶层差异也在一定程度上影响着看护对雇主的看法，我访谈的保姆们也意识到了这一点。她们把所有雇用家庭看护的人都归为某种"类型"，以此来化解自己对意见被忽视或被贬低的不满。例如，隆奈尔说她从来没有和雇主发生过冲突，但总的来说，她对雇用保姆的父母所属的那个阶层并不尊重："所有这些专业人士，他们想有孩子，叫我来说，这只是为了……这叫什么来着，就好像是一个画上的家庭，生两三个孩子，你知道，两辆轿车、两条鱼或三条狗什么的，然后雇人来家里照顾孩子。"根植于阶层差异的能力竞赛常常以阶层自豪感的形式出现。保姆和换工坚持认为，她们的家庭或社会经济背景的人都不需要雇人帮忙。安妮回忆她在牙买加的家庭生活时说："我母亲有六个孩子，她做得非常好。她一个人把我们养大，我爸爸在这里赚钱。"隆奈尔提到，虽然她家里有 15 个孩子，"你知道，我的阿姨他们从不雇用任何人。但这些人就养一两个孩子就不得了了，所以他们要找个保姆，指望保姆把什么都做了"。

能力竞赛最常见的一种形式是：看护们指出孩子在她们面前的表现比在父母面前好。一般来说，她们不会像育儿专家那样经常对孩子行为上的变化作一番解释：说当父母回家时，孩子们会用调皮捣蛋来表达对父母不在身边的不满。保姆们也不接受另一种传统的解释，即孩子们和父母在一起时更放松，因此会更自由地表达他们的感受。她们就是认为自己在养育孩子方面更有技巧。比方说，罗莎自豪地讲起她可以让她照顾的三岁孩子吃饱饭，而孩子妈妈却做不到："我什么都给他吃。就是说他晚餐吃鸡肉、米饭和沙拉没有问题。他什么都吃了。当他爸爸妈妈一过来……'不，我不想吃'，如果有鸡，他就想吃肉，如果有肉，他就想吃鸡。换句话说，他就是要跟桌子上的菜反着来，因为他妈妈想让他高兴，她会试着做六种不同的东西。（大吃一惊的语气）她会把这六种东西都给他看。"

像许多其他保姆一样，罗莎认为她的雇主对孩子太宽松了。而且，像莎拉一样，她发现雇主糟糕的育儿技巧破坏了她白天带孩子时打下的良好基础："这让我只能在原地打转，影响我之前想做的事……我会告诉她，'这是不对的，玛戈'。起初我什么也没说，直到后来，时间久了，我会告诉她这不好，他这样做只是为了引起她的注意。"虽然这位雇主从未听从她的建议，但罗莎告诉我的时候显然很满意，至少"她不再（告诉我该怎么做）了。（笑）当她意识到也许儿子在我面前比她带的时候吃得更好，表达得更好，或者就是说他跟我在一起更好，不会不高兴，也不会发脾气，她就不再监督我了"。她的雇主之所以转变态度，实际上是承认罗莎在抚养孩子方面能力过人。

大多数保姆认为，她们比雇主更能做到言行一致。正如科琳娜所说，"我说到做到"。宽松的父母和严格如一的保姆之间的这种区别可能来源于育儿分工，因为育儿的"苦活"被分配给了后者，而"开心一刻"被分配给了前者（见第六章）。梅兰妮对担任管教孩子的角色的态度不同寻常，她指出，父母与孩子在一起的时间有限，这让他们感到"内疚"，因此不愿意"发火或者动真格的"。他们不希望自己与孩子相处的宝贵时间被用来和孩子吵架。"我觉得对我来说容易一点……如果事情就是这样，我也不介意。我认为，对他们来说，他们会因为工作而感到内疚，因为不在孩子身边而感到内疚，所以我认为他们并不想管教她。另外，我想他们就只是人太好了。我觉得他们不懂怎么管教孩子和动真格的——你知道，就是发火，来真的。对我来说可能容易一些，因为我做过老师，做过保姆"，梅兰妮表示，熟能生巧。作为家庭成员中主要的（有时也是唯一的）规则执行者，保姆们很快就获得了作为管教者的专业知识。在育儿能力竞赛中，她们把自己有效管教孩子的能力作为一种技能的标志来宣传，而且她们经常指责雇主在管教孩子和设置限制上很虚伪。"他们（孩子父母）希望你来做这件事，"隆奈尔说，"当你必须设定限制时——你知道，整天看电视？不，我不这么认为！——然后他们说，'不，不要让孩子们不高兴'，还有这样那样的规矩。但孩子们需要限制。你让他们做任何他们想做的事，他们会觉得你不在乎。他们需要限制，就这样。无论怎样，他们都需要（始终如一）的限制。"虽然大多数保姆都不喜欢扮演坏人，但她们很享受有效地设定限制所带来的权威感和专业性。通过在工作日里担任父母的角色，她们获得了高超的技能，而且她们满意地知道，至少在管教孩子上她们不是伪君子。[9]

当保姆和换工不赞同孩子父母对待孩子行为问题的宽松态度时，她们会选择在父母管教孩子的时段和自己值班的时段之间进行能力竞争，以避免与孩子父母发生直接冲突。就像她们的雇主一样，看护们把照顾孩子的时间分成了几段，如果在日常的育儿问题上没有双向的沟通和共识，她们就会下定决心至少要保证自己值班的时段能一切顺利。皮拉尔在解释这一策略时有些无可奈何："你看，在我面前，女孩们总是很乖巧。当她（雇主）回家后，就不再是我的责任了。"

有些看护在发现孩子的某些需求雇主无法满足时，还会积极地加以弥补。比如，来自瑞典的 20 岁的换工埃尔莎发现自己在担任家庭换工的这一年里掺杂在雇主的离婚纠纷中。她和三个大点的孩子以及孩子父亲罗伯特一起住在家里。然而，我们的采访是在孩子们的母亲雪莱的新家进行的，因为埃尔莎在那里度过了她的假期。她解释说，她很想念和雪莱住在一起的小宝贝玛丽莎，但如果大孩子们需要倾诉，她也希望能陪着他们。她说，她曾告诉罗伯特，她决定这样利用自己的空闲时间，"因为我爱孩子们，我想和她（雪莱）在一起"。埃尔莎承认，她的朋友们认为她疯了——"今天是你的休息日，你却去看孩子们"，但她为自己的决定进行了辩护，认为这既符合自己的利益（她可以和玛丽莎在一起），也是想要保护所有孩子的福祉的工作责任感使然。

果不其然，埃尔莎在闹离婚的雇主夫妻双方家里工作的决定带来了一些问题："他告诉她：'埃尔莎是站在我这边的。'她说：'不，她不是。她尊重我。'但我是站在孩子们这边的，他们（孩子父母）知道这一点。他们知道他们的问题，分居和离婚整件事都是他们的问题。我只是想让孩子们好过一些。"对埃尔莎来说，这种程度的保证孩子们健康快乐既超过了她一周工作时间分内的事，也超出了她既定的职责。在我们访谈的时候，她正在帮助孩子父母双方面试并雇用新的换工，当她结束在美国这一年的工作以后，这名换工将接替她的工作。

育儿专家们一般都不赞成看护们的反抗策略。例如，艾伦·加林斯基（Ellen Galinsky）认为，进行或隐秘或公开的能力竞赛是一种歧视：看护表现出一种"家长主义"的态度，将上班族妈妈斥为遗弃孩子的女人。[10]但是，值得注意的是，保姆和换工在她们的贡献得到认可的家庭中不会进行能力竞赛。只有当看护的技能和对家庭的价值被忽视或否认时，才会出现这些，以及其他形式的抵抗。

一厢情愿的想法

访谈发现：当保姆或换工不能进行上述这些能力竞赛，或者这样做不能完全缓解她们的愤怒、挫折和悲伤的情绪时，她们常常会陷入一厢情愿的想法之中。就像苏斯博士（Dr. Seuss）的经典小说《如果我开动物园》（*If I Ran the Zoo*）中的孩子一样，她们幻想着如果孩子真的是她们的，她们会如何管理这个家。瓦莱丽幻想能过上时间更灵活、安排更随性的日子："我带孩子们的自由会更多一些。比如，嗯，他们想玩就玩，想吃就吃，没有严格的时间表。但他们有，一切都得按照这个小小的时间表来完成。这不是他们的时间表。我会让他们有自己的时间表。但是，啊，我的意思是，孩子妈妈没安排洗澡时间让我吃了一惊！（笑）这就像，这很好笑……但你不能对他们（孩子父母）说什么，因为他们就是这样的。"

其他保姆则希望父母能更多地参与到育儿中来。30岁的白人保姆佩吉为同一个家庭工作了四年，她经常带孩子们参加各种各样丰富多彩的活动。她认为孩子们不仅应该少上一些课，更重要的是，应该由父母来陪伴孩子："我认为有些地方应该是爸爸妈妈去，而不是照顾孩子的工作人员。"同样，米里亚姆也说出了我访谈过的大多数保姆的心声，她希望那些不能直接参与孩子日常生活的父母至少能表示有兴趣："我本来希望他们能多问问女儿们有什么进步，比方说那天有什么让她们兴奋的事，我的感觉如何，等等。我注意到了所有这些令人兴奋的变化，有这个美妙的体验，而他们并不真正了解这些。他们也不太了解他们的孩子。他们知道一些他们看到的事情，但我希望他们能问我关于女儿们的事情。"保姆们，尤其是那些没有自己孩子可宠爱的年轻保姆们提及最多的愿望是：希望所有照顾孩子的人能齐心协力。

一厢情愿的想法还有一些别的形式。有些保姆和换工相信她们在自己照顾的孩子身上留下了持久的遗产，从而感到满足。另一些人则将密集母职理想内化，然后把自己视为这一理想的化身，为孩子们提供所有的刺激、互动和关注，而在她们看来，这些是亲生母亲无法提供的。

留下遗产

看护们经常会发现，很难遵守"超脱型依恋"规则（见第六章）。在自己跟所照顾的孩子之间形成至关重要、令人满意的情感纽带之后，她们又要面对将其隐藏起来的压力，于是便致力于为所照顾的孩子的生活留下持久、积极的影响，尽管这种影响并没有得到雇主的认可甚至为雇主所排斥。年幼的孩子易受影响的天性，让看护们更加希望她们现在所付出的努力和爱能影响孩子们未来的生活。

隆奈尔打算即便自己不再照顾三岁的克洛伊，也仍然要跟她保持长期联系。事实上，克洛伊已经学会了她的一些特质，这就像一种保险，保护着她们的关系和她工作的持久影响力。和许多保姆一样，她认为自己的工作是"结构化的"，或者说是为孩子以后的生活打下心理基础。和她大多数保姆同行一样，她相信早期的童年经历即使不是在记忆中，实际上也会永远存在。让她感到欣慰的是，无论她和克洛伊保持多长时间的联系，她在克洛伊生命的头三年所打下的基础会持续下去。"你会情不自禁地对他们产生感情，尤其是如果你喜欢孩子的话。这种感情就摆在那里。然后，当你看到他们长大，他们做得很好，你会很自豪，你知道吗？你很高兴你在他们小时候就打好了一点基础。"来自爱尔兰的30岁的保姆菲奥娜分享了这样一种观点："看到孩子们成长的时候，看到你和孩子父母教给他们的东西都在发挥作用，真的很有意义。即使是系鞋带这样的傻事，你知道吗，即使是这样的事情。你教他们这样做，你看他们现在，过了五六年，他们就可以自己系鞋带了。这就好像是，'我教他们这么做的。如果没有我，他们永远不会知道怎么做'，回报远远超过了（离开的）痛苦。"

我所访谈的大多数保姆和换工都继续与以前的雇主保持联系，希望自己不会被完全遗忘，与孩子们在一起的时光不会被抹去。有趣的是，保持联系的责任似乎主要在保姆身上。例如，菲奥娜说："可以打电话，写邮件，还有交通工具可用。我可以写信。我没有理由不保持联系。"我访谈的大多数保姆都有她们照顾过的所有孩子的照片，她们试图与所有的孩子保持联系。然而，有些孩子的父母会阻止她们这样做，因为他们不愿意总是想起以前的看护，或是要求持续的互动必须按他们的条件来进行。

看护们努力想对自己所照顾的孩子的生活发挥持久影响，但她们面临着巨大的困难。莫伊拉的困境就是一个很好的例子。她是来自爱尔兰的移民，在雇主的儿子尼尔森刚出生时就住在雇主家里。几年后，她搬出去和男友住在一起，但她继续以不住家保姆的身份照顾孩子。大约在尼尔森准备上幼儿园的时候，她得到了绿卡。她决定改行做旅行社代理，但她想与尼尔森保持联系。她的前雇主很重视莫伊拉和他们儿子的关系，认为儿子继续和莫伊拉保持关系是健康的。这似乎是一个完美的结局。但莫伊拉的前雇主希望她按照他们的条件与他们保持联系：他们希望她每周有一个晚上来帮忙照看尼尔森。莫伊拉不想做出这样的承诺。此外，她的前雇主似乎没有明白她有了新的事业、不再是家庭雇工这个事实，这对她是一种侮辱。他们继续"把我当成仆人对待"，她说。莫伊拉曾设想过一种截然不同的场景。"我本来希望能让他过来，比如一个月玩一次——带他去动物园什么的。但这是按照我的时间表来安排的——不是为他们工作。"当我问她是否向她的前雇主提出过这个选择时，她回答说："没有，因为他们可能会完全断了跟我的联系。"

这种冲突或者说误解，反映出孩子父母和保姆对于保姆继续扮演的角色的看法存在分歧。保姆们希望即使已经换到其他岗位，仍能在她们照顾过的孩子的生活中继续发挥重要作用。在其他情境下，健康的情感依恋让人们渴望继续保持联系，这一事实不会有问题。然而，在儿童照顾工作中，盛行的是另一种不同的机制。[11]埃莉的评论谈到了这一两难困境的关键所在："母亲有很大的权力，她知道这一点。这种权力（源于）你非常爱他们的孩子，她知道你第二天就会回来。这是一种非常大的权力，这在我接触过的保姆中并不少见。你照顾一个孩子两年，你看着他们第一次翻身，第一次走路，第一次说话。然后，当（与雇主）关系恶化时，你可以更容易地原谅——或者忘记；我不懂什么叫原谅。"在埃莉看来，无论她对雇主有多不满，无论是在受雇期间还是离职之后，她都与孩子紧紧相联。但在这两种情况下，她与孩子的接触都受到母亲的控制。

当然，即使以前的雇主没有设置障碍，看护们也经常无法保持联系。特别是换工回到自己远方的家里时，更容易发生这种情况。大多数人逐渐地——但很遗憾地——不再寄望于在她们曾经照顾过的小宝宝的生活中留下重要而持久的印记。一位保姆谈起她的经历时说："当他（一个七个月大的孩子）换新保姆时，第一个星期里他只会哭……但我的意思是，他永远都不会记得。我走了一个月，我回来了，他也根本不知道我是谁。我一开始会有点伤感，但后来我明白了，他根本不认识我。但（新来的保姆）对他很好，我相信她（停顿了一下）会照顾好我的宝贝。"虽然这位照顾者称宝宝为"我的"，但他显然不是她

的。她在他的生命中走过的时候，他太小了，无法形成对她的
持久记忆。

另一位曾照顾过学步期孩子的保姆描述了她离开那家人时
也有类似的失落感。她表示，她意识到这个孩子对她的记忆可
能不会持续很久，这让她感到既苦涩又甜蜜："这太难了，因为
他们很小，他们可能不会记得你，这几乎是——在某些方面，
你可以说是把所有的精力都投入到一些你不知道是否会得到回
报的事情上。但如果你今天说了一个词，第二天他们就自己说
出来，那就特别棒。他们甚至不需要记得这个词是我教他们
的。"为了在孩子们的生活中留下持久的印记，看护们愿意满足
于小小的胜利，比如能够宣称自己教了一个词，或者是看到了
一个学习的里程碑，或者是教会了孩子一个自己的姿势。

做母亲背后的母亲

还有一种一厢情愿的想法对看护来说是很常见的，那就是
试图在方方面面都按照密集母职理想来做，并将自己视为唯一
愿意或能够实现这一理想的人。在这个意义上，影子母亲有了
新的含义。保姆不仅在真正的母亲的影子下工作，支撑着她的
形象，她们还试图按照某种理想来满足自己眼中孩子们的需求，
而真正的母亲由于在外工作是无法满足这些需求的。影子母职
背后的默契意味着保姆的工作是帮助雇主妈妈实现密集母职理
想，或者让她看起来好像是在这样做。所以，当保姆扮演"真
正的"母亲角色时，无论是在行动上还是在想象中，都直接违
背了自己和雇主之间那些有关工作安排的不言而喻的规则。

　　许多保姆都认为自己对孩子的持续关注对孩子有益，而且她们可以给孩子提供理想中的全职妈妈能给予他们的轻松节奏。尼尔达自豪地告诉我，她以前照顾过的一个孩子打电话向她提出要求："我想让你给我做那个加了一点红糖的麦片粥。我想让你来给我洗澡洗头。"尼尔达问："你妈妈不做这些吗？"打电话的孩子回答说："她没有时间。"尼尔达在时间和麦片粥上的自豪指向了第三位家长理想中一种内在的讽刺。看护们以密集母职为标准，其实是在暗中否定自己的地位。因为按这个标准，如果只能有一个主要的照顾者，肯定不是，也永远不会是她们，无论她们可以投入多少时间和精力。

　　像她的许多同行一样，尼尔达把自己看作孩子生活中非常必要的持续性的化身。虽然在日常工作中可能是这样，但从长远来看却并非如此。我访谈过的保姆的平均工作年限为两年半，[12]而我访谈的大多数保姆照顾的都是三岁以下的孩子。因此，保姆被孩子们记住的可能性微乎其微，更不用说在孩子们的生活中提供心理延续性了。不过，这种可能性足以激励像瓦莱丽这样的保姆，她选择继续从事一份工资低、待遇差的工作。她知道她可以在其他地方找到一份更好的工作，但她对密集母职的承诺迫使她牺牲自己的利益来照顾孩子。

　　她解释说："这是个伤心事，因为最小的孩子说，'你会永远和我们在一起，永远。我不会让你走的'，而我心里想，'好吧，我可能要辞职'。我不愿意这样对待他们。"但她觉得自己已经待得太久了，孩子父亲对她的态度也越来越差。"人们告诉我，你不能为了孩子们而待在一个地方，"她说，"因为你自己必须快乐。"瓦莱丽希望"孩子和自己之间保持不变"的强烈愿望让她无视自己的最佳利益而选择继续留下来。她无法确定，如果她离开时闹得比较僵的话，自己还能不能再见到孩子们。阿普里尔也认为，希望保持现状是她留在佐伊家的重要原因，尽管她和雇主的关系并不令人满意。"我真的很爱佐伊。我很同情她，她经常不知道谁会在她身边，一直感到很困惑。所以，我想为她坚持下去。"

有时候保姆会作出这样的牺牲，是因为她们把自己视为真正守护孩子幸福的人。把孩子的利益放在自己的利益之上，可能会成为保姆和母亲之间永不停歇的能力竞争的延伸。当看护接受了自我牺牲的理想母亲形象时，就为连续不断而又不被承认的"谁能为孩子们牺牲最多"的游戏搭建了舞台。比如，朱莉一直打算辞掉一份她极度不喜欢的工作。后来她的雇主宣布她怀了第四个孩子。"我在那里待上两年只是因为她怀了加布里尔，我不认为这对三个孩子有什么意义（其他孩子必须适应弟弟）——他们都很没有安全感，我不想看到他们必须适应新的保姆，然后适应新生的弟弟。所以在我离开之前让他们习惯加布里尔更容易一些。"虽然朱莉的雇主既没有要求也没有承认她的牺牲，但朱莉用把孩子们放在第一位的逻辑来证明她比他们的母亲更关心他们的需求。这样一来，她既宣示了自己对孩子的价值，又符合了儿童看护版密集母职的要求。朱莉把自己定义为家里真正的母亲，至少对她照顾的三个大孩子来说是这样。

即使是那些对工作条件感到满意的看护，也常常发现自己的计划是围绕着孩子们的发展需求来制定的，并且这些需求还被放在第一位。例如，梅兰妮计划回到研究生院攻读职业治疗的学位。当我访问她时，她正要决定什么时候去就读，以及如何平衡她对职业发展的需求和她眼中夏洛特对她的需求。"我想过也许在她开始上学的时候我再去上学——不是幼儿园，而是类似于，如果她开始，比如，每周上三个早上的那种（学前）课程的话。但后来他们想再要一个孩子，差不多她两岁或两岁半的时候这样，那就不行了，所以……我想，也许等他们生了孩子我就会离开。但如果我真的喜欢这孩子，那我就留下来。"

最后，当她的一年期合同结束后，梅兰妮决定回到学校。不知道是她厌倦了这份深爱的工作，还是出于个人考虑或家庭压力而把未来的计划看得比对夏洛特的感情更重。但重要的是，在考虑工作条件、工资谈判和工作流动的问题时，她们都是基于一种把孩子的需求放在首位的逻辑，即使这些孩子并不是自己的。

作为工作伦理的密集母职：
逐底竞争

薪酬和认可往往是密切相关的，但也并非总是如此。在我访谈的儿童看护中，那些被当作技术工、对儿童的感情受到重视的人（见第九章）也是报酬最高的。那些报酬最低的人通常也是最不被认可的。这些工人还常被要求去做一些合同以外的工作。大多数收入最低、最不被认可的工人无法换工作，因为她们是无证移民，是依赖中介机构就业的换工，或者她们太过执着于密集母职理想，以至于对"抛弃"自己照顾的孩子的想法感到内疚，因而无法行动。

然而，大多数看护抱怨的并不是工资低，而是缺乏认可。这可能是因为我所访谈的大多数雇工如果愿意的话都有能力跳槽到薪水更高的工作岗位。与从事不那么有情绪负担的工作相比，许多人被拴在同一个家庭的时间更长，其原因就在于对孩子的依恋和对这种依恋的价值得到认可的渴望。她们和雇主一样热切地拥抱密集母职理想，力求与孩子们建立牢固的联系，了解并回应他们的需求，在他们的生活中始终如一，充满爱心。当她们不能作为自己所照顾的孩子的"好妈妈"得到认可时，她们的反应往往是加倍努力工作，决心证明自己是比雇用她们的女人"更好的妈妈"。

将密集母职理想作为一种工作伦理实际上也是一种反抗形式，给儿童看护制造了几个悖论。其中最常见的是这些看护愿意牺牲公平的报酬以换取认可。强调自我牺牲是密集母职理想的一部分，这常常使保姆们产生了一种逐底竞争的心理，因为她们为了证明自己作为看护的价值而放弃了越来越多自我和作为工人的权利。由于看护与雇主之间阶层地位的巨大差异，看护已经处于弱势地位，因此在这场逐底竞争中，看护几乎肯定会"胜出"。

莎拉的经历就是牺牲报酬换取认可的一个例子。在我们初次访谈她时，她说她非常不开心，以至于她怀疑自己能否完成这一年期合同剩下的六个月。四年后，我再次访谈她，她仍在从事同样的工作，但现在她对自己的处境感到满意多了。她解释说，在第一次采访的几个月后，她向雇主讲明了自己辞职的打算，并在一家日托中心找到了一份工作。蹒跚学步的马修对即将到来的变化很不高兴。"他变成了，我不知道，另一个人……突然之间他又变成了一个婴儿，要我把所有没有为他做的事都做了。我们唯一能弄明白的是，他真的不希望我离开，（雇主）决定，如果我想留下来，即使只是兼职，他们仍会付给我全职的薪水。所以我决定，'嘿，这真是太好了！'"马修对莎拉即将离开的反应改变了她和雇主之间的关系。理论上来说，简明确承认莎拉与马修建立的情感联系的价值加强了莎拉的谈判地位，因为她可以利用孩子对她的依恋作为谈判的筹码，争取更好的工资或改善她工作的其他方面。实际上，新工作安排也并没有让莎拉增加净收入或减少工作量。她从每周工作 60 小时、挣得 300 美元外加免费食宿的住家保姆变成了每周工作 45 小时、收入虽不变但没了免费食宿的不住家保姆。

　　而且，她的不住家保姆工作是两班倒。她从上午七点工作至十点，再从下午一点工作至六点半。不过，莎拉认为这种新安排是一种胜利，因为她对于这家人的重要性得到了公开承认。"简确实说了，'我们会尽一切努力让你留在这里，因为我们真的希望让你留下来'。她对我很好，她真的让我觉得她想让我留在这里。不是任何人，就是我。"莎拉实际上接受了降薪，以换取雇主认可她和她工作的重要性。

　　保姆和换工用自我牺牲的逻辑来解释为什么她们要接受低于预期的工资。玛格丽塔说，她从最近几位雇主那里收的钱少了，因为他们是"工厂工人，没钱付给我。必须考虑到家里的情况"。她的第一个雇主曾经为她住家保姆的工作付给她每周250美元的报酬；在她最近一份工作中，住家工作的工资是每周100美元。"好吧，"她理智地说，"一码归一码，对吧？而且那个男孩非常喜欢我，我也非常喜欢他。他还给我唱歌呢（笑）。"在玛格丽塔的关怀经济（economy of caring）中，这个孩子的歌声价值每周150美元的损失，外加食宿。

同样的依恋会让看护为了一首歌而降低工资，也会让她们产生一种作为看护的优越感，一种即使她们的雇主不重视她们的工作，孩子也会重视的感觉。然而，跟孩子的深厚感情也会使看护在情感上变得脆弱，可能无法为自己的利益进行有效的谈判。具有讽刺意味的是，这种依恋关系既可以促使雇主为保姆提供奖励，让她们留下来工作数年，也可能导致保姆和换工作出过多的牺牲。她们宁愿牺牲合理的工资和适当的工作时间，以换取与自己喜爱的孩子待在一起的机会以及自己的影子劳动得到认可的满足感。

我所访谈的保姆们认为照顾孩子是一项非常有成就感的工作，她们认为自己的职业具有很高的道德价值。大多数人都喜欢照顾这些孩子，她们并不认为这项工作有辱人格。很少有人觉得自己是为雇主效忠，但几乎所有的人都觉得自己跟孩子感情很深，也很认同第三位家长的理想。在扮演第三位家长的角色时，保姆和换工对她们所照顾的孩子有很深的了解，并且把孩子的需求放在第一位，她们为此感到自豪。然而，这些妇女没有一个是真正的第三位家长。谁也不可能看到她们的工作取得成果，而她们更没有权利保持长期的联系。[13]

小　结

保姆和换工追求的往往不是减少照顾孩子的责任，而是增加责任，更重要的是得到认可。她们的职业化计划需要将自己的工作重新定义为技术劳动，并将自己重新定义为第三位家长和有价值的团队成员，而不是母亲的帮手。具有讽刺意味的是，对密集母职意识形态的忠诚，导致她们不再将自己的工作视为以工资换取服务。相反，她们把工作看作爱和自我牺牲。因此，在与雇主的谈判中，她们往往会忽视自己作为工人的利益。

这一职业化计划也让她们深度参与了对母职劳动分工及其相关意义的重新协商。对支配的斗争与反抗、争取公平劳动的公平工资以及用市场规则来对抗家庭规矩，都是好妈妈理想所憎恶的。因此，保姆和换工试图重新定义她们的工作和与雇主谈判的意义，她们把这种文化理想作为一种讨价还价的工具，作为一种抵抗的形式，作为一种在与雇主的谈判中可以发出诉求的更高的权威。然而，她们最终还是屈服于这种理想，这种理想塑造了她们工作的轮廓，同时也限制了她们改变工作面貌的尝试。

就像第五章讨论的雇主妈妈们一样，看护们处理文化理想和自己工作安排之间冲突的一种策略是制造一种想象，在这种想象中，她们在自己所照顾的孩子的生活中存在感更强，也更持久。拥护密集母职理想的母亲，削弱了她们作为上班族妈妈的地位；将密集型育儿视为一种工作伦理的看护，同样也助长了密集型育儿定义的排他性，导致了其自身价值被低估——因为该定义认为只能有一个主要照顾者，她们没有与雇主一起努力创造一个包含多个家长角色的新理想，而是陷入了密集母职所暗含的"零和依恋"的游戏中。如果只有贬低对方的贡献才能彰显自己对共同事业的价值，那么双方就会陷入认可度递减的恶性循环。这反过来又会导致交流减少，集体解决问题的能力下降，最终导致集体照顾孩子的能力受损。

9

伙伴关系

序曲：伊莲恩和克莉丝汀

我第一次见到克莉丝汀时，她 21 岁，是我访谈过的对工作最不满意的保姆之一。她是在波士顿附近的一个小镇长大的。在拿到幼儿教育的学位后，她曾在一家日托中心工作过，后来又做了三年的保姆。在我们最初的访谈中，她也有许多和我从其他保姆那里听到的一样的情绪：她觉得雇主对孩子太过放任，跟育儿的现实脱节，并且对她如何与孩子相处有各种不合理的限制。此外，令她愤愤不平的是，虽然雇主是因为她的教育背景和良好的育儿经验才雇用她的，但他们似乎对她的建议不以为然。

我请克莉丝汀举例说明她的建议是怎么被忽视的，于是她详细介绍了她的雇主伊莲恩和史蒂夫（三十多岁的白人专业人士）是怎么对待他们三岁的女儿考特尼的。克莉丝汀抱怨说，伊莲恩和史蒂夫对考特尼的管教反复无常，也不常采用"暂时隔离"的办法。结果，他们的小女儿"失控"了：她打她的小弟弟扎卡里，打父母，打克莉丝汀。尽管克莉丝汀试图指导这对夫妇，但她的努力没能成功。"当我第一次开始为他们工作时，我是专家，因为我懂行。我带过很多孩子，所以我了解孩子们的典型行为。我的意思是，我试着告诉他们。起初我是专家，他们会听我的，但他们跟我越熟，对我就越……我不明白。"在我们进行访谈那段时间，克莉丝汀非常沮丧，她决定辞掉这份工作，回到当地的社区大学去完成她的育儿证书课程。

三年后，当我受邀去当地一所大学进行演讲，介绍一些初步研究成果时，我在听众中看到了一张熟悉的脸。直到我大声朗读了克莉丝汀的一段话，我才意识到这位面熟的听众是谁。演讲结束后，克莉丝汀走上前来，感谢我准确地捕捉到了保姆典型经历中的挫折。她继续告诉我，她已经回到伊莲恩和史蒂夫身边工作，自从我们第一次讨论后，她工作的一切都发生了变化。她现在对自己的工作岗位很满意，也很感激能成为一个她"爱"的家庭的一分子。我很感兴趣，是什么原因引发了这种戏剧性的变化？

克莉丝汀同意进行第二次访谈。当我们再次见面时，她告诉我这几年来发生的事情。在我们第一次访谈后不久，伊莲恩和史蒂夫就想让她留下来，还给她加了一点薪水。对克莉丝汀来说，他们开始给予她渴望得到的认可，赞赏她与两个孩子相处的能力以及她对家庭生活的贡献："那个夏天，伊莲恩开始奖励我……也不是奖励我，而是经常表扬我。他们开始告诉我：'你是我们遇到过的最好的保姆。孩子们都爱你。'"

克莉丝汀跟雇主之间的沟通质量和频率也发生了变化。当她觉得自己的建议没人在意时，就渐渐地不愿意表达自己的担忧了。伊莲恩明确鼓励她把问题说出来，从而扭转了这种趋势。"他们吓到我了。给伊莲恩打工很难。这一点她自己会头一个承认。嗯，（停顿）我真的不知道到底什么让这一切发生了改变。她……允许我在发现问题的时候告诉他们。她会对我说：'你知道，你今天不太对劲。怎么了？我们出问题的时候你得告诉我，这样我们才能知道。我们不懂读心术。'"她的雇主也允许（她）展示她的技能："他们开始征求我的意见。我还记得这个。他们会问：'遇到这种情况你怎么办？'我就会告诉他们，他们有点把我当成了这方面的权威，可能因为我毕竟照顾过那么多孩子。"

沟通渠道畅通之后，克莉丝汀发现，她也变得更加灵活，也更加容易接受雇主做事的方式了。以前她认为他们过于放任，所以把自己看成是防止家庭混乱的最后一道屏障，而现在她开始调整自己的观点，对孩子们放松一些。而伊莲恩和史蒂夫也开始以更为一致的态度对待孩子，三个成年人开始团队合作了。克莉丝汀解释说："我只是变得灵活了，而他们变得更严格了一点。这可能跟他们读的书有关。可能是看到他们的孩子疯得不行，就决定'我们最好现在就做点什么'。也可能只是通过观察我。我们走得更近了……因为就像对考特尼的管教一样，我开始意识到，我和伊莲恩一样，也会把事情变得糟糕。显然，我从她们身上学到了很多东西。"当三方都放下戒心，开始倾听对方的声音时，他们开始交流信息，相互学习育儿知识，这对整个家庭都有好处。

在我们的第二次访谈之后，克莉丝汀把我介绍给伊莲恩，她也同意接受访谈。访谈中我请伊莲恩描述她与克莉丝汀的关系，当时克莉丝汀来这个家已经六年了。伊莱恩说：

她是我最大的孩子！我指的不是这个词的负面意义。嗯，我们之间（停顿）远非雇主-雇工关系。嗯，（停顿）但一开始是这样的，我们对她的专业（停顿）表示了极大的尊重。她会做的，她做过的，还有她一只手被绑在背后还能做的事都让我们惊叹。她会和孩子们一起做各种事情。她跟孩子们做各种东西，带他们去各种地方，她有很多办法哄孩子做事。孩子们和我在一起的时候就懒得动弹。所有事情都是这样。她就是有技巧。

克莉丝汀卷入雇主家庭生活的程度随时间变化而变化。有些年份里她是全职工作，有些年份则是兼职。有时候伊莲恩和史蒂夫并不是她的雇主，但她也作为一个特殊的朋友继续与这个家庭保持联系，每周五晚上和他们一起吃安息日晚餐。

在这六年间，伊莲恩的生活也发生了巨大变化。她从全职工作变成了非全日制工作，每周上三天班，每次工作 10 小时。她认为这样总的来说能让她更轻松，更能适应作为母亲和雇主的角色。她解释说："在我生命的最后一刻，我有多努力工作，有多少年每周工作 70 个小时，并不是衡量我成功与否的标准。所以我想，既然我有了孩子，就应该想办法给他们更多，更喜爱他们。所以我决定一周上三天班。"她承认，这种工作上的削减让她失去了进一步晋升的机会，但她补充说，现在生活中的"平衡"非常"了不起"。她解释说："每周两天待在家里，我把时间交给了自己和孩子。而且这非常健康……所以这前后的经历很不一样，只是因为我自己的精神状态更受控制了。"她强调，有时间陪伴孩子和关心自己的健康，对于维持她新发现的平衡同样重要。

克莉丝汀很感谢伊莲恩现在能花更多的时间在家里，对孩子们也"更加现实"了。而且当邻居里那些全职妈妈批评雇用保姆的上班族妈妈时，她还为她的雇主辩护。"那些对保姆态度不好的人总是（说），'父母什么活都不干。他们回家就哄孩子睡觉，周末就雇个临时保姆来看孩子'。我总是试图告诉他们，'是的，有这样的父母。但伊莲恩在家的时候真的会陪孩子'。"虽然大多数保姆都说她们不希望孩子妈妈待在家里暗中监督她们，但克莉丝汀似乎很享受这种安排。伊莲恩允许她在自己"值班"时说了算，而且，现在伊莲恩在家的时间多了，她对克莉丝汀的工作也比以前更为理解和重视了。她直接跟孩子相处的经验也更多了，因此对他们的日常活动也现实了一些。她不再在相互竞争的身份之间徘徊，成了一个更随和的雇主。

伊莲恩把克莉丝汀和她雇用的其他保姆/换工进行比较，提到了克莉丝汀两个与众不同的特质：首先，她似乎有潜力做更多的工作，而不仅仅是看护孩子。伊莱恩鼓励她接受更多的教育："她很聪明。而且她是一个坚持不懈的人（perseverer），如果有这样一个词的话。我的意思是，即便成功的希望相当渺茫，她也能在（停顿）没有任何支持的情况下振作起来，嗯，直到取得明显的进步。我们刚刚形成了一种非常互利的关系。她啊，她需要指导，而我们很乐意为她提供指导，因为她已经融入这个家庭了。"他们的指导包括在克莉丝汀回到大学读本科的时候指点她。而克莉丝汀也一直作为慈爱的成年帮手，守护在这个家庭旁边，随时为孩子们提供照顾。

其次，伊莲恩认可和欣赏克莉丝汀带孩子的主动性，这跟别的保姆不同。在伊莲恩接受访谈的时候，她刚送走一位干了一年的换工，换工的表现差强人意，但也"并不出众"，她盼望克莉丝汀在加州做完保姆后，回来在他们家待上一年。克莉丝汀的自信让伊莲恩觉得可以放心地把权力下放给她，这也让伊莲恩和丈夫可以放心地进入"自动驾驶"模式："但是，嗯，我对她带孩子完全有信心。从一开始就一直是这样。她是唯一一个我可以把孩子们托付给她一个星期的人。嗯，（停顿）他们和她在一起比和任何人在一起都要开心……我想我说的是，质的区别就在于，克莉丝汀会非常清楚地识别出（孩子们哪个问题）是我们需要知道的。可能并不需要我们做什么，因为她能做到，她也愿意去做。"两个女人建立起来的坦诚沟通让伊莲恩对克莉丝汀更加信任，自己也更加安心。她确信，如果有任何关于孩子们的事需要她或她的丈夫知道，克莉丝汀都会毫不犹豫地告诉他们。

在我所观察到的雇主-保姆关系中，绝大多数并没有发展成克莉丝汀和她的雇主所建立的那种伙伴关系。随着时间的推移，伊莲恩、史蒂夫和克莉丝汀从不信任走向了合作，从缺乏认同变成相互尊重，从单向沟通走向了相互学习。

※　※　※

我与克莉丝汀的偶遇，以及随后对她和伊莲恩的访谈，促使我开展了更多的研究。在我一直研究的雇主与保姆的关系中，"影子母亲"模式完全占据了主导。伊莲恩和克莉丝汀之间发展起来的那种合作照顾和相互认可只是偶尔出现，在雇主依赖操纵木偶式或超自然式管理策略、保姆感到不满和抵触的关系中，这种模式是难得的亮色。我想知道"伙伴关系"有哪些共同的特点，是什么条件使伙伴关系成为可能。[1]这种别样的雇主-保姆关系是如何避免雇主妈妈和看护之间经常发生的挫折和误解的呢？

我回顾了此前58次访谈中观察到的管理风格，注意到不同案例在四个关系要素的质量上存在差异，那就是信任、自主权、双向沟通和共同决策。我发现，在所有案例中，只有两对雇主和保姆双方都表示这四种特质在她们的关系中发挥了作用，并且这种特质得到了进一步增强。这两对就是乔伊斯和斯泰西、阿敏和李婵。[2]在分析这两对以及伊莲恩和克莉丝汀之间的伙伴关系时，我注意到结构/文化特征使这些妇女与众不同。乔伊斯和阿敏都是由上班族妈妈带大的，而且在当地的文化中，这是常态。她们断然拒绝密集母职的极端做法，认为孩子们的生活中存在另一个爱她们的成年人是正常和自然的。相比之下，伊莲恩和克莉丝汀的关系在她缩减工作量、有更多的时间和精力投入到她们的共同事业中以后发生了变化。她拒绝了与男性模式职业相关的"密集工作"规范。此外，花点时间待在家里也让伊莲恩对于她跟孩子之间的深厚感情更有信心了。这反过来又让她得以坦然地跟克莉丝汀分享各种母亲工作。

对影子母亲的需求源于雇主妈妈被夹在密集母职和密集工作之间的焦虑感。因此我提出，在密集母职和密集工作的需求之间陷入困境的母亲们采取了操纵木偶式或者超自然式的管理策略，而且觉得必须要求自己的保姆成为影子母亲。如果实际情况确实是这样的话，那么消除其中至少一种压力就可能开辟出新的途径，将母亲、看护甚至父亲之间的育儿劳动分工加以概念化。[3]

我希望找到更多的伙伴关系，所以访谈了另外一群雇主妈妈，她们可以分为两类：一类是在"将母亲上班视为常态"的文化中长大的，或者自己的母亲就是上班族，这样可以消除效仿全职妈妈理想的那种压力；另一类是从事非全日制工作或者弹性工作的母亲，这样可以减轻工作中"男性气质考验"的压力，让她们对于在上班期间跟孩子保持感情联结和掌控家里情况更有安全感。在第二轮数据收集中，我访谈了22名女性（13名雇主和9名看护）。[4]在第二轮样本中有7对妈妈-保姆组合符合伙伴关系模型。[5]连同伊莲恩和克莉丝汀、最初的访谈中的两对伙伴关系，这项研究中的伙伴关系一共有10对。[6]

接下来，我将对本研究中的雇主妈妈采用的操纵木偶式、超自然式和伙伴关系式管理风格进行比较。第二轮数据收集中的受访女性提供的例子表明，信任、自主权、双向沟通和共同决策，可以促使雇主和保姆形成合作育儿关系。然后，我将评估受访者描述的伙伴关系经历在多大程度上证实了我的假设——文化和结构条件有助于女性打破影子母亲模式。

操纵木偶式、超自然式和伙伴关系式育儿管理风格的定义性特征

在早些时候开展的58次访谈中，操纵木偶式和超自然式的

管理风格占多数（见第五章）。操纵木偶式管理的雇主-雇工关系的特点是单向沟通、缺乏自主权、信任度有限、没有共同决策。这些母亲也许相信照顾者会听从她们的指令，但由于信任并没有超出这个范围，所以没有一个给予成人看护应有的自主权的基础，没有进行双向沟通的机会，也没有理由共同作出决策。超自然式的关系则预设了信任。这些雇主假设她们的看护会"自然地"作出和她们一样的决定。这种假设反过来又连单向沟通的必要性都排除了，将大部分决策权转移到看护身上，在此基础上，看护获得了许多日常活动的自主权。然而，这些关系中的看护往往因为缺乏有意义的沟通而感到沮丧，尽管她们大多对自己的相对自由感到很受用，但往往会认为这种自主权是一种善意的忽视，而不是赢得信任的结果。

只有在伙伴关系式管理的案例中，四个要素是以雇主妈妈和雇工妈妈都满意的方式存在的（见表1）。伙伴关系式的管理风格要求在赢得信任的基础上下放一定程度的自主权，最重要的是，通过双向沟通和相互学习来表明对看护特殊技能的尊重。孩子母亲和看护还会共同决定孩子的日常活动，分享有关孩子的管教和发育的想法。在这种关系中，雇主妈妈并没有把看护看作自己的延伸，也不把她们看作提线木偶；而看护们也不把雇主视为需要绕过或抵制的障碍。相反，双方都将对方视为团队伙伴，给共同的育儿工作带来了不同但同样宝贵的技能。双方都不再把育儿视为竞争性的零和游戏，不需要通过诋毁另一方来寻求对其自身贡献的认可，恰恰相反，这些女性在访谈中反映，她们开始重视彼此的差异并相互学习。

表1　管理策略和关系特征

关系特征	策略		
	操纵木偶式管理	超自然式管理	伙伴关系式管理
信　任	有限	预设	赢得
自主权	有限	无限	协商
沟　通	单向	不必	双向
决　策	仅限母亲	授权	共同

鉴于信任、自主权、双向沟通和共同决策是伙伴关系式儿童照顾关系的基本面向，下面将利用研究参与者描述的例子对每一个要素分别加以讨论。很明显，形成伙伴关系的过程与结果同样重要。伙伴关系安排很可能会使共同育儿更加成功，但这还有待研究。毫无疑问，这些关系中的关系过程让妈妈们不那么焦虑，雇工也更满意了。

赢得信任

采用伙伴式管理风格的10位雇主妈妈与看护在相互认可和尊重的基础上建立了关系。在此基础之上，看护的工作得到了信任和一定程度的自主权。雇主意识到她们的保姆是独立的个体，其独特的背景、经验和技能值得认可，这是她们获得尊重、进而获得信任的一个来源。37岁的科学家阿敏有两个儿子，一个三岁，另一个才九个月。她谈到了自己对保姆李婵的看法："我想过，如果我在她老家遇到她，她可能就是那个教我生物化学的人。我不可能只把她当作家里的保姆。"虽然本研究中有好几位移民保姆在其母国都担任过权威职位（教师、医生、律师），但只有在伙伴式的关系中，这样的资历才会为其保姆工作赢得尊重。正如第五章所讨论的那样，埃丝特在中国多年的医生经验，并没有让她在受雇于玛丽·安妮时赢得更多的尊重或自主权。

也许这些雇主妈妈信任保姆的最普遍的基础是：她们认为照顾孩子是一项需要特殊技能的工作，而且她们认为自己的保姆是拥有这些技能的专业人士。42 岁的白人高管莉比从事弹性工作，她这样描述自己与 30 岁的苏格兰保姆格蕾丝两年来的关系："观察她也很有趣。她对待两个孩子的方式很不一样，的确应该如此，因为他们的性格很不一样。格蕾丝是一个真正的专业人士。比起我们习惯的做法，她的方式是一个巨大的飞跃。她很耐心，难以置信地耐心，我和我丈夫都没有这样的耐心。她和我都拿这个开玩笑说，这多少是因为他们不是她的孩子。"虽然本研究中的大多数保姆的职业经验都和格蕾丝差不多，而且许多保姆还受过更多育儿方面的教育，但这种经验的价值只有在伙伴式关系中才能得到认可。

格雷丝感谢雇主把她看作一个以知识为孩子造福的技术工，她也很感谢雇主给予她自由和自主权。她和莉比都希望她们的关系能持续到孩子们全天上学的时候。格蕾丝说："我做这份工作真的很开心。我认为这两位（孩子父母）肯定会交流有关孩子的一切。他们真的很开放，我也很开放。"他们这样坦诚的沟通和相互尊重，不仅使照顾孩子的工作更加顺利，也有益于家庭生活。莉比注意到，"她真是个黏合剂。我今天早上出门时，她正坐在沙发上给他们读书，他们很开心。他们开心，我丈夫也开心，我想格蕾丝也很开心。你还能要求什么呢？"莉比说这话的时候眼睛湿润了，"我不敢相信我在为我的保姆哭泣，但她让我们的家庭生活成为可能。事情就是这样"。

信任也是通过经验和时间累积起来的。我见到伊丽莎白和隆奈尔时，她们已经合作两年多了。伊丽莎白解释说，作为一个没有后援的单亲妈妈，她需要隆奈尔"极其可靠"——而她也确实如此："我知道她真的在为克洛伊着想，克洛伊会很安全，得到很好的照顾。而且她不会丢下我不管。"她举了个例子来说明她为什么完全信任隆奈尔，并形容这是"典型的隆奈尔"。隆奈尔打电话来说她生病了，去见了医生。"有一天，隆奈尔打电话给我说：'我不舒服，（医生）给了我一些药，我正在休息。你介意我今天早上来接克洛伊去我家，让我妈妈在我睡觉的时候照看她吗？'"隆奈尔对问题直截了当的解释，让伊丽莎白印象深刻，而且她提出了一个解决方案，既能保证克洛伊高兴（伊丽莎白和她女儿都认识和喜欢隆奈尔的家人），又能减轻伊丽莎白在工作日临时找人带孩子的负担。

与我采访的采用操纵木偶式管理策略的雇主们不同，伊丽莎白并没有坚持让隆奈尔把克洛伊留在自己家里——伊丽莎白家在相对富裕的社区。与超自然式管理不同的是，她并没有简单地认为因为她和保姆有着"共同的纽带"，把孩子留给隆奈尔的家人（他们住在附近的多尔切斯特镇的一个贫困街区）就可以了。相反，她认识到隆奈尔和她自己一样在尽力满足克洛伊的需求，这种赢得的信任形塑了两个女人长期持续的关系。在这个案例中，信任的产生一部分是源于伊丽莎白对隆奈尔曾任日托中心教师这个职业背景的尊重，但也是因为伊丽莎白作为单身母亲需要给隆奈尔自主权。作为她唯一的育儿伙伴，伊丽莎白需要相信隆奈尔的判断，而隆奈尔每天都在证明她值得信任。

在伙伴关系中，赢得信任的方式有三种：第一，欣赏看护的工作技能；第二，增加自主权，并且确保看护没有滥用这种自主权；第三，通过双向沟通，增进彼此的了解。人们可能会基于这一发现，认为所有的妈妈-保姆关系都会随着时间的推移而演变为伙伴关系，但事实并非如此。在我观察到的操纵木偶式和超自然式关系中，那些持续一年以上的关系并不一定会发生变化，或者说，最多是操纵木偶式的管理会随着雇主焦虑感的减弱而演变成超自然式管理。然而，它们并没有自然而然地转变为伙伴关系中的那种雇主与雇员的互动关系。

自主权

当保姆赢得信任之后，伙伴关系中的雇主还会给她们很大的自主权。她们不会像操纵木偶式的管理者一样限制保姆的活动，或者制定严格的时间表；也不会像那些超自然式的管理者那样，基于"保姆和我一样"的假设来提供自主权。事实上，正如下文将讨论的那样，许多人注意到了自己和保姆之间的差异并理解这种差异，她们认为彼此之间这些差异是相互促进的，而不是对高质量照顾的威胁。在这些关系中赋予看护自主权不是因为假设彼此相似，而是因为对母亲和保姆如何判断的相似性和差异性有着充分的了解。

保姆的自主权从能够为自己和孩子们计划日常活动，到在必要时代表孩子们跟医生交流，不一而足。与第五章中描述的操纵木偶式的管理者不同，莉比注意到格蕾丝在计划孩子们的活动。她解释说："格蕾丝有一些朋友也是保姆，所以有很多集体活动。我和她会讨论这些问题。"在这里，我们看到格蕾丝在规划活动时体现了自主权，但也让莉比参与其中。同样，当莉比和罗伯决定为孩子们安排什么活动时，他们也会征求格蕾丝的意见。"杰登现在参加了夏令营，这算是迈了一大步——我和罗伯把他送进去了。格蕾丝并没有说：'哦，你觉得他应该去参加夏令营吗？'而是会很关注，她看到有什么课艾弗里可以上之类的会提醒我们，她会给我拿些资料，报名什么的。所以说她是在规划活动。"第一波访谈中，母亲们对于自己的孩子跟保姆构建的游戏团体打交道感到忧虑，而莉比跟她们不同，她认为这是格蕾丝在他们家的一个明显的好处："和其他一群孩子一起玩耍，自然地成为朋友，这真的很好，不是因为他们要一起上学，而是因为他们也跟其他保姆在一起。他们认识露丝、菲奥娜和卢尔德（其他保姆）。这是他们大家庭的一部分。"格蕾丝表示同意，对她来说，"能够为孩子们做计划，比如为他们和我自己安排社交活动时间表"是很重要的。她补充说，这种情况在那些整天独自带孩子的保姆中很常见。"对我来说，和其他保姆在一起很重要，这样我就可以和其他大人说话，就像孩子们和其他孩子在一起一样。孩子父母完全能理解。"和大多数保姆一样，格蕾丝也想在值班期间自己做主："我带孩子的时候，比方说我从七点到四点带孩子，他们就是由我负责，所以如果我认为孩子生病了，我希望能够带孩子去看医生。"在伙伴关系中，这种程度的自主权是被允许的，这不是因为父母盲目相信保姆的判断，而是因为她通常与父母一起带孩子去定期体检，因此也了解孩子的健康史。

当我们问来自智利的 26 岁移民卢斯是否愿意和雇主一起去见孩子的医生和老师时，她回答说："我和他们一起做这些事情。去学校、去看病，我都和他们一起去，他们的父母也在。如果，如果，我陪着他们……如果他们生病了……。这在我身上曾经发生过，是我带他们去看医生，我自己。我带他们去，我享有，姑且说，也许是……自主权。他们是我在带着，我必须作出反应。"当我访谈卢斯的雇主薇薇安时，这位 43 岁的白人高管关心的不是卢斯在安排孩子们的活动，而是确保她和她的丈夫尽可能多地和卢斯一起去做这些预约的事情和活动。比如，她丈夫喜欢带孩子们去看医生和牙医，但要和卢斯一起去。薇薇安说，其他活动"都进行了合理分工。有时候她一直负责，有时候我们也会变动一下。比如现在洗澡是在晚上，但有些时候白天洗澡才合适"。

双向沟通

在回答"有关孩子的问题你会请教谁"这个问题时，采用操纵木偶式或超自然式管理的雇主妈妈，从来没提到过她们的保姆或换工（见第七章）。相比之下，伙伴式的管理者总是会提到她们的儿童看护是提供信息和专业知识的重要来源。那些把保姆视为技术熟练工的雇主妈妈们会毫不犹豫地向她们寻求建议。由此产生的双向信息交流，并没有削弱母亲的权威性或作为最终决策者的地位，而是给她们提供了一个可以利用的重要资源。在本研究的所有案例中，雇主都会教保姆如何育儿，有些令她们感激，有些她们不得不容忍。不过，采取伙伴关系式管理的母亲也经常咨询她们的看护，并通过让看护参与基本决策来表明她们重视其专业知识。从我访谈的女性的角度来看，这种不断的互动和相互学习标志着良好的雇佣关系，因此也定义了伙伴关系。

看护们认为信息共享不仅符合孩子的利益，而且也是对自己在家庭生活中的作用的一种重要认可，在某些情况下，还是一种创造性的表达方式。例如，科琳娜提到，当雇主留意到她的一些技巧并加以采用时，她感到非常高兴。

我感觉他们会观察我如何运用幽默，（然后）他们也会这样做。我知道，首先让孩子们把衣服穿好真的是件大事。我编了个游戏："你今天想当谁？""我想当艾蒙。""好的。我们来找红色的东西。"诸如此类，都是些无聊的事。所以，现在我们每天都有一个主题，就是我们想成为谁。它可以是海洋，那就要蓝色衬衫和棕色裤子，沙子和水，你懂了吗？他们从我这儿学会了让事情变得简单的办法。我也从他们身上学到了东西。

对科琳娜来说，和其他许多保姆一样，比起信息交流的内容，更关键的是存在双向对话。她的话体现了相互学习对保姆来说比较重要的几个要素。首先，她的雇主注意到了她的能力。第二，她的雇主不仅听取了她的建议，而且开始采纳。第三，雇主也会教她。所以双方都在进行有益的学习。

　　阿敏向李婵请教过如何以及何时开始吃固体食物的问题，因为正如阿敏所说，"她（李婵）自己有两个孩子。"李婵解释说，她也在向阿敏学习。"她读了很多关于育儿的书。有时候我觉得她说得更有道理。（比如说）如果饮食上要做什么调整，我们总是会一起讨论。"在这里，雇主的"书本知识"与更有经验的家长李婵的"实操知识"互相融合，使其进一步增强提升。这种分享知识的方式与第七章中描述的知识战争有很大的不同

　　无独有偶，莉比是这样形容她和格蕾丝的交流的："你觉得呢？""我不知道，你觉得呢？"她解释说，她的小女儿艾莉正在进入一个"固执己见"的阶段，"她正在发展自己的自我……我们会讨论如何来处理"。她在与格蕾丝的讨论中发现，"格蕾丝对待她的方式恰好和我们一样"，这让她感到欣慰。然而，更重要的是，在伙伴关系中，即使母亲和看护的育儿方式不一样，双向沟通也能让她们找到折中的办法。

　　伊丽莎白和隆奈尔在应对克洛伊的问题上于某些方面有相似之处，但在其他方面却明显不同。伊丽莎白举了几个例子来说明她和隆奈尔之间的风格差异。

　　在某些问题上，隆奈尔比我更严格。所以她会说"一周内不能看电视"。好吧，这让我也不得不坚决执行，但我觉得这对一个五岁的孩子来说太过分了。所以我们不得不讨论这个问题，在这些事情上反复协商，她通常会让步……任何两个人带孩子都是一样。你们必须相互支持，但如果我感觉哪里不太对，我们会再谈。除此之外，我认为我们意见是非常一致的。她比较注

重对表现好的行为给予奖励，我不是特别喜欢。但在某种程度
上，这都没关系。你发现自己就像在任何一段感情中一样，开
始妥协，决定什么才是真正重要的问题。[7]

共同决策

所有处于伙伴关系中的母亲和保姆都讲到了一种对孩子的
日常生活进行决策的团队方式。伊丽莎白解释了她和隆奈尔做
决定的过程："我们会讨论一些有关克洛伊的问题……克洛伊够
大了吗？我们应该让她开始做这个吗？除了上学之外还要上课
外班是不是太多了？她准备好了吗？这些都是我们会讨论的问
题。"有些时候做决策的只有母亲和保姆，但大多数伙伴关系还
会把父亲也包括进来，让他也参与决策。

我们来举个例子。34 岁的白人教授格温有两个女儿，艾米
莉亚两岁，卡洛琳娜五岁。她解释了她和丈夫费德里科医生以
及他们的危地马拉保姆西尔维娅是如何艰难地决定给卡洛琳娜
换学前班的。最初他们选择了当地一家合作式的半天制学前班，
因为卡洛琳娜"需要与其他孩子一起上一阵上学前班，而且价
格也合理，我们还能负担得起西尔维娅下午的工资。这也是必
要的，因为我在做全职工作"。她提到，在卡洛琳娜上学前班之
初，曾出现过一些危险信号，学前班其他孩子的父母"（就经济
而言）每天只需要请人看几个小时孩子，跟我们情况不一样"。
那些负担得起日托服务的家庭是为了"充实"孩子的生活，而
不是在自己上班的时候急需有人补位，这些家庭可能属于一个让

格温和她的家人感到不舒服的社会阶层。更重要的是，作为一个墨西哥移民的孩子，卡洛琳娜是班里唯一的"有色人种孩子"。

当轮到费德里科接送小孩时，第一个困难的信号出现了。"因为费德里科太难发音了，老师问是否可以叫他'弗雷德'时，他有点震惊。"第二个信号是老师把卡洛琳娜称作"ESL 小孩"（ESL 全称为 English as a Second Language，即"英语作为第二语言"，一些学校会为英语非母语的孩子提供此类课程。——译者注）。格温注意到，虽然他们是一个二元文化的家庭，但在家里确实以西班牙语为主，所以"她进入学前班的时候确实只会说西班牙语，但她肯定能听懂英语"，她有点感伤地说，这又是一个"被我忽略的警报"。

最后一根稻草，出现在与老师协商如何与西尔维娅对接的时候："我跟老师解释说，我必须工作，但她需要在西尔维娅（她说一口流利的英语）接孩子时跟她交流卡洛琳娜这一天过得怎么样，就像她跟我交流一样。我明确表示，西尔维娅已经做我们的保姆两年了，对卡洛琳娜来说就像第三个家长一样。"老师同意了，但西尔维娅开始表示担忧。当她去接卡洛琳娜时，老师和其他家长都不理她。到第三周结束时，格温说："这一切都开始让我们感到紧张，当时西尔维娅直言不讳地对我说：'我认为这不是一所适合卡洛琳娜的学校。他们显然对拉美裔存在种族歧视。卡洛琳娜是拉丁裔。她需要上一所尊重她、尊重我们和我们语言的学校。'"格温、西尔维娅和费德里科讨论了这一情况，一致认为他们需要为卡洛琳娜找一所新的学校。在格温安排好新学校之前，西尔维娅整天都在家陪着卡洛琳娜。最后，西尔维娅减少了工作时间，降低了工资，以便卡洛琳娜能转到对拉丁美洲人更友好的学前班。

这个决定换学前班的例子说明在伙伴关系中可以发展出一种交互性。虽然费德里科是从墨西哥移民过来的，而西尔维娅来自危地马拉，但孩子父母并没有认为西尔维娅会"自然而然"地与他们在所有事情上的观点一致。事实上，由于他们之间存在阶层差异，西尔维娅比她的雇主更能感受到微妙的种族主义和反拉丁裔的情绪。因为他们一直鼓励双向交流，重视西尔维娅的看法，所以当她看到卡洛琳娜在学校被边缘化时，她觉得自己能够说出来。他们根据所有相关人的意见作出了共同的决定，孩子的爸爸妈妈都觉得他们从西尔维娅的见解中受益匪浅。

※　※　※

基于信任、雇工自主权、双向沟通和共同决策的关系，赢得伙伴关系的标签，在我的研究中，这也是最令人满意的关系。但问题是，为什么它们在第一轮访谈中如此罕见？

伙伴关系何以可能：检验假设

如前所述，我对第一轮访谈的分析表明，雇主妈妈们在密集母职与要么不干、要么全干的职业要求之间陷入了困境，她们常常感到对生活中的两个领域都失去了控制，焦虑不已。霍赫希尔德曾指出，家庭是经济变动的"减震器"；我则认为，看护儿童的雇工是夹在工作与家庭冲突中的职业女性的减震器。那么，如果去掉雇主妈妈身上一种或者两种压力，又会发生什么呢？

如果妈妈们不那么全心全意地接受密集母职，而是对于母亲在孩子生活中应该扮演什么角色另有一套信念，那么她们会不会不再将保姆视为威胁，而是将保姆视为孩子生活中一个慈爱的成年人？同样的道理，如果雇主妈妈没有那种因经常出差、每周工作 50 个小时，进而导致自己在家里变成陌生人的压力，那么她们会不会因为对自己委托给看护的育儿工作有了实实在在的了解，而对委托照顾感到更自在一些？为了探究这些问题，我找了两组女性：一组是由上班族妈妈抚养长大的，尤其是成长在以母亲上班为常态的文化背景下的女性；另一组则是从事非全日制工作或享有弹性工作时间的女性。

在第一组中，我希望找到能够利用反霸权理念来重新定义密集母职的上班族妈妈，她们应该能够更容易地将育儿实践与要求苛刻的职业生涯结合起来。在第二组中，我根据"情感联系阈值"（threshold of connection）的概念招募了一些母亲。这个题目来自我此前对雇主妈妈就她们理想的工作/育婴假如何组合这个问题所做的访谈。情感联系阈值指的是某位特定的父亲或母亲认为需要与孩子相处的时间的长度或质量，在此阈值之上他或她才会对自己的育儿活动有安全感，进而才能安心地将母亲工作委托给他人。显然，这一阈值会因父母的不同和时间的变化而改变。

情感联系阈值是一个重要的概念，有如下几个原因。首先，讨论母子依恋的研究文献仅从想象的儿童视角出发。其次，它还进一步假设所有儿童的依恋需求都是相同的，所有儿童都需要与一个且仅与一个照顾者建立联系，那就是母亲。最后，它假设母亲与孩子建立情感联系的需求具有三个特征：（1）它是先天存在的，其缺失是异常情况；（2）不会随着时间的推移而改变；（3）不受外界力量的影响。简而言之，母亲和孩子生活在一个泡泡里，双方在泡泡里被迫建立良好的联系。如果依恋关系不牢靠，这个问题是由于母亲的异常造成的，并被认为会对孩子以后的发展产生持久的影响。

但是我通过比较发现，对于孩子在什么年龄段需要和母亲在一起，以及需要和母亲在一起多长时间，母亲们的看法存在很大差异。有些母亲重返工作岗位时，对与宝宝的分离感到极为伤心。另一些母亲则认为照顾婴儿相对枯燥，她们认为孩子在蹒跚学步、上小学甚至高中时更需要她们，也更"有意思"。从这些发现中可以看出，情感联系的阈值在某个孩子的一生中也不断起起伏伏，取决于许多条件，包括母亲的育儿经验、水平，她对孩子特定发展阶段知识的熟悉程度，以及其他占据母亲精力的事项。

重要的是要认识到，满足父母对联系的需要，可能与满足孩子的需要一样重要。[8]而且父母和孩子一样，对依恋的需要可能会有不同，这些变化很可能是完全正常的。最后，如果父母的需求得不到满足，由此产生的紧张和不安全感，无疑会影响到孩子与父母以及与其他慈爱的成年人的关系体验。因此，我假设，那些越过了情感联系阈值的雇主妈妈（无论她们是全职工作、非全日制工作、弹性工作，还是完全不工作）在育儿方面会更有安全感，作为雇主时也更通情达理。

在进行第二轮访谈时，我根据这两个假设来挑选参与者，寻找那些挑战密集母职、密集工作或对两者都进行挑战的女性。

挑战密集母职：上班族妈妈和反霸权母职规范

当我开始寻找成功挑战影子母亲难题（shadow-mother knot）中密集母职部分的女性时，我着手去找雇用保姆的有色人种母亲，这主要出于以下几个理由。首先，在我已经访谈过的雇主妈妈中，全职工作的白人妇女，无论自己的母亲以前是否外出工作，都对不待在家里表现出了更大的负疚感。其次，有很多文献都记录了有色人种社区中"其他妈妈"和大家族成员照顾孩子的传统。[9]我想看看这种传统是否也适用于专业技术阶层的上班族妈妈。最后，回顾第一轮数据收集中对 22 位雇主妈妈的访谈，可以看到只有阿敏和乔伊斯两位雇主，从第一天起就与保姆建立了伙伴关系，她们都是在母亲外出工作成为常态的文化中长大的。

因此，在第二轮访谈中，我挑选了自己母亲曾外出工作的雇主妈妈，尤其是有色人种女性。我发现，由上班族妈妈带大并不会自动使得受访者拒绝更离谱的密集母职要求。在 22 名白人雇主妈妈中，有 7 人的母亲在她们小时候曾外出工作过，但其中只有 3 人与保姆是伙伴关系。我访谈的 8 位非洲裔、拉丁裔和亚裔雇主妈妈都是由上班族妈妈抚养长大的，然而只有 3 人与保姆形成了伙伴关系，其他 5 人则倾向于超自然式管理，她们假定种族/民族的相似性会转化为相似的育儿方式。生长于一种肯定母亲上班的文化一般来说并不会起决定作用，而是为雇主妈妈提供了一种资源，一种"动机词汇"，让她们可以以此为基础调整自己与密集母职要求之间的关系。[10]

我们来举个例子。45 岁的非裔美国教师格洛丽亚有两个年幼的孩子，她是这样形容自己的成长经历的："我母亲晚上上班，我父亲白天上班。所以对我来说这很正常。但我意识到对整个社会的妇女来说这是不正常的。她们没有榜样可以效仿，而我认为（我和我丈夫）为此做好了准备。我们的母亲以前都要工作。我们都有这样的榜样，这很宝贵。"当她的孩子开始上学以后，花钱请全职保姆就不可行了，于是她和丈夫就采取她所说的"触发器"（flip-flop）的办法来带孩子。"就像跑接力赛传递接力棒一样。我父母的工作时间彼此衔接。我和我丈夫也差不多是这么做的，只不过他是那个日夜颠倒的（笑）。我是说第三个临时保姆走以后，他就待在家里带孩子，找了份夜班工作。"格洛丽亚能够毫无负疚感地做全职工作，在家庭收入可以支付全职有酬儿童照顾服务时，把育儿工作委托给保姆；当请保姆太贵时，她可以和丈夫分担育儿工作。她认为，她和丈夫之所以能轻松地分担育儿责任，是因为他们在成长过程中有榜样可以学习。

乔伊斯也认为，在母亲负疚感的形成过程中，出身于何种成长环境和文化非常重要。我问她："你认为在我们的文化中，总的来说，上班族妈妈都会有负疚感吗？"她一开始答道："我想这要看你说的是哪种文化。嗯，如果你说的是……（停顿）"虽然她停顿了一下，避免对所指对象加以明确表述，但她显然是指主流的白人中产阶层文化和她童年的非裔美国工人阶层文化之间的区别。

　　乔伊斯：好吧，首先我要说的是，我的母亲一直都是一个上班族。我们是个工人阶层家庭，事实上，我母亲有两份工作。她白天做秘书，晚上在邮局工作。

　　卡梅隆：那么是谁照顾你长大的？

　　乔伊斯：起先，我们可以去临时保姆的家；后来，我们就上学了，我姐姐比我大七岁，所以我们回家就好了。而且我们就应该待在家里。我是在纽约的布鲁克林长大的，所以我们应该待在家里，直到他们回家。所以，嗯，我习惯了有个上班的妈妈。我几乎所有朋友的妈妈都要上班。你为了生存和挣钱必须上班。所以我的意思是，这是正常的。

　　在乔伊斯看来，她的母亲通过打两份工来表达她对家人的爱。她不在家并不意味着母亲的疏忽，相反，这是一种必要的牺牲。乔伊斯的母亲在经济困难的情况下树立了一个好妈妈的典范：她把孩子的经济利益放在第一位。对乔伊斯来说，她所认识的每个母亲都以这种方式来抚养孩子，进一步突出了这种母职模式的常态性。

　　后来，当乔伊斯靠奖学金进入一所精英寄宿学校时，她接触到了不同的母职文化：

　　这是一种非常不同的文化。其中有些母亲要工作，但大多数的工作是志愿服务型工作。然后我就想，你知道，我们社会在某些地方确实让妇女对工作感到内疚。但我认为，你应该做你想做的事。有些人无法选择他们能做什么，因为这是一种生存的手段。如果他们不工作，他们就没钱。但是，如果你喜欢在家里和孩子待在一起，而且你能负担得起，那也不错。但我不认为你必须这样做。我永远不可能成为一个全职妈妈，即使可以做志愿服务这类事情也不行。

乔伊斯的个人经历使她接触到两种不同的好妈妈模式。她童年时母亲出于经济需要而工作的经历，使她认为寄宿学校同学的母亲并没有真正在工作，而只是在做"志愿服务这类事情"。她认为这些妇女并没有履行其经济上的义务，所以将她们视为全职妈妈，尽管志愿者的工作也经常需要她们出门。

那些在以母亲上班为常态的国家长大的雇主妈妈们，也以她们的童年文化为资源，来重构她们与美国的母职意识形态的关系。例如，来自东亚的移民阿敏为上班族妈妈的负疚感问题带来了国际视野。

卡梅隆：儿子出生后，你是否在同事的压力下感到要继续工作？

阿敏：不，压力不是来自我的同事。如果说有什么压力的话，我觉得是来自我的成长方式，来自我母亲的一些压力。因为，嗯，在我的记忆中，我妈妈一直在上班。我和我哥哥小时候，有一个看孩子的人和我们一起住了很多年。而且，在我们那儿，大多数妇女都有工作。即使没有 95%，也有 94% 或者更多……在我成长的过程中，我没听说有哪个妈妈不工作。我所有朋友的母亲都在工作。所以对我来说，生活方式就是这样。我从来没有想过会有其他的方式。所以在孩子出生之前，我确实打算（产后继续）工作。我想我当然会回去工作的（笑）。直到孩子生出来，我才意识到这有多困难。

阿敏对重返工作岗位没有任何文化规定的负疚感，但她对美国缺乏对上班族妈妈的制度性支持感到震惊。"与我们那儿相比，上班的妈妈得到的支持实在是太少了。少得可怜……在我们那儿，每个工作场所都有一个托儿所……美国的日托中心不在上班的地方，而且空间太小，有时候就是半个地下室而已！而且我想说，和美国相比，我们那儿的住房要挤得多。但是，我们那儿每一个托儿所的空间都比美国的托儿所要好！"虽然缺乏日托中心的支持，让她重返工作岗位困难重重，但这并不影响阿敏继续从事科学事业。她解释说："我很享受工作。同时我也意识到，除了有孩子，我还有另一种生活。而且我儿子也需要出门去和同龄的孩子们相处。"与乔伊斯和格洛丽亚一样，阿敏也借助个人经历和母亲上班为常态的文化背景挑战了密集母职的意识形态。

在我访谈过的女性中，最有可能挑战密集母职的女性是那些世世代代母亲都要外出工作的有色人种女性，因为她们有可以借用的反霸权好妈妈模式。[11] 这些雇主妈妈还指出，她们对孩子的照顾比她们母亲当年对她们的照顾更周到，而她们母亲陪孩子的时间又超过了她们外祖母陪母亲和母亲的兄弟姐妹的时间。与本研究中的大多数白人职业女性不同，有色人种女性指出，她们家里每一代女性的"情感生活水平"都在不断提高。虽然我认为至少我访谈过的某些白人雇主妈妈也是如此，但这种趋势并没有那么明显。

此外，我访谈的有色人种的雇主妈妈们还在坚持"其他妈妈"的传统，进一步增强了她们对过度密集母职的反抗。尽管这些受访者非常相信婴幼儿版本的"规划栽培"，但对于跟儿童看护或者丈夫及其他家庭成员分担育儿劳动却没有什么不安。[12] 对这些妇女来说，让不是家人的慈爱的成年人照顾孩子没什么不正常的。对她们的育儿实践来说，这谈不上增益或损害；相反，分担照顾孩子的责任被视为一个好妈妈的有机组成部分。在这里，养育孩子是一种"需要全村人"的概念，而不是母亲一个人的工作。

我在第二轮访谈中访问的两位白人雇主妈妈也明确反对密集母职的要求，并与她们的看护结成了伙伴关系，但原因跟有色人种女性有所不同。44 岁的白人律师莉亚出身于工人阶层的欧洲移民家庭；她的母亲在外工作，但把做饭和打扫卫生看作女人最基本的工作。莉亚指出："我记得母亲会让我帮忙洗碗和清理厨房，而我的哥哥却没有被要求这样做。我当时觉得这非常不公平，现在想起来有点好笑。但我确实记得我对母亲说：'我不想长大后还必须做这些事。'她说：'好吧，等着瞧。'"莉亚的母亲去工作是出于需要，而不是她选择这样做，她并没有把自己上班看作莉亚应该效仿的模式。相反，正如莉亚所说，她的母亲更习惯"20世纪50年代那种女性应该在厨房里干活的想法"。

当莉亚想上大学的时候，她母亲对家庭生活的看法终于跟莉亚对未来的希望冲突了起来。她的家庭现在有能力送她去上大学，但她母亲认为她应该待在家里，去读个大专。莉亚说，她父亲出面了，他对母亲说："结婚二十年来，我从来没有说过这句话，但我认为如果她待在这里和我们一起生活，一年后她就会怀孕，她的生活就会一落千丈。她太聪明了，太有才华了，不能这样。我赚的钱比你多，我要送她去。"她说母亲很生气，但最终还是让步了——直到莉亚被一所顶尖的法学院录取，斗争又开始了："我记得我妈妈说，'我们不应该把所有的钱都给你上法学院，因为你只会结婚生子，你的法律学位也没用'。……在某种程度上，我想她可能是有点嫉妒，你明白吗？因为，你看，我现在的生活对我来说就像是灰姑娘一样。对她来说肯定是这样的。所以回顾这些事情是非常令人心酸的。"

莉亚在信奉女性主义的法学院同仁中找到了安宁和归属感，后来又嫁给了信奉平等主义的丈夫。她说，在法学院同学们的陪伴下，她开始有了工作和生活平衡的感觉。

我们在政治上被认定为女性主义者，我们想改变世界。而生孩子是我们要做的事情，但不是我们所做的全部，甚至不一定是我们所做的最重要的事……我们把工作当作天职，是为使命感所驱动的……我认为我们嫁给了那些能够建立平等关系的男人。我们的孩子生得很晚（莉亚39岁）。我认识不少这样的

人，我认为是我们女性主义的想象（将它变成现实的）。这不是
唯一的办法，但是个好办法。

　　作为本研究中年龄较大的一位雇主妈妈，莉亚深受第二波
女权主义的影响，它为她提供了一种反霸权主义的意识形态，
于是，她可以在此基础上规划自己的母职事业。女性主义、相
信她的父亲、提供反面教材的母亲和分担育儿角色的丈夫结合
在一起，给莉亚提供了一条摆脱密集母职的道路，使她可以在
保姆艾莉看护女儿的四年时间里，不必让她去做"影子母亲"。[13]
　　伊丽莎白是第二轮访谈中另一位打破密集母职模式的白人
雇主妈妈。她以前有一份要求很高的 CEO 工作，在 42 岁时主
动成为单亲妈妈，在抚养女儿克洛伊的过程中，她与保姆隆奈
尔建立了稳固的伙伴关系。伊丽莎白的母亲曾是一名教师，但
在六个孩子中的老大出生时，她离开了工作岗位。伊丽莎白解
释道："当我第二小的弟弟快六岁的时候，（妈妈）打算回去教
书，但她又怀孕了。当时我才十岁，还清楚地记得她为此很愤
怒。"等六年后，她母亲才终于回到了教书的岗位上。伊丽莎白
母亲的经历也是一个很有影响的警世故事。虽然伊丽莎白一直
计划着要孩子，但她从未打算像她母亲那样牺牲自己的自主权。
她和我访谈的有色人种女性一样，也指出，对克洛伊来说"情
感生活水平提高了"，因为"在克洛伊这个年龄，我有三个弟弟
妹妹和一对哥哥姐姐"。相比之下，"克洛伊是独生女，得到的
一对一亲子时间比我多得多"。
　　尽管母亲的生命历程对伊丽莎白重新调整她的育儿观很重

要，但 42 岁时生下克洛伊这件事促使伊丽莎白更加努力地重新思考她的家庭观念以及工作与育儿如何结合。罗斯安娜·赫兹在对单亲妈妈的选择所作的开创性研究中指出，这些女性"发展了一种与既有的规范大相径庭的儿童看护概念……对这些母亲而言，儿童看护者不是隐形的，而是团队的一部分"[14]。正如伊丽莎白所指出的那样，她的单亲妈妈身份意味着她更需要隆奈尔，因此必须更加努力地建立良好的伙伴关系："毫无疑问，与一对夫妻相比，我的要求更高。我没有'约翰，你今晚为什么不早点回家'的弹性……双亲家庭不明白……双亲家庭很容易告诉你，你不需要（至少是全职的）后援，但他们彼此可以互相支持。"

因为她非常依赖保姆，所以她需要投入更多的精力来维持与隆奈尔的工作关系。她还指出自己在这种"关系性工作"上投入得更多，因为她没有丈夫来扮演坏警察这个重要角色。[15]"（作为一个单亲妈妈）提高了你的要求，这让你们之间的关系也更有张力，你没有第三个变量。你不能说，'哦，你知道，我这里真的没问题，但约翰会不喜欢'，我没法这样做。"

和许多主动成为单亲妈妈的女性一样，伊丽莎白也通过与隆奈尔及其家人建立大家庭式的关系雇用了她所需要的家庭支持。正如她说的那样："隆奈尔是我们家的家庭成员，也是克洛伊的大家庭的一分子，所以除非有什么难堪的争吵——这个我无法想象——我们已经包容彼此三年半了。我希望隆奈尔和她的家人都能成为大家庭的一部分。"作为一个人数不多但不断增长的女性群体中的一员，伊丽莎白选择在没有伴侣的情况下建立家庭，在她能找到伙伴的地方培养亲情。

伊丽莎白和莉亚不像我访谈的有色人种女性那样靠长期的文化规范来拒绝密集母职，跟那些靠国家政策来减轻密集母职要求的母亲也有所不同。相反，她们之所以拒绝密集母职，是因为她们处于特定社会运动的前沿。这些运动让她们开创了将工作和育儿相结合的新方式，同时为她们提供了文化资源，支持她们的选择。

我们对所有母亲曾外出工作的白人妇女抱有同样的期望，但我所访谈的其他白人雇主妈妈都是从密集母职的角度出发来看待母职的。虽然 22 名白人雇主妈妈中有七人是由上班族妈妈抚养长大的，但她们对母亲的工作抱有一种矛盾的态度。最常见的是，她们把母亲的工作看成负面教材。这种消极的解释并不代表她们认为自己小时候因为母亲上班而受苦。恰恰相反，大多数人都对在日托中心或心爱的保姆那里度过的时光有着美好的回忆。在某些案例中，她们把自己的母亲视为不正常的"超人妈妈"。另一些人则指出，母亲们说她们对失去与孩子相处的时间感到很遗憾。更常见的情况是，她们的白人女儿对母亲与工作的关系进行了更微妙的解读。

格温对母亲工作经历的矛盾态度，典型地说明了这种复杂性。她的母亲同时在四所大学担任教职，为了获得终身教职，母亲必须读完博士学位。但因为这会占用她陪三个孩子的时间，她一直没有读完。格温说，她追随母亲的脚步，为了不在孩子的养育上留下遗憾，很早就决定放弃自己的事业。"这是我妈妈做的决定"，她说，她的妈妈"总是累得要死，熬夜批改论文，奔波在四所不同的大学里教书，'办公时间'就坐在大学停车场的后保险杠上"。同时，她的妈妈也向她明确表示，她从来没有后悔过决定去工作，也从来没有后悔过雇用德国保姆，因为有了保姆，这一切才有可能："我很清楚地记得我十几岁时跟妈妈的一次讨论，那对我的影响非常大。我看着她疲惫的样子，说：'妈妈，我很抱歉你不得不一直这么辛苦地工作。很抱歉你没法少干点活，过一种轻松的生活。'她看着我说：'我爱我的工作，亲爱的。我永远不可能在家陪你们。那会把我逼疯的！'"格温说，这次谈话给了她"难以置信的解脱感"，虽然也有点震惊。她还风趣地拿孩子的自我中心观开玩笑："什么？我不是你所有幸福的源泉？（笑）"她说，她母亲"是以工作为荣的榜样……而且她真的是一个非常伟大的妈妈，这可能是我几乎没有或没有妈妈内疚感的主要原因。我希望我的女儿们能从我身上看到这一点"。

但格温对母亲生活的解读既不简单也不直白。虽然她想效仿母亲对工作的自豪感，并为女儿们树立这种自豪的榜样，但她同时选择了"放弃"自己的事业，这样她就可以做非全日制工作和弹性工作，以避免产生母亲的内疚感。此外，格温还将母亲因癌症过早去世归因为"长期劳碌和接触化学品导致的免疫系统虚弱。她总是一坐下来就能睡着，她不断地把自己的需求转化成我们的需求"。格温的人生选择印证了她对母亲生命历程的矛盾解读。由于缺乏一种基于文化和社会制度的强大的反霸权主义的母职理想，格温母亲的经历同时扮演着异常值、榜样和负面教材三种角色。

通过分析受访雇主妈妈的生命历程以及她们对自己母亲工作的解读，我发现，在密集母职意识形态下，由上班族妈妈抚养长大的事实并不能提供足够积极的榜样。与其母亲相比，我所访谈的上班族妈妈拥有的职业机会更多，工作的要求更高，也更有成就感。但这一事实并没有减轻密集母职的影响，也没有改变她们用母亲的生活史来思考自身的为母之道的做法。她们的母亲对自己兼顾工作和家庭的经历所作的解读，决定了这些女儿如何在工作中延续母亲对待工作的方式。而且，对于那些与看护建立伙伴关系的雇主妈妈们来说，有上班族妈妈的榜样并不足以帮助她们全面挑战密集母职；成功的挑战靠的是反霸权主义的文化信念，而不是个人的经历。

挑战密集工作：非全职工作的上班族妈妈和情感联系的阈值

本研究第一轮数据收集中访谈的雇主妈妈做的都是全职工作。回顾这些访谈，并将全职工作者与第二轮数据收集中访谈的从事非全职和弹性工作的母亲进行比较时，我注意到：在男性模式的职业中从事全职工作的母亲，往往会感到与家里严重脱节，造成她们对把什么职责委托给看护缺乏经验。正如第五章所讨论的那样，由于缺乏经验，操纵木偶式的管理者会把不切实际的时间表强加给子女和保姆。此外，许多人担心她们的保姆或换工可能会干得太好，侵犯母亲的情感领地。特别是对待还没有学会说话的孩子，她们只能通过对日常生活作出微妙的反应变化来交流大量的信息。正如前几章所呈现的那样，感到与这些日常活动脱节的雇主妈妈，往往试图通过强加一些对孩子或看护来说可能不尽合理的政策来获得控制感。她们也可能试图通过表现掌控力和知识渊博来寻求补偿，因此在看护看来，她们似乎是在排挤她，否定她的知识。这些关注点指向一个重要的、未被探讨的问题：母亲需要多少情感联系才能在与孩子的关系中感到安全？

本研究中的所有雇主妈妈都表示，她们理想的工作时间表应该包括一定程度的非全日制安排。那些工作时间特别长/产假时间短的人对工作和母职之间的不平衡感到尤为沮丧。更重要的是，许多上班族妈妈，特别是那些孩子非常年幼的母亲，表示对自己的母职技能没什么把握，对于与孩子之间的联系也表现出强烈的不安全感。当孩子更喜欢保姆或父亲时，她们会觉得自己不够好；在超市或公园里，遇到不认识的父母跟孩子打招呼时，她们会感到不安，有时甚至感到沮丧。这些遭遇凸显了一个痛苦的现实，即她们的孩子有相当长的一段时间生活在她们不熟悉的社区里。正如苏珊娜所说，她们常常不知道自己的孩子进入了什么发展阶段，直到"快要一头撞上了"才明白。这些雇主妈妈觉得她们永远也达不到自己的"情感联系的阈值"，由此产生的不安全感又在与保姆的互动中表现了出来。

杰西卡就坚决认定自己的阈值还没有达到。当我问她做全职妈妈的社会倾向压力对她辞职的决定是否有影响时，她回答说："回家待一段时间以后，或者我跟孩子的关系安全之后，也许我会开始（感受到这种压力）。现在占据主导地位的是我对跟孩子关系的需求。这只是我私人的事。我的意思是，如果我在工作中感觉良好，我也许会觉得，'天哪，竟然有这么多人觉得你应该在家好好带孩子'。"杰西卡在这里提出了一个重要的区别，即个人对充分的情感联系的需求和社会规定的有关好妈妈的期望之间的区别。她对两者的区分提出了一个问题，即仅仅改变文化脚本是否能解决她所经历的深层矛盾。在她的案例中，正是她个人对失去与孩子联系的感觉导致她决定离开赚钱的事业。一旦她在家与儿子相处的时间足够长，足以治愈这一创伤，她认为她可以更好地评估自己想要如何利用时间：究竟是完全作为一个母亲，还是将非全日制工作和养育子女结合起来，抑或是回到全职工作中去？

苏珊娜对杰西卡的观点表示赞同，她说她更喜欢"非全职的情况……这样，你仍然可以从工作中得到一些满足，但仍然有足够的时间专注于营造一个良好的家庭环境"。苏珊娜提到一位朋友，她认为这个朋友处于"理想状况"之中："她有时间安排孩子们玩耍，她认识孩子所有的朋友，还会组织各种活动。"玩耍聚会和组织活动的文化显然是有阶层属性的，源于专业技术阶层的母亲对密集母职的诠释。然而，希望有足够的时间认识孩子的朋友并参与他们的日常活动，几乎是所有父母的普遍愿望。苏珊娜的愿望似乎并不过分，但她的工作需求却让这些简单的活动也被划归为遥不可及的奢侈品。

大多数关于双薪家庭的研究都认为，解决上班族妈妈所经历的"角色紧张"的办法就是获得更好的托儿服务或者父亲更多地参与育儿。然而，即使具备购买高质量儿童照顾服务的财务条件，且父亲能较多参与育儿活动，也不足以让我访谈的许多雇主妈妈在工作-家庭的安排中感到安全。矛盾的是：对有些雇主妈妈来说，丈夫的参与和看护对孩子的爱，反而加重了她们不满足和不安全的感受。[16]

父亲似乎不太可能有这种失落感。大多数被访谈的职业女性的丈夫，在子女生活中的存在感明显高于她们自己的父亲。被访谈的母亲们，无论她们是否想复制自己的成长方式，都意识到自己的为母之道与母亲有很大的差别，也可能会赶不上自己的母亲。然而，更重要的是，存在某种阈值，没有达到这个阈值，母亲就会觉得自己缺席了子女的生活，这是不可接受的。对不同的人来说，这个阈值各不相同，但如前所述，所有的母亲都表示，她们理想中的工作包括某种形式的非全职工作，或是逐步回到全职工作。

在第二轮访谈中，我找的是那些从事非全日制工作或是弹性工作的女性。根据访谈伊莲恩和克莉丝汀的经验，我想探讨的是：如果一个母亲的情感联系阈值已经达到了——我假设这个阈值会因受访者的不同而不同——那么，在与孩子的联系中，她就会感到足够安全，从而可以将这种关系的一部分委托给其他人。从事非全日制和弹性工作的母亲证实了这个想法。因为她们已经满足了苏珊娜所说的"居家"的需求，所以不太会感到受保姆的威胁，对自己和孩子的期望也更合乎情理。

莉比是拥有弹性工作时间的母亲的完美代表。她的工作是全职的，但她可以根据自己的需要决定是否要早些下班。夏天的时候，她的丈夫（一位老师）在家，她就每周工作四天，这样她就可以有三天的周末时间和家人在一起。这种安排让她对做母亲的感觉足够满意了，她承认她永远不想做全职妈妈。当我问她是否考虑过这个选项时，她笑着回答说："从来没有。这个周末，我和罗伯还在拿这事开玩笑。我会很痛苦，他也会很痛苦，孩子们也会很痛苦——'了解你的弱点'，这就是我的弱点。我不能待在家里。幸运的是，我们所生活的时代让我不必为此感到羞愧。"然而，莉比这种无愧于心的感受，并没有得到普遍认同。第一轮访谈中，大多数母亲都为自己不想全职在家陪伴孩子而感到愧疚。她们觉得自己至少应该想待在家里，或者至少孩子们应该希望她们想待在家里。结果她们无意之中制造了一种她们认为自己和孩子应该感到有所缺失的情境。[17]

把莉比和其他母亲相比较，当孩子们选择格蕾丝而不是她时，莉比不会感觉受到威胁："我本来就认为孩子们会跑到格蕾丝那里去。她在这里的时候，他们应该这样做。而如果要在我和她之间选，我不知道。我想这也关系到你如何看待作为母亲的角色。而我作为母亲的角色不是——（停顿）我不会是他们生命中唯一爱他们的成年女性。"与我访谈过的其他雇主妈妈所表达的观点相比，这是一个激进的说法。我认为，莉比灵活的工作时间让她对自己作为母亲的地位极为自信，因此可以轻松地接受孩子们的生活中还有另一个重要的母亲式的人物。

安德里亚和她的保姆布里奇特提供了另一个例子，说明如果达到了情感联系的阈值，雇主和保姆可以建立起令人满意的关系。36 岁的安德里亚是一位非全日制的医学教育工作者，她有五个孩子，年龄从一岁到八岁不等，其中还有一对两岁的双胞胎，中间那个孩子六岁。布里奇特带着自己两岁的儿子欧文一起来上班，所以当她在安德里亚家时，她得照顾六个孩子。

安德里亚介绍了她对布里奇特与孩子们互动的期望如何不同于她那些全职工作的朋友："有人可能会说，'我想让你和他们一起画一个小时的画'。好吧，我和他们待在家里的时候就知道，他们撑不了一个小时。我明白，如果你没在家里待过，你就会有这种宏伟的计划，你知道，在你的脑海里……但事实并非如此……这个孩子会失控，那个会无缘无故地大哭。然后你压根儿没想过会发生的事情也会发生。"非全日制工作的一个好处是，雇主妈妈们对她们委托给他人的职责有一个明确的概念，反过来，这种认识也让她们的期待更为现实。

与保姆建立了伙伴关系的母亲也不大相信自己的孩子一直都表现得很好。安德里亚补充说："我们会相互学习，了解孩子们和她在一起的时候怎么样，跟我在一起的时候又是什么样……如果有个孩子好像一个星期都过得很糟糕，她会非常诚实地说，'哦，是的，她一直这样'，或者会说，'这个星期我带她的时候都很好'。当双方都不把对方的知识视为威胁时，这种相互学习的情况就会在日常生活中出现。

布里奇特形容为安德里亚看护孩子是"完美的工作"。她可以整天和欧文在一起，还能用她最擅长做的事去换取报酬。此外，"欧文可以说是两全其美。他整天和我在一起，而且他还能和他真的很喜欢和崇拜的孩子在一起"。她也很感谢安德里亚为保障她的全职工作所做的努力。在开学季，安德里亚需要外出工作的日子，她就请布里奇特来家里，在安德里亚休假期间，她会安排亲戚雇用布里奇特和欧文在家里提供托儿服务。夏天的时候，安德里亚没有外出工作，她找到了一个每周需要三天托儿服务的邻居，这个邻居很愿意让布里奇特带欧文来上班。安德里亚解释说，她的目标是让布里奇特"想干多久就待多久"，这很能说明问题。和其他与看护建立伙伴关系的雇主妈妈一样，她将保姆视为一个完整的人，保姆是雇主家庭安康的关键，必须满足她的需求，才能让她长期留在家里。这种观点与操纵木偶式和超自然式管理的雇主的观点截然不同，后两者通常只是将保姆视为其育儿系统中的一个小齿轮。

安德里亚和布里奇特对待孩子们的方法也有区别。布里奇特更有条理，安德里亚则更"顺其自然"一些。然而这种差异并不会引起冲突，她们双方都很欣赏对方为这种关系所带来的东西。安德里亚笑着举了一个例子来对比她们两人不同的方式："有时候，如果我在午餐时间跑回家，会看见他们都围坐在桌子旁，好好地吃着午餐。我觉得（我带孩子吃午饭的时候），是这边一个，那边一个，我就会大喊：'坐下！'他们坐在桌前吃三明治简直看起来不像我的孩子。"同时，她承认，布里奇特的儿子欧文快两岁了，这让她松了一口气，现在他会"说'不！不！'他会打她，不愿意做她想让他做的事……我说：'哇，布里奇特，我以为你会有一个完美的孩子！'但我们都只是把它当成'母亲效应'（mother effect），不会放在心上"。在这里，孩子不乖并没有被母亲或保姆视为失败，而是被视为养育孩子所面临的正常挑战。

朗达和玛丽的关系也类似这样，尽管她们需要一起照顾的只是一个孩子——小婴儿莫莉。玛丽是第一次做母亲，她跟我访谈的其他新手妈妈一样焦虑。朗达能有很多时间陪在莫莉身边，她并不嫉妒，但她承认，如果她做的不是非全日制的工作而是全日制工作，她大概会"嫉妒"保姆："我觉得我没有错过整个（婴儿期）的体验。如果我要一直工作，就会真的很嫉妒。事实上，我们建立了规律性的日常安排，现在朗达每周大概有两天半在这里，我也仍然会参与日常育儿工作。"朗达很感谢玛丽和她丈夫对她的信任。她把他们与前任雇主——一个总是在监督别人的孩子妈妈做了很好的比较："这让人很不舒服。她很难找到好的保姆来帮她，因为她忙着在背后监督别人，确认各种事情。也许她是因为露易丝·伍德沃德才有这样的感觉……但你还是得多给别人一点空间。"[18]朗达说她目前的情况很理想。玛丽是一名非全日制工作的医生，她和朗达一起负责确保宝宝每天规律的作息。朗达会在她和宝宝出门前向莫莉的爸爸报备，每天也会和还在上班的玛丽通个电话。玛丽和她丈夫不会像朗达反感的前任雇主那样在她身后"徘徊不去"，前任雇主这样做让朗达非常不自在。尽管朗达也要向他们俩做例行汇报，但她觉得自己有很大的自主权，她认为这是孩子父母对她育儿技能的尊重。

艾达是朗达在游乐场认识的一个保姆朋友，她和朗达一样，认为做非全日制工作的孩子妈妈是（潜在的）理想雇主。艾达说，她自己的雇主长期待在家里带年幼的女儿，因此知道自己的孩子很难管。她进一步解释道，当她的雇主待在家里时，"她必须和女儿一起做点什么事情，这样孩子才不会感到无聊，把她放倒睡午觉（这是很费劲的）"。艾达觉得，这段经历使她的雇主"更能理解别人"。

这些例子表明，如果雇主妈妈达到了情感联系阈值，她们在调整自己的密集母职投入度时就会更自在一些。母亲们意识到了要求她们全职在家的社会压力。不过，要是她们对自己跟孩子的关系感到满意，她们也认为可以选择忽略密集母职规范中的这个方面。毫不奇怪，在第二轮访谈中，从事非全日制工作或享有弹性工作时间的雇主妈妈，对自己的工作和家庭安排最为满意。她们也更善于与看护合作，特别是当孩子还不满三岁的时候。她们有足够的与孩子相处的经验，能够理解她们委托给他人的工作，而且她们对自己和孩子的关系有足够的安全感，可以对另一位慈爱的成年人敞开欢迎的大门。

伙伴关系的益处

克服影子母职的要求

作为伙伴关系的标志，合作育儿试图达到的是大多数保姆所追求的第三位家长的理想（见第七章），而不是我访谈的大多数雇主妈妈所认为她们需要的影子母亲的安排。因此，伙伴关系中的保姆对其工作更加满意。同时，她们的雇主对自己作为母亲和看护雇主的角色也感到更自在。

举例来说，跟保姆结成伙伴关系的孩子母亲重塑了她们对做母亲的意义的看法。乔伊斯在提到那些有意更换保姆以确保母亲的位置永远不会被篡夺的父母时，不屑地摇了摇头。"我认为他和一个人建立稳定的关系要比——你知道的——人们来来去去更重要。比如，有些人会说：'他怎么会知道（妈妈和保姆的区别）？'所以，如果你不断把人赶走，她们来了又走，那么你将是他生活中最稳定的那个人，然后一切就会好起来。我认为这很荒谬。（笑）"在影子母亲的安排中造成紧张关系的热门话题似乎并没有让伙伴关系中的女性感到担忧。在她们那儿没有什么任务要求"只能让母亲来做"，也不会过分在意孩子叫谁"妈妈"。例如，莉比就没有把孩子怎么用"妈咪"这个词放在心上，认为"没什么大不了的"。她承认，特别是她三岁的儿子有时会称她为"格蕾丝"，而称格蕾丝"妈咪"，是故意要招惹"我们两个当中的某个人。他肯定是有意识地玩这个把戏，也明白我俩的区别"。

　　同样，因为这些母亲把自己看成是孩子身边慈爱的长辈中的一员，其关心和关注塑造着孩子的生活，所以并没有对孩子的"第一次"特别狂热。[19]乔伊斯解释了她和丈夫是如何请斯泰西来帮助记录埃利斯的成长里程碑的。"于是，我们对斯泰西说，'你知道，如果你看到他在做什么很棒的事，就把它录下来，这样我们就能看到了'。但是，你知道，我明白我不可能看到他做的所有事情。"这种对分享"第一次"的开放态度让孩子父母和看护得以合作策划一些第一次的活动。在单独的访谈中，格蕾丝和莉比讲述了她们是如何合作训练杰登上厕所的。格蕾丝说："对杰登来说，我就是感觉他已经准备好接受如厕训练了。我们打电话给爸爸妈妈，告诉他们，'杰登在便盆里尿尿了'或者'杰登在便盆里拉臭臭了'，等等。这是件大事。这些大的进步我们真的当回事。"莉比对这一过程的描述如出一辙，还加入了一些办公室幽默："她（格蕾丝）让孩子们在我的电话上留言，说'妈妈，我在便盆里拉臭臭了'，我把这些留言保存起来，然后重放，大家听了都很开心。"

即使双方风格不同，合作关系也能让双方受益。玛丽描述了她在家里学到的东西，这支持了艾达的观点，即非全日制工作的雇主妈妈可以对保姆的贡献和能力有更深入的理解和欣赏。玛丽和朗达风格有些不同——朗达喜欢给莫莉穿镶褶边的精致衣服；而玛丽则更喜欢不那么"女孩子气的"便服。朗达是一个"负责"的保姆，她会重新整理莫莉的抽屉和衣柜，并记录"婴儿日志"，尽管玛丽并没有要求她这样做。随着时间的推移，玛丽开始认为这些差异是有利的。她说，起初，她认为："'哦，我怎么能让别人来照顾我的孩子呢？'然后我发现，朗达带给莫莉的东西和我完全不同。她比我们更外向、更合群、更健谈，所以也有好的一面。不仅仅是确保你的孩子不会发生什么可怕的事情，还有这个好的一面，那就是他们从（另一位照顾者）身上学会了一些他们在别处学不到的。"

与保姆成功建立了伙伴关系的雇主妈妈们也很乐意跟丈夫分担育儿责任。虽然我访谈的几位母亲的丈夫都至少有一段时间在家工作，但只有跟保姆结成伙伴关系的孩子妈妈，才会鼓励丈夫成为育儿团队中的一员。莉亚解释了她的保姆艾莉和丈夫詹姆斯是如何一起达成很多活动的："詹姆斯觉得他来安排这些事毫无压力。现在他在家的时间更多了，他基本上已经接手了（跟保姆的互动）。"莉亚认为，她丈夫的舒适水平提高了，是因为他经常陪在孩子身边，可以跟艾莉和宝宝经常互动。她还发现，如果她想鼓励这种她认为非常健康的团队合作，她就必须让道。

我确实认为很多女人都扮演着守门员的角色。而我并没有。从前，当艾丽莎还是小婴儿的时候，夜里总是詹姆斯起来照顾她。我当时怀孕了，情况很糟，一直感到恶心。都是他负责处理一切。我记得有一次我说："纸尿裤你弄得不对。"他说："你说的'对'是什么意思？你是宝宝护士？你什么时候知道怎么换纸尿裤了？"我想："你知道，他完全是对的。如果我不闭嘴，他什么也不会做了。"

其他处于伙伴关系中的雇主妈妈，也同样鼓励父亲的参与。例如，安德里亚说，她和丈夫没有坚持区分什么任务"只能母亲做"，而是试图把五个孩子"分开"。爸爸妈妈各自负责他们的小组，做适合孩子年龄的活动，或者一个人陪年幼的孩子一起玩，而另一个帮助大点的孩子做作业。这种"谁带谁就做什么"的灵活性也同样适用于保姆。

与孩子父亲共同承担育儿任务的母亲，是否更欢迎保姆进入她们的生活？或者说，与看护的伙伴关系，是否为母职和育儿更为宽泛的定义打开了大门？鉴于伙伴关系的组合样本规模较小，我无法得出任何因果关系的结论，但我能从母亲们的描述中清楚地看出，这两种形式的共同承担，在她们的心目中显

然是联系在一起的（正如各种表现的母爱"守门"彼此相关联
一样）。我没有遇到让父亲加入而不让保姆加入的母亲，反之亦
然；我也没有遇到与保姆建立伙伴关系却不让这种关系延伸到
其他家庭成员的母亲。显然，这些问题需要进一步研究。

伙伴关系与公平薪酬

最后，尽管我访谈的大多数保姆都表示她们宁肯用公平的
薪酬来换取认可，但处于伙伴关系中的保姆工资还是很高的。
正如第三章所讨论的那样，陷入密集母职/密集工作难题的雇主
妈妈，倾向于将保姆的工资视为自己工资的一部分。她们认为
有必要证明自己享有工作的"权利"，因此会把保姆的工资计入
与自己工作相关的支出。如第三章所述，将保姆视为影子母亲
的雇主，在计算工作时间和工资时，倾向于让保姆的工作时间
覆盖自己的工作时间，而其工资则不能超过自己的工资。

在伙伴式的组合中，保姆的工资是作为家庭预算的一个重
要组成部分来计算的。支持伙伴关系的雇主，倾向于用"我的
孩子对我来说价值如何"这样的语言来描述保姆的工资，这与
大多数保姆使用的语言相同。这些雇主说，育儿支出的重要性
仅次于房贷和医疗保险，他们对试图以"低廉价格"获得育儿服
务的父母非常不满。玛丽解释说："人们花钱的观念常常令人震
惊，他们居然觉得（看护孩子）太贵了，每小时才花 10 美元——
但他们却开着天知道什么牌子的豪车，我说的不是那些必须整天
工作才能维持生计的人，而是那些有很多钱但却试图在照顾孩
子上抠门儿的人。"在跟保姆建立伙伴关系的家庭中，保姆的工

资有时会超过家里收入较低者的工资，当收入较低者是丈夫时，偶尔会引起紧张。莉亚说："我们曾经开玩笑说，詹姆斯把他的税后收入都交给了艾莉。"然而，詹姆斯和莉亚将艾莉的工作视为家庭运转的基础，并按他们对她工作价值的理解支付报酬。

莉比说她家在商定格蕾丝的工资时也有类似的情况。身为公司管理层的莉比，工资相当高，而她的丈夫罗伯是一名教师，收入要低得多。这是个潜在的摩擦源，所以莉比"一开始是按照通行的工资标准来支付报酬的……但大约三个月后，我给格蕾丝涨了薪水，我有好几个星期都没有告诉我丈夫，因为我知道这会让他不高兴。但我的感觉是，我给这个女人再多钱都不够"。当她找罗伯谈给格蕾丝涨薪水的事时，他说："好吧。只要她的工资不比我高就行。"然而，没过多久，格蕾丝的工资就超过了罗伯。莉比笑着解释说："这事让他有点恼火。这已经变成了他最喜欢讲的故事。"

伊丽莎白将隆奈尔的工资与公司相当重要的员工进行了比较，她指出："我付给她的工资只是我们公司员工工资的一半多一点。而事实上，我坚信，照顾孩子的人应该得到最低生活工资，这是一项有价值的工作，我们需要重视它。在我看来，与失业、社会保障和其他事情保持关联是非常重要的。如果一个人花了很多年时间做（照顾孩子的工作），但在更大的社会系统中没有信用积累，这是非常成问题的。"并非所有接受访谈的母亲都有能力支持她们对保姆工作应获得公平薪酬的观念，但值得注意的是，处于伙伴关系中的保姆往往收入更高，这并不是因为她们为之工作的孩子母亲赚得更多，而是因为保姆的工资被视为一种必要和重要的家庭开支，而不是为母亲不在家的时间负罪的补偿。

小　结

乔伊斯对她和斯泰西的关系的评论，从雇主的角度对伙伴关系的关键特征进行了简明的总结："我认为开明是很重要的，对她要说的事情和她的意见作出回应，这很重要。还有一件事我认为很重要，但有些人没有意识到，这是一份工作，保姆不是仆人。你必须把自己当作雇主，考虑怎样才能形成良好的关系，以及如何让这个人愿意继续做她正在做的事情。因为（照顾孩子）是重要的事。"同样，对理想关系有所反思的保姆们也强调了沟通和相互尊重的重要性。

我对建立了伙伴关系的看护和雇主妈妈的访谈构成了卓有成效的探索路径。由于儿童看护是家庭育儿安排中的重要成员，因此，确定最好的实践方案，促进孩子父母与看护间顺利沟通和相互认可至关重要。虽然我的样本只限于一种形式的儿童照顾服务，但其他托儿服务机构的工作人员抱怨的也是同样的问题：缺乏认可和尊重，沟通不畅，报酬低下。[20]伙伴关系的原则可适用于所有的儿童照顾关系，下一章将对此加以讨论。

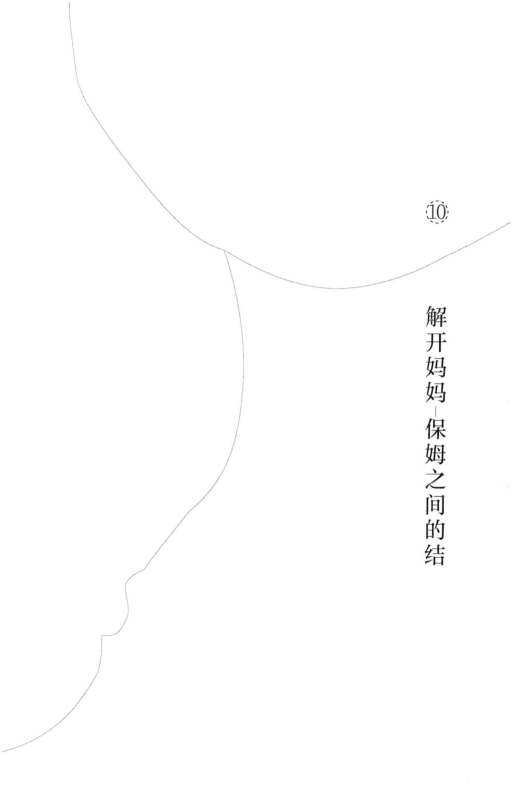

10

解开妈妈—保姆之间的结

本研究没有证明家庭是远离无情世界的避风港，而是揭示了孩子母亲和保姆所处的整个系统的无情。前面的章节详细介绍了这些妇女为满足不切实际的母职理想所做的努力如何使她们相互对立；家庭空间常常充斥着自毁式的冲突，而这里本可以形成相互支持的伙伴关系，从而有益于孩子的照顾。研究参与者的经验指向两个重要的有利因素：一是与反霸权主义的母职意识形态相关的个人经历和了解渠道，二是弹性工作时间或非全日制工作时间表，这样上班族妈妈就能达到她们与孩子之间的情感联系阈值，从而使她们更有安全感，更愿意与他人分担母职工作。[1]在妈妈-保姆这对关系中，雇主一方的这些变化，也让看护得以更好地控制自己的时间，把控自己和雇主的关系。这里的数据不够详尽，但本研究的发现表明，当雇主妈妈和保姆都能经常性地真正掌控自己的工作时，她们的关系可能会给包括孩子在内的所有人带来非常积极的结果。[2]

前几章从社会学的角度出发，将关注焦点从妈妈-保姆组合中的个性特征和个人癖好，转移到了双方社会地位的约束，以及由意识形态和市场独立或交叉形成的压力之上。雇主妈妈严苛死板的工作时间表削弱了她们对家庭的控制感，甚至是熟悉感。这反过来又使得她们可能会把不合理的规矩和制度强加给保姆。而孩子们可能要面临的竞争越来越激烈，教育的赌注越来越大，也让这些专业技术阶层的上班族妈妈对自己能否实现育儿目标信心不足。因此，她们雇用了住家看护并试图控制她们的一举一动，希望通过这种方式来确保孩子得到更优质的陪伴时间和关注。专业技术阶层的密集母职逻辑的几个要点——只依恋母亲的重要性、对零到三岁的迷信以及充分发展孩子的技能和特点以确保其竞争优势的必要性——开始随着这些上班族妈妈与日常育儿工作日渐隔膜而生产出更多焦虑。原本通情达理、好心的雇主妈妈，甚至那些自认为是女性主义者的女性，都成了第五章中操纵木偶式和超自然式的管理者，继而提出了第六章中的影子母职的要求。作为职场上的劳工，她们对自己的工作时间安排没有什么权力，因而也无法控制自己能够与孩子相处的时间，而她们转而又成了不让保姆掌握这种权力和控制权的雇主。

不足为奇的是，她们的保姆对自己缺乏自主权的情况非常清楚，也很不满意，她们对雇主不承认自己是负责任的成年人和技术工人感到愤愤不平，因而产生了第七章和第八章中讨论的"第三位家长"的理想和反抗策略。她们在工作中还采用了一套与雇主截然不同的基于阶层的母职价值观。我访谈的看护来自很多不同的背景。她们当保姆的动机也各不相同，从不情愿、不满意到热情投入的都有，但她们都将工人阶层的密集母职方式视为自己的职业道德。这种职业道德与大多数雇主所推崇的代理密集母职的理念直接对立。保姆的工资低，缺乏福利，而且要花很多时间在家庭规范的情境下工作，这也意味着这些看护通常会期盼人们认可她们与所照顾的孩子之间关系的价值，以此来补偿她们显然缺乏的其他形式的报酬。而且，正如后文将要讨论的那样，即使有公平的薪酬和合理的工作条件，这种工作仍然会涉及自我的深层需要，因而大多数看护仍然会希冀人们认可其个人对每个孩子的价值及其母职伦理的价值。

随着时间的推移，本书所研究的影子母职现象似乎更有可能扩散而不是消失。因为该现象的深层原因丝毫没有减弱：孩子的可完善性的目标继续驱动着中产阶层父母的育儿策略；由此产生的竞争性育儿逻辑仍然与男性模式的职业共同发挥作用，使专业技术阶层母亲的密集育儿理想难以实现；文化压力以及这些女性内心的欲望和期望同样可能导致她们试图通过工人阶级的保姆来实现其无法实现的目标；她们把保姆视为这个高度竞争性的生产体系中的一种工具，这仍然是上班族妈妈倾向于把看护当作可抛弃的、能够替换的齿轮，而不是当作孩子生活中的重要个体的关键原因。

有办法打破这种循环吗？本研究的结果表明，也许有办法。我的分析呈现了全身心投入的职业、密集母职和赌注高昂的育儿目标等多种逻辑的结合，如何迫使专业技术和管理阶层的母亲搬起石头砸自己的脚。但这些研究结果也表明，要想持久解决工作-家庭冲突，需要广泛的社会、文化和经济变革。而在这一点上本研究也是有帮助的。研究结果对工作的性质，以及阶级与文化在定义我们的价值观和塑造我们的设想上所扮演的角色等重要问题作出了追问。保姆工作对其他形式的儿童照顾服务有何启示？总的来看，儿童照顾工作是否注定会报酬过低或被低估？为爱劳动和为钱工作一定是冲突的吗？如果并非如此，需要改变什么？出门上班的母亲怎么办？工作场所的"理性的利己主义"必然会不可避免地与密集母职的"利他主义"价值观发生冲突吗?[3] 我的研究发现还指出可以采取哪些步骤来逐渐把关爱和人格的价值选择找回来。

用两种语言来评价儿童保育：
技能词汇和美德词汇

儿童照顾工作者普遍为工资低、得不到为之服务的家庭或社会的认可而感到担忧。对日托中心工作人员、家庭日托服务提供者，以及为各种客户群体提供看护服务的人所做的研究也记录了类似的担忧。[4] 尽管有些学者认为保姆工作就其本质而言就比其他形式的儿童照顾工作更有损尊严，[5] 但研究其他环境下的儿童照顾工作的学者，以及本研究中在其他类型的工作环境中体验过的保姆，都不同意这个结论。

在为自己辩护的过程中，儿童照顾工作者，乃至所有类型的看护，都要面对市场和道德两套竞争性语言之间的基本矛盾。我在其他地方曾把这些语言称为"技能词汇"和"美德词汇"。[6] 前者通过把儿童照顾工作定义成"像教书一样"而不是"像做母亲一样"，对技能劳动提出获得公平报酬的要求。这种方式在经济上有所推进，但贬损了照顾的价值，破坏了儿童照顾工作者的核心价值观。相比之下，美德的词汇则优先考虑利他主义和自我牺牲，但这样做有可能使照顾工作在经济上的价值被贬低。严格的"爱还是钱"的两分法没有认识到看护需要同时得到认可和补偿。

　　宣传照顾工作价值的运动要想获得成功必须同时使用两种语言。照顾工作者将自己深度投入到工作中：他们不愿意为了利他主义而牺牲公平薪酬；也不愿意为了公平薪酬而牺牲利他主义的照顾关系带来的个人回报。当这些双重需求无法通过社区或客户得到满足时，看护就会用自己的文化逻辑来为自己的工作赋予价值。有时，这些逻辑会适得其反。第八章中描述的"逐底竞争"就是一个例子。另一个例子来自玛格丽特·纳尔逊研究的家庭托儿所。尽管这些妇女工资很低，而且客户家庭也不看重她们，但她们在工作中找到了意义，因为她们自己赋予了居家育儿内在的价值。然而，这种策略最终还是与她们的现实处境发生了冲突。因为有客户的孩子在场，她们原来期望的照自己的想法来照顾子女的自由难以实现，而且她们对向其他家庭"提供她们并不真正相信的服务"也感到很困惑。[7]

　　玛丽·托米恩所研究的非裔美国籍家庭托儿所工作人员的收入也很低，而且她们觉得没有得到应有的尊重。她们依靠宗教价值观来为自己的工作增添荣光，将工作视为响应其"服务社区的天命"以及为她们所照顾的孩子们提供种族安全感和文化自豪感。[8]不过，就像我访谈过的那些保姆一样，这些女性发现，她们为自己工作所赋予的意义，常常会妨碍她们向为之服务的家庭要求更高的报酬或改善工作条件。在日托中心工作的看护也面临着类似的技能宣称和维护美德之间的张力。有一些研究表明，即使日托中心的工作人员通过使用技能词汇和"像教师一样"的地位宣称获得了更高的地位和待遇，他们还是会发现孩子父母拒绝承认他们在孩子生活中所起的作用。[9]

尽管公平薪酬很重要，但它并不能完全解决本研究在保姆工作中发现的问题。这项研究与针对其他儿童照顾机构的研究一样，都指出需要更加尊重人际关系，这是真正的照顾的基础所在。一位托儿中心工作人员向我解释了为什么他们的组织选择不采用"早期儿童教育"的术语："我们正试图重新找回'照顾'这个词并宣扬它的价值。当我们开始放弃'照顾'这个词的时候，我们就是在说这个部分并没有真正的价值。"[10]技术和关爱之间、为爱劳动和为钱劳动之间的张力是持久而虚假的二元对立，会诱使各类看护以维护照顾价值的名义"违反自己的合同"。[11]要真正改变保姆和其他看护的工作条件，就需要对这类工作的重要性和价值进行大幅度的调整。事实上，当我们从这个角度回顾第九章讨论的伙伴关系时会发现，那些对家庭生活的贡献得到经济肯定的保姆，在人际关系上也得到了尊重，这并不奇怪。同样，所有获得成功的提高儿童看护工资的运动，第一步都是促使孩子父母认识到有酬儿童照顾对自己孩子和家庭的情感及道德价值。

然而，要想真正成功，为在所有环境下工作的儿童照顾者争取公平薪酬和体面工作条件的运动，必须超越父母的层面，以高质量托儿服务的长期公共利益为基础进行动员，包括"搭便车者"（free riders）在内，也都可以从别人适应良好的孩子身上获益。[12]事实上，许多著名的学者都主张开展这样的"照顾运动"，以提高人们对有酬和无酬的儿童照顾、老人看护以及残障病患护理价值的认识。[13]然而，要使这种运动在儿童照顾领域获得成功，密集母职意识形态的控制就必须松绑。

打破密集母职模式

吊诡的是，在我访谈过的上班族妈妈中，那种令她们心理感受到威胁并导致她们贬低看护工作的想法，也是她们痛苦的根源。最难将工作和母职有效地结合成"雇主妈妈"角色的，正是那些力求兼顾密集母职和密集工作的女性。众多学者提出，解决这一问题的方法可以从更灵活的工作场所入手，制定更多"家庭友好"的政策，如育儿假（care leave）、非全日制和弹性工作时间的选择等。我的研究结果表明，可以通过增加上班族妈妈在工作中的实际控制权或感知到的控制权来促进伙伴关系的建立，实现这样的转变。

然而，我所访谈的母亲们都仔细地区分了允许她们继续参与工作的弹性工作时间，以及将她们边缘化或被安排到"妈咪轨道"的家庭友好政策，尽管她们工作的产出和投入并没有变化。这些女性都是很有成就的，她们重视在工作中承担责任，她们的意见也是许多人的心声。她们认为，以"更加家庭友好"的名义让母亲们远离最刺激的工作，从而"解决"工作与家庭的两难问题，这对女性非常不友好。工作场所的政策当然需要改变，特别是雇主需要提供更多的选择，包括弹性工作时间和弹性工作地点、更灵活的休假时间以及工作共担（job-sharing）的机会。然而，总有一部分工作需要出差、长时间工作和高度投入，也总会有一些女性想要从事这些工作，同时还想兼顾家庭。为什么她们不能有这种选择呢？

答案很简单，因为父亲的变化没有母亲大。至少在过去的三十年里，已有大量的文献一直在呼吁父亲更多地参与家庭，以解决女性工作-家庭的两难困境。参与第二轮班的男性数量似乎确实在缓慢增长，而且肯定会帮助妈妈们解决"全都干"的时间压力。[14]但我的研究表明，除非上班族妈妈能够接受密集母职的文化逻辑及其所带来的焦虑，否则即使大大提升男性的育儿参与度，也不太可能成为一种解决方案。毕竟，当保姆为雇主减少了许多育儿时间并在情感上与孩子亲近时，母亲们往往会感到威胁更大、更不快乐。她们没有感到解脱和放松，而是变得控制欲过强、不切实际。父亲们可能也发现，更多地参与照顾孩子并没有为自己与配偶的关系带来期待中的直接回报。和许多保姆一样，这些男人可能会退出，也可能会争夺控制权。我的研究并没有解决这个问题，但它确实表明了这类研究的价值。就家庭中的性别平等问题而言，我的研究结果不只是暗示性的，它毫无疑问地表明，要在这一领域取得重大进展，需要广泛的文化变革，而不仅仅是个人的谈判。

从事高要求职业的上班族妈妈必须接受这样一个事实：尽管孩子的母亲无疑是她们，但其他关爱孩子的成年人——包括配偶、其他亲属/有酬照顾者——必须而且也正在积极参与孩子的抚养。因此，密集母职的逻辑，尤其是当它用于中产阶层的母亲时，似乎是解决本书所阐述问题的最大障碍。这一观点直接引出了另一个观点：密集母职本质上是以阶层为基础的。[15]当然，当代密集母职的某些方面影响到了各阶层的上班族妈妈。例如，几乎所有的母亲都认为自己应该和孩子待在家里，应该想和孩子待在家里，并且应该成为孩子的主要家长。[16]同样，美国各阶层的上班族妈妈都很看重能提供整洁、充满关爱和安全环境的托儿机构，孩子可以在这里学会与他人好好玩耍。但这些非常广泛的共同点也包含着差异。

例如，正如我在第一章中提到的，那些收入只够养家糊口的妈妈们，对于自己不在家的情况，有一个社会可以接受的理由。而"沃尔沃阶层"的上班族妈妈就没有这样的文化通行证。虽然绝大多数上班族妈妈都表示她们很关心托儿机构能否确保孩子的安全、培养好习惯，儿童照顾者同孩子的比例是否适当，[17]但她们可能不像我访谈的母亲们那样致力于向孩子传递特定阶层的文化资本。密集母职如何表达是通过阶层来体现的。当女性离开孩子时会有什么样的负罪感，她们担心离开孩子会导致什么样的后果，她们会优先考虑哪些方面的母职责任——这些都因阶层而异。同样，各种女性所看重的母职实践也具有其特定的阶层特征。

与其他阶层的妈妈一样，专业技术阶层和精英中产母亲认为她们作为母亲的责任是与孩子形成牢固的感情。但除此之外，这些母亲还认为自己有责任将地位成功地传给子女。她们必须以人力资本的形式，把自身的教育和技能传给孩子；必须以文化资本的形式，把她们基于阶层的惯习传给孩子；必须通过社会资本，给孩子建立合适的人脉。大多数关于母职的研究，都低估了中产阶层妇女在确保子女向上流动（或者至少是地位稳定）方面所感受到的压力——向上流动的风险和波动很大的时候，压力尤其明显。现有的研究似乎常常认为，只要父母有良好的教育背景或是家里有足够的经济资源来交大学学费，子女地位的获得就是一个"自然过程"，不需要特别的努力。

然而，如前文所示，地位的获得是一项艰苦的工作，而且主要是女性的工作。专业技术阶层和精英中产母亲抢占先机，很早就把自己的时间、金钱和精力投入到给孩子争取"全面优势"的奋斗中。她们在孩子很小的时候就开始为他们进入合适的大学做准备，确保他们从蹒跚学步开始，就能得到各种适当的认知刺激、活动，交到合适的朋友。这样的精心准备有助于孩子们进入合适的学前班、合适的小学[18]，等等。但是，所有这些努力并不能减轻专业技术阶层和精英中产母亲的焦虑，她们母职体验的特点就是持续不断的担忧。

人们很容易不把这种压力放在心上，认为上班族妈妈可以逃避这种压力，但根据我多年来的访谈经验和跟朋友的交流，要把一切可能的成功机会都留给孩子，这个压力是很大的。即使是那些口口声声讨伐竞争性母职文化的女性，也会担心自己做过或没做的事情是否会在未来引起不良后果。她们被这样一种可能性所困扰：她们可能在不知情的情况下剥夺了孩子某些重要的东西，而这种剥夺的影响要到孩子成年后才会显现出来。这种对子女成长永无休止的责任感、负全责的意识像全景敞视（panoptic gaze）一样困扰着妈妈们。[19]

莎伦·海斯（Sharon Hays）曾颇具洞见地指出，女性同时接受市场中固有的理性利己主义逻辑和密集母职所要求的自我牺牲逻辑，这完全不合理，因为这些逻辑根本就是互相矛盾的。市场与照顾关系的基本价值确实存在张力。但是，正如技能和美德这两套词汇所展示的那样，"母职的文化矛盾"并不总是那么矛盾。正如海斯所言，妈妈们将精力投入到密集母职时，并非总是在表达"对利己的、竞争性的、没人情味的关系明确而系统的拒绝"，[20] 她们也将密集母职视作掌握市场本身需求的一种手段。换句话说，像海斯说的那样，通过接受密集母职，专业技术阶层的女性并没有以牺牲自己的经济利益为代价来抵制资本主义价值观的侵蚀。相反，主导密集母职和市场逻辑互动的文化逻辑因社会阶层的不同而有所不同。

例如，工人阶层的女性可能会把母亲的身份作为自己的"真实"身份，指出为了满足孩子的基本需求而离开孩子去劳动的时间是必要的，从而在单调的工作中找到意义。正如海斯所言，她们在这里颠覆了全职妈妈及其维护者提供的自我牺牲的形象，后者把这种"传统"的母职方式看作是抵御市场价值观侵蚀的最后一道防线。无论母亲是否全职在家，牺牲的语言都是现成的，而这些自我辩护中的焦虑也给"妈妈战争"火上浇油。但是我访谈的精英中产和专业技术阶层的女性是围绕市场和母职逻辑来构建密集母职的。她们不认为密集母职是一种抵制市场价值观的手段。相反，她们牺牲了睡眠、独处和与伴侣相处的时间，把绝大部分闲暇时间花在孩子身上，以确保孩子能拥有利于成才的恰当工具。市场对这些孩子的 SAT 成绩和他们母亲的薪水并不会区别对待。专业技术阶层的妈妈在这两个领域的奋斗都基于以市场为中心的计算之上。

母职、社会阶层和性别

如果说参加教堂集会是美国种族隔离程度最高的活动，那么养育子女就是阶层隔离程度最高的活动。因此，本书所关注的跨阶层的育儿关系为我们提供了一个难得的机会，让我们看到基于阶层的母职价值观如何相遇和冲突。大多数情况下，保姆和雇主之间的紧张关系并不是因为一方比另一方挣得多，或者一方有高于另一方的权威。这些条件被认为是理所当然的。高度性别化的母职工作以基于阶层的做法来开展，导致了这些关系中的大部分冲突。通过性别和母职来进行的阶层展演将两组女性锁定在了难以克服的价值冲突中。

放下影子母亲的执念，不仅意味着放弃母亲是孩子生活中主要成人的想法，挑战为未来市场养育孩子的竞争性理念，也意味着不能再认为基于阶层的家庭环境是孩子唯一接触的价值观。孩子母亲与保姆的关系是为数不多的几个不同版本的母职反复碰撞的地方。在这里，不同于其他日常生活领域，价值观与阶层立场之间的联系不可避免地显露出来。无论是雇主还是保姆，都不能简单地认为自己的育儿方式就是正确的，而周围如果都是和自己阶层背景相似的人，孩子父母常常会自以为是。现在他们必须把这些价值观向自己和对方讲清楚，使之合法化，证明其言之有理。由此可见，我的研究说明了阶层作为一种文化现象是多么地不可见——决定我们对自己和他人的阶层位置如何理解的是价值观，而不仅仅是经济地位。

　　阶层本身并不存在，它必须被展演。母职是有阶层性的，但社会阶层也在通过母职实践主动传递。对于我所访谈的雇主妈妈来说，这个现实尤其成问题。对她们来说，地位传承是母职成功的重要一面，但为了履行这一关键责任，她们不得不依赖某位看护的工作，而这个人并不"天生"具备这些雇主妈妈需要传递的基于阶层的观念（mores）。阶层传递的工作是清晰可见的，例如，雇主妈妈们就在努力复制自己母亲的做法（尽管这样做似乎明显适得其反）。当然，这些做法本身就是在下工夫向下一代传递阶层、地位和权力。保姆们也是这样做的，但她们也相当自觉地努力调整自己的"本能"，因为再生产自己的阶层很可能会导致自己被解雇。

　　本研究的参与者最常见的冲突发生在基于阶层的母职价值观上。雇主和保姆这两组女性，都坚定地要为孩子再生产这些基于阶层的价值观。然而，使她们的冲突升温、难以解决的并不是这种决心，而是在养育雇主的孩子时，谁的做法和观念最终会被重视和认可。大多数情况下，保姆都会迁就雇主妈妈的规矩。然而，就整个雇主-保姆关系以及本书所分析的关系而言，雇主妈妈经常会随着孩子慢慢长大就不再重视保姆，因为孩子过了蹒跚学步的年龄之后，看护就无法向他们传递雇主所需的基于阶层的文化、社会和人力资本。于是保姆开始反击这种"不切实际的父母"，这并不罕见。通常没有人承认这种痛苦而又熟悉的情境的本质，即一种体现为母职价值观的阶层冲突。针对这类关系，部分分析人士错误地判定它仅仅是阶层冲突，并提出了一种解决方案：把孩子放在日托中心，让双方保持距离，这样基于阶层的母职规范的差异就可以通过课程得到调节。

我认为这些问题不会消失，而只是被潜藏起来了。因为社会阶层并非孤立存在，而是必须在社会环境中通过社会角色来呈现的。在日托中心，阶层呈现的方式可能是对课程表的争论，或是家长们优先考虑的究竟是多工作一小时还是准时去接孩子。在我所研究的更亲密的、一对一的共担母职的关系中，阶层差异会以复杂而微妙的方式公开出现。本研究说明母职的功能与阶层传递极为相关，而社会阶层需要非常积极地加以呈现，就这里而言，需要在性别、与孩子的互动以及育儿的角色中展现出来。

儿童照顾——普遍接受

如果我成功了，我应该已经让读者相信，儿童照顾工作者在当代家庭生活中发挥着基础性的作用，尽管她们的贡献还没有得到认可。这一事实本身并没有问题，尽管人们已经花费了数百万美元去试图确定儿童照顾本身是否有害，以及如果有害的话哪种类型的儿童照顾对儿童是最好的，或者反过来，哪种是最糟的。我不想再为这场争论添油加醋，只是研究如果忽视儿童照顾工作者在儿童生活中的作用，会让看护工作者、雇主以及儿童付出什么样的代价。长期以来，儿童照顾工作者一直是家庭生活运转基础的一个不足为外人道的秘密。

　　而我们在第九章中看到母亲、父亲和有酬照顾者大大方方地共担照顾工作，跨越了性别、阶层和家庭地位的界限。在这些案例中，儿童照顾被视为家庭开支，而不是要从妻子的工资中扣除的款项；孩子对有酬照顾者的依恋是值得表扬的，不是什么家丑。反霸权主义的母职理想、让妈妈们跟家里的情感联系阈值得到满足的弹性工作制度，都有助于形成这样的育儿安排，尽管还并不构成其充分条件。

　　我们已经在前文论述中看到，地位再生产工作处于女性育儿观念的核心。接受这种特殊的密集母职的妈妈们，为孩子展示了一系列不健康的阶层焦虑，以及随之而来的看护管理手段失灵。她们的孩子从中学会的就是：有酬看护是可替换的自动装置，有既定的有效期。相比之下，那些对社会阶层的直接复制没那么焦虑的雇主，则可以创造一个尊重每位参与者的贡献的家庭环境和工作环境。她们眼光长远，重视看护与孩子的关系，并教会孩子去珍视他们与各种慈爱的成年人之间的感情。

附录　研究方法

访谈对象

本研究基于对 80 名女性的深度访谈。虽然样本主要是方便样本（sample of convenience），但我使用了一个理论抽样策略，以确保访谈对象的范围尽可能地反映商品化的家庭看护领域人员的广泛构成。[1] 举例来说，我尽量找背景和经验水平不同的保姆和换工。我访问的雇主妈妈的孩子数量从 1 个到 5 个不等，工作压力和要求也各有不同。以下是我对本研究访谈对象的分类：

15 位美国出生的保姆[2]	9 位雇用她们的母亲
10 位欧洲换工	9 位雇用她们的母亲
25 位移民保姆	12 位雇用她们的母亲

在美国出生的保姆中，7 人来自波士顿，另外 8 人来自中西部。换工中有 5 人来自斯堪的纳维亚，4 人来自英国，1 人来自

西班牙。移民保姆里有 2 人来自中国，1 人来自非洲，4 人来自英国和爱尔兰（主要来自爱尔兰），9 人来自加勒比群岛，9 人来自南美和中美洲。大约一半看护是住家保姆（主要是换工和在美国出生的保姆），而其他人则在雇主家里全职工作，但在外面有自己的住所。

我访谈的雇主妈妈基本上是白人专业技术人员。研究持续期间有一个家庭正在经历离婚，一个雇主是自愿选择当单身母亲；但绝大多数雇主妈妈都处于在婚状态，而且是双职工家庭。此外，尽管我尽力追求种族差异，但多数雇主妈妈都是白人（本研究访谈的雇主妈妈中，也包括 1 名华裔、4 名拉丁裔和 3 名非洲裔）。总的来说，我发现我遇到的大多数使用家庭照顾服务的有色人种女性雇的都是亲戚、邻居，因此不符合这项研究的要求。[3]

我选择不采访我所研究的家庭中的父亲和孩子，主要有以下几个原因：首先，这些孩子通常还太小，无论是从实际出发还是出于伦理上的考量，都无法接受采访。其次，尽管我最初的确考虑过采访父亲们，但探索性研究（pilot study）阶段对雇主妈妈和保姆的访谈让我确信，她们认为孩子的父亲对于她们的关系是次要的。大多数受访女性都认为她们彼此共享相同的"角色"或"领域"，而家里的男性与她们的关系无关。最后，我的研究问题关注的是委托照顾如何影响雇主妈妈和看护对母职的看法，以及有关母职的观念如何影响她们之间的分工，因此，尽管其他人（父亲、远亲、孩子等）也是整个儿童照顾方案的组成部分，但把我的研究限制在对雇主妈妈和有酬看护的访谈上还是说得通的。

由于这项研究重点关注的是密集母职意识形态的影响，我在搜集访谈对象时，只选取那些至少有一个孩子在三岁以下且雇用了家庭看护的家庭。因为我感兴趣的是上班族妈妈们如何将育儿交由他人代理，我第一轮访谈的都是母亲每周外出工作35 小时以上、因此不得不依赖儿童看护的家庭。最后，我把研究范围限制在商品化的照顾安排上，也即以雇主-雇工的关系开始的儿童照顾关系，而不是朋友、邻居或亲戚之间的育儿安排。

第二轮访谈仍旧只限于商品化的儿童看护，但我专门访谈了一小部分从事非全日制工作的雇主妈妈，以测试第一轮访谈中产生的假设。

招募访谈对象

我通过各种方式来寻找访谈对象：利用私人关系、在当地报纸上发广告、去游乐场、联系保姆中介机构、张贴广告，等等。不过，大多数访谈对象还是通过改良的滚雪球法联系上的。为避免受访者之间有太多的相似之处，来自同一推荐渠道的，最多只访问两人。其他人则是在游乐场上接触的，或是看到《波士顿家长报》（*Boston Parents' Paper*）和青年文化媒体（*The Tab*）等报纸上的广告找来的。某些群体是通过广告和无准备调查访问电话（cold-calling）找到的。例如，为了找到拉美裔的看护，我在《世界报》（*El Mundo*）上登了广告，还聘请了讲西班牙语的研究助理，以便联系当地服务拉美裔社区的组织。表 2详细介绍了本研究中招募 50 名看护的各种渠道。2 名西班牙语流利的研究助理找到并访谈了拉美裔移民保姆。[4]

表 2　本研究招募看护采用的渠道

推 荐 渠 道	看 护 类 别		
	美国出生者	换工	移 民
雇主	3	3	6
其他保姆	4	4	5
中介机构或教堂	0	2	1
看到广告后主动联系的	6	0	5
在公园里接触的	1	0	8
其他私人关系	1	1	0

　　总的来讲，我发现雇主妈妈比保姆更难找，而且即便找到她们，她们也更有可能拒绝参与。[5]在我联系过的雇主妈妈中，有9位拒绝接受访谈，另有3位在安排好访谈时间后又改变主意，取消了访谈，还有1位在接受访谈后退出了研究。选择不加入研究的人多以时间有限和儿童照顾安排属于私人事务为由表示婉拒。

　　我相信看护更有兴趣接受采访，因为她们很少有机会谈论自己的工作。唯一难以招募的看护是没有正式身份的移民，这是可以理解的。通过雇主的介绍，我真的访谈到了几位，但比起换工和美国出生的同行，她们不太愿意开诚布公地进行讨论。最后，我通过两个阶段的招募过程解决了如何将移民保姆纳入研究的问题。首先，在上午9点至11点、下午1点至3点这两个关键的午睡前和午睡后时段，我和讲西班牙语的研究助理在波士顿、坎布里奇以及附近的郊野公园和游乐场进行了非正式调查。[6]我们询问那里所有成年人，他们是否为人父母或是从事儿童照顾工作，如果是后者，从事的是哪一种儿童看护。这个调查为我们了解不同类型的儿童看护在整个地区的分布情况提供了宝贵的信息。除了第三章中提到的不同之外，我们发现较富裕的郊区，居家的全职妈妈是多数，而不那么富裕的郊区和城市，更为常见的则是保姆、日托中心工作人员和家庭托儿所看护。

在调查过程中，如果被调查者称自己是保姆，我们会进一步询问，了解她工作了多久、基本工资、来自哪里等信息。如果她是移民，我们就问她是否愿意接受访谈——通常这些女性会拒绝，不过我们现在知道了在哪些公园可以找到她们和她们的朋友，于是就继续在那里"闲逛"。为了赢得这些保姆和她们朋友的信任，我们要花上好几个星期，甚至是几个月的时间。有时候我们从非正式的焦点小组（focus group）来着手，或者不得不在保姆同意接受采访之前，主动去买零食或帮忙照看孩子，以表明自己的诚意。我们付给她们的是标准报酬（见下文），到一个个进行单独访谈时，我们已经建立了一种安全、融洽的关系。让人意外的是，原来最不愿意和我说话的一个保姆成了本书最大的支持者。每次我经过她和她朋友们工作的公园，她都会冲我大声喊："嘿！那本写保姆的书呢？"我希望这本出版物能给她带去开心的笑容。

招募模式分析

通过研究招募模式的差异，我们可以了解很多东西。表 3 列出了本研究用以招募雇主妈妈的渠道来源（按所雇用的看护类别来分类）。对比我们在本研究中接近保姆的方式和接近雇主妈妈的方式，可以发现几个明显的特点。例如，回应报纸上招募广告的看护比雇主妈妈多——我本来寄希望于雇用家庭看护的上班族妈妈能通过《波士顿父母报》看到广告招募，但看到广告找来的人里一半以上都是看护。[7]这说明一个事实，在我的研究对象中，看《波士顿父母报》的保姆比雇主妈妈多，她们在寻找适合孩子的活动，并且有时间阅读报纸和回应招募广告。

表 3　本研究招募雇主妈妈采用的渠道

推 荐 渠 道	看 护 类 别		
	美国出生者	换工	移　民
保姆	3	2	1
另一位母亲	4	2	5
中介机构	0	2	0
看到广告后主动联系的	3	1	0
其他私人关系	5	3	6

还有一个事实同样值得注意，尽管有 12 位看护是她们的雇主推荐来参加研究的，但只有 6 位雇主妈妈是由她们的看护推荐的。这个差别可能看起来不太明显，但是当我们查看这一类人的雇主-雇工类别时，惊讶地发现大多数雇主推荐的看护是移民，而大多数保姆推荐的雇主妈妈是由白人雇工推荐的。我相信这个区别反映了移民保姆（无论有无合法身份）在其与雇主的雇佣关系中存在更大范围的不对称性。在通过其他渠道（广告、公园）接触到的移民保姆中，除了一个人以外，绝大多数人都不愿或害怕把我介绍给她们的雇主。

在我的访谈对象中，有 16 名看护为 14 位雇主妈妈工作。[8]因此，大约一半的访谈对象处于妈妈-保姆这对二元关系中。这些二元关系涵盖各种家庭儿童照料安排：6 位母亲雇用美国白人保姆、4 位母亲找换工以及 4 位雇主妈妈用移民保姆。

访谈

大部分的访谈是在被访者家里或工作场所做的。在几年的时间里，一部分受访者接受了 2 至 3 次访谈，但大多数人只访谈了 1 次。访谈时间从 90 分钟到 4 小时不等。对其中有些案例，尤其是雇主妈妈们可能得拜访 2 次或更多次才能完成访谈。以一位忙碌的心理学家为例，我得抓住预约取消的空档拜访她的办公室，每次只能访 40 分钟，分了 3 次才完成整个访谈。付给保姆和换工的报酬是每小时 15 美元。由于孩子妈妈们经济条件比我好得多，我发现用信息来酬答她们更为实际。所以，举例来说，当国家儿童健康和人类发展研究所（NICHD）有新文章发布的时候，特别是如果文章能让这些上班的妈妈们安心的话，我就会把它作为一个告别的礼物送给雇主妈妈。

这些访谈涉及了许多话题，从当初她们的抉择，到现在日常生活中的活动，再到她们对于照顾孩子的感受和看法。尽管我在所有的访谈中都采用的是同样的访谈提纲，但访谈结构比较松散，受访者可以提问，指出在她们看来比较突出的问题。这种形式鼓励访谈对象按照自身经历来建构叙事，但也让我能够在必要时进行追问，提出一些本来想不到的问题。得到每位被访人的知情同意后，我对每个访谈进行了录音和转录。除此之外，我要求每位访谈对象填写了一份收集基础人口统计信息的数据表（见表 4 和表 5）。

研究参与者背景资料

表 4 本研究访谈的雇主妈妈

雇主妈妈的化名	年龄	职业	每周工作小时数	是否非全日制工作	孩子数量	孩子的年龄	管理风格	看护的化名	看护来源地
艾丽西亚	29	作家	45	否	2	7个月、2岁	超自然	莱蒂西亚	委内瑞拉(移民)
艾米	34	经理	50	否	1	16个月	操纵木偶	索妮娅	冰岛(换工)
安德里亚	36	医学教育工作者	20	是	5	1岁、2岁、2岁、6岁、8岁	合作伙伴	布里奇特	爱尔兰(移民)
邦妮	36	工程师	40	否	3	4个月、2岁、4岁	操纵木偶	阿斯特丽德	瑞典(换工)
卡罗尔	43	大学讲师	35	否	3	3岁、5岁、8岁	操纵木偶	卡琳	挪威
卡罗琳	35	教授	30	灵活就业	3	4岁、9岁、11岁	超自然	贝蕾妮丝	西班牙(换工)
黛比	34	律师	50	否	2	6个月、2岁	操纵木偶	阿伊达	美国(黑人)
伊莲恩	34	主管	35	是	2	6个月、2岁	合作伙伴	安妮卡·乌勒	挪威(换工)
伊丽莎白	47	主管	55	否	1	3岁	合作伙伴	克莉丝汀	美国(白人)
格洛丽亚	45	教师	30	否	2	6岁、8岁	操纵木偶	隆奈尔	美国(黑人)
格温	34	教授	35	灵活就业	2	2岁、5岁	合作伙伴	西尔维娅	危地马拉(移民)
简	34	主管	60	否	2	2岁、8岁	操纵木偶	莎拉	美国(白人)

（续表）

雇主妈妈的化名	年龄	职业	每周工作小时数	是否非全日制工作	孩子数量	孩子的年龄	管理风格	看护的化名	看护来源地
珍妮特	36	律师	50	否	2	4岁，7岁	超自然	科琳	美国（白人）
詹妮特	39	公关主任	36	否	1	13周	操纵木偶	卡佳	波兰（移民）
杰西卡	38	工程师	50	否	1	11个月	操纵木偶	佩吉	美国（白人）
琼	38	主管	55	否	1	11个月	超自然	安娜贝尔	英国（接工）
乔伊斯	37	内科医生	60	否	1	11个月	合作伙伴	梅兰妮	美国（白人）
莉亚	44	律师	45	否	1	5岁	合作伙伴	斯泰西	美国（白人）
丽	38	内科医生	50	否	2	3岁，5岁	超自然	埃莉	英国（白人）
莉比	42	主管	35	灵活就业	2	4岁，6岁	合作伙伴	希拉丽	英国（接工）
琳达	39	律师	30	是	3	2岁，5岁，7岁	超自然	格蕾丝	美国（移民）
玛丽	37	内科医生	30	是	1	6个月	合作伙伴	约基芬	美国（白人）
玛丽·安妮	34	科学家	45	否	1	2岁	操纵木偶	朗达	美国（黑人）
阿敏	37	科学家	40	否	2	9个月，3岁	合作伙伴	埃丝特	中国（移民）
娜奥米	36	内科医生	40	否	2	14个月，3岁	超自然	李婵	中国（移民）
帕特	42	军官	65	否	2	7岁，9岁	操纵木偶	伊冯	牙买加
								卡拉	特立尼达（移民）
								达格玛	瑞典（移民）

（续表）

雇主妈妈的化名	年龄	职业	每周工作小时数	是否非全日制工作	孩子数量	孩子的年龄	管理风格	看护的化名	看护来源地
宝拉	39	心理学家	40	否	3	3岁、7岁、9岁	超自然	帕洛玛	西班牙（接工）
苏珊娜	30	主管	50	否	1	16个月	操纵木偶	维奥莱特	圣卢西亚（移民）
特蕾莎	33	数学教授	45	灵活就业	2	1岁、2岁	超自然	安吉莉娜	洪都拉斯（移民）
薇薇安	43	主管	45	否	2	3岁、5岁	合作伙伴	卢斯	智利（移民）

表 5　本研究访谈的看护

看护化名	年龄	来源地	每月工资（美元）	是否住家	每周工作小时数	医疗保险	病假津贴	假期	联邦社保（FICA）	交税
安娜贝尔	18	英国（接工）	400	是	50	是	否	否	否	否
安妮	34	牙买加（移民）	2400	否	50	否	否	是	否	否
阿普里尔	24	美国（白人）	1280	否	45	否	否	否	是	是
阿斯特丽德	19	瑞典（接工）	400	是	45	是	否	否	是	否
贝蕾妮丝	25	西班牙（接工）	400	是	45	是	否	否	否	否
布里奇特	32	爱尔兰（移民）	1081	否	30	否	否	是	否	否
卡梅拉	27	波多黎各（移民）	240	否	30	否	否	否	否	否

（续表）

看护化名	年龄	来源地	每月工资（美元）	是否住家	每周工作小时数	医疗保险	病假津贴	假期	联邦社保（FICA）	交税
卡西	27	美国（白人）	750	否	20	是	是	是	是	是
席琳	42	特立尼达（移民）	800	否	25	否	是	是	否	否
尚塔尔	42	圣卢西亚（移民）	1500	否	50	否	否	否	否	否
夏尔曼	50	圣卢西亚（移民）	1200	否	40	否	否	否	是	否
克莉丝汀	21	美国（白人）	450	是	52	否	否	否	否	否
科琳	25	美国（白人）	1625	否	44	一半	是	是	是	是
科琳娜	28	肯尼亚（移民）	1800	否	45	否	否	是	否	否
埃莉	30	美国（白人）	1500	否	50	是	否	否	否	是
埃尔莎	20	瑞典（换工）	400	是	50	否	否	否	否	否
埃丝特	64	中国（移民）	280	否	40	否	否	否	否	否
菲奥娜	30	爱尔兰（移民）	1500	否	50	否	否	否	否	否
格蕾丝	30	美国（白人）	2000	否	50	是	是	是	是	是
海琳	29	美国（白人）	1600	否	40	是	是	是	否	否
希拉丽	26	英国（换工）	400	是	50	是	否	否	否	否

（续表）

看护化名	年龄	来源地	每月工资（美元）	是否住家	每周工作小时数	医疗保险	病假津贴	假期	联邦社保（FICA）	交税
艾达	38	特立尼达（移民）	1680	否	42	否	是	是	是	是
朱莉	20	美国（白人）	800	是	60	否	否	是	是	是
卡琳	20	挪威（换工）	400	是	45	是	否	否	否	否
克里斯蒂娜	21	瑞典（换工）	400	是	45	是	否	否	否	否
李婵	56	中国（移民）	800	否	45	否	是	是	是	否
丽芙	21	瑞典（换工）	400	是	45	是	否	否	否	否
隆蓉尔	35	美国（黑人）/巴巴多斯（双重国籍）	2000	否	60	是	是	是	是	是
露西	34	巴巴多斯（移民）	1200	否	45	否	否	否	否	否
卢佩	29	墨西哥（移民）	800	否	30	否	否	否	否	否
卢拉	31	美国（白人）	1500	否	37	是	是	是	是	是
卢斯	26	智利（移民）	1600	是	48	是	是	是	是	否
玛格丽特	24	英国（换工）	600	否	50	否	否	否	否	否
玛格丽塔	49	厄瓜多尔（移民）	400	否	45	否	否	否	否	否
玛丽索尔	37	尼加拉瓜（移民）	1536	否	50	否	否	否	否	否

（续表）

看护化名	年龄	来源地	每月工资（美元）	是否住家	每周工作小时数	医疗保险	病假津贴	假期	联邦社保（FICA）	交税
马乔里	25	英国（换工）	600	是	50	否	否	是	否	否
梅兰妮	24	美国（白人）	1600	否	50	是	是	是	否	否
米里亚姆	22	美国（白人）	1920	否	45	否	否	否	否	否
尼尔达	26	蒙特塞拉特（移民）	1800	否	45	否	否	是	否	否
佩内洛普	24	英国（移民）	1800	否	45	否	是	是	否	否
皮亚	30	厄瓜多尔（移民）	1000	否	50	否	否	是	否	否
皮拉尔	21	萨尔瓦多（移民）	480	否	55	否	否	否	否	否
朗达	34	美国（黑人）	1280	否	32	否	否	否	否	否
罗莎	32	洪都拉斯（移民）	600	是	50	否	否	是	否	否
莎拉	24	美国（白人）	900	是	60	是	否	是	否	是
斯泰西	21	美国（白人）	1050	是	53	否	是	是	是	是
西尔维娅	34	危地马拉（移民）	1200	否	20	是	是	是	是	是
瓦莱丽	22	美国（白人）	960	是	45	否	否	是	否	否
维奥莱特	41	圣卢西亚（移民）	1000	否	50	否	否	否	否	否
伊内斯	46	洪都拉斯（移民）	320	否	50	否	否	否	否	否

在访谈中我采用了一种我称之为"攀登抽象阶梯"的逻辑。一开始我会问一些问题，引导她们讲点有关自己母职和儿童照看工作经验的故事。在这个阶段的访谈中，我尽量不打断她们，而是仔细地听她们提到的话题有哪些是我接下来想要追问的。这一阶段的目标是让受访女性用自己的话来描述她们的经历，建立一个共同的叙事，这样我们双方都可以参与进来，讨论她们的经历。接下来我会追问一些问题，以探究对受访者来说比较重要的方面，并通过一些焦点问题（focused questions）来引导她们谈论对这个故事的感觉和看法。最后，在第三阶段的访谈中，我要求受访者回顾她们刚刚跟我说的那些经历，并对这些事的意义进行理论提炼。

有时候访谈对象会以最为抽象的层次，也就是理论化的方式来回答，例如："唉，你知道，如果你没有绿卡，你就完了。"我就把访谈对象拉到最具体的层次，问她或她认识的人是否有可以证明其论点的经历。然后，我会升级为中层问题，比如"那让你有什么感觉？"或者"这事你觉得应该怎么办呢？"这种形式的访谈的关键在于确保每一个领域的话题都能涵盖三个抽象层次。这种方法不仅可以生成丰富的结构化数据（"深描"）用于分析，而且允许访谈者在日后对某个访谈中同一主题的三个不同层次的解释进行交叉分析。举例来说，被访人讲的故事可能与她们陈述的意见相矛盾，或者在理论化时提出完全不能被她们的故事所证明的因果关系，这样的情况并不少见。所有这些表达以及它们之间的关系都是有用的数据。

样本的局限性

作为一项基于立意抽样（purposive sample）的深度定性研究，本研究结论不具有一般性。事实上，通过关注一种从本质来说会增加人际交流需求的儿童照顾方式，我选择了一种能突出我想要研究的关系因素的"理想类型"。我的研究目的是形成民族志学者所说的"旅行的概念"（concepts that travel），也即与社会和文化系统相关联的互动模式，这些模式在各种各样的照顾环境中得以重现。

因为大多数被访人都只能访谈一次，所以我的数据收集也只是在某个时间点对正在持续发生的关系截取一张快照。这主要是由于这些关系持续的时间都相对较短。因此，当某个家里孩子越来越多，或者孩子年龄增长之后，这些关系会随着时间的推移发生何种变化，我也无法得出定论。就我长期追踪过的案例来说，已经足以判断大多数关系并不会发生显著的改变。不过，考虑到我关注的主要是从孩子出生到三岁期间的商品化的照顾，不对那些孩子进入小学阶段的家庭进行追踪也是有道理的。

分析数据

我对数据的分析仍在进行中，但可以分为三个主要阶段。第一个阶段是在每次访谈后立即写下详细的田野笔记。通常，除了我在访谈时做的笔记之外，我还会在结束访谈后开车回家的路上，把我所有的印象都口述出来，并把这些口述内容和访谈资料一起加以转录。在我进行研究的过程中，这些田野笔记对形成分析非常有用，也为某些探究方向的发展提供了良好的记录。

第二个阶段是转录访谈内容，我采取了加里所说的"听两遍"的办法。[9]这指的是不但要把听到的东西写下来，还要把转录的过程当作倾听的方式，去了解"回答是如何建构的，去洞察哪些地方难以解释，去感受呈现内容的形式"。[10]我的这种倾听过程也是基于德沃特（DeVault）的论点，即许多女性的经历并没有找到一种标准的（男性）语言来表达。因此，在那些女人们结结巴巴地为她们的经历寻找表达方式的时候，那些她们用"你知道"这样的短语来寻求理解的时候，那些她们自相矛盾的时候，我都会格外留意倾听。正如安德森（Anderson）和杰克（Jack）所指出的那样，"为了准确地听到女性的观点，我们必须学会用立体声来听，清晰地接收主声道和副声道的声音"。[11]这意味着，除了要留意午睡时间、适当的玩伴以及基于阶层的管教方式上的斗争，还要仔细倾听有关依恋和儿童发展的主要话语。

当我开始给打印好的转录文本编码时，有几种方法很有用。我采用了扎根理论的"开放"编码和"聚焦"编码方法，不再对所有内容进行逐行分析，而是集中精力对最突出的主题的进行编码。我还尽力寻找"原生"编码（"in vivo" codes）——从受访者自己的措辞中浮现出来的主题——以及那些语言似乎不足以表达女性之感受和经历的地方。[12]最后，我对转录文本进行了对比编码，首先对所有的看护和妈妈们进行了整体比较，然后重点分析了雇主-保姆的二元关系，将她们对同一家庭环境下的育儿工作所做的不同描述进行了对比分析。

这个研究主题面临的一个挑战是：如何阐释在同一户人家生活的不同信息源的叙述——这些讲法有时候分歧如此之大，甚至让观察者怀疑双方是否真的在一起工作。我非常重视这样一个观点：协商中的每一方在文化和制度上所处的位置构成了她的独特立场。因此，我认为，在对书中引用的两类女性的叙述进行阐释的时候，重要的任务不是确定谁对谁错，而是去揭示她们之间各种冲突的基本性质。这样才能揭示存在于每一方的制度和文化局限，正是这些局限让双方对于家庭生活和母亲工作如何定义各执一词。

对"立场"这一概念的理解和运用使我回到了微观政治上。我选择研究每天都在发生的"小规模战争"，并不是要宣称这才是超现代时代（hypermodern age）唯一的权力斗争；恰恰相反，我考察母职的微观政治是为了追溯其社会起源。我研究了母性的微观政治。通过研究关于孩子成长中的第一次的符号斗争以及育儿中的微观管理，本书将讨论从个人延展到政治，从家庭中的个人冲突拓展到更广泛的文化和制度背景，雇主妈妈和雇工妈妈从中获得赋权，同时也为之所束缚。

注　释

① 面临审判的儿童看护

1 U.S. Department of Labor，Bureau of Labor Statistics，*Labor Force Statistics from the Current Population Survey*，2003（Washington，DC：U.S. Department of Labor，2003），table 5，"Employment status of the population by sex，marital status，and presence and age of own children under 18，2002‑03 annual averages."

2 马修因硬膜下血肿入院治疗，昏迷 5 天后，死于 1997 年 2 月 9 日。庭审围绕马修受伤的时间展开了辩论。马修还有手腕骨折和视网膜出血，这是典型的摇晃婴儿综合征。不过，摇晃婴儿综合征要几天甚至几周的时间才能显现出来。1998 年，露易丝通过了测谎仪测试，一直坚称自己是无辜的。她最初被判犯有二级谋杀罪，但上诉后罪名减轻，被定为过失杀人罪，刑期也减为已服刑时间。有关审判的详细描述可参见 Susan Chira，*A Mother's Place: Choosing Work and Family without Guilt or Blame*（New York：HarperCollins，1998），chapter 1。

3 Peter S. Canellos，"Societal，Legal Change Is Legacy of a Public Trial：The Au Pair Case/Zobel Ruling Affirmed，" *Boston Globe*，1 June 1998；Chira，*A Mother's Place*。

4 这不是第一次关于保姆的公开辩论，也不是最后一次。这些辩论是所谓"妈妈战争"的核心所在。Renee Chou，"Child Abuse Charges Filed in 'Nanny Cam' Case，" WRAL，3 July 2008，www. wral. com/news/local/story/2561722/；Richard Lake，"Child Care：Abuse by Nannies Unusual. Still，Experts Say Parents Need to Take Standard Precautions，" *Las Vegas Review Journal*，9 January 2005，www.reviewjournal.com/ lvrj _ home/2005/Jan-09-Sun-2005/news/25623713. html；NBC6 News Team，"Police Release New 'Nanny Cam' Video in Abuse Probe：Parents 'Horrified' by Alleged Abuse

Caught on Tape," NBC6，3 July 2008.

5 Doreen Vigue，"For Grieving Mother，a Daily Ordeal：Deborah Eappen Struggles to Find Answers," *Boston Globe*，7 November 1997.

6 还有一种形式是在某些网站上进行"举报"，比如 isawyournanny.blogspot. com，关于这个博客的精彩讨论，可参见 Margaret K. Nelson，" 'I Saw Your Nanny'：Gossip and Shame in the Surveillance of Child Care," in *Who's Watching? Daily Practices of Surveillance among Contemporary Famlies*，ed. Margaret K. Nelson and Anita Ilta Garey（Nashville：Vanderbilt University Press，2009），107 - 33。

7 Pew Research Center for People and the Press，"The 2004 Political Landscape：Evenly Divided and Increasingly Polarized," 5 November 2003，http://people-press.org/reports/pdf/196.pdf；ABC News / Washington Post，"Poll：Moms Make It Work," ABC News，24 April 2005.

8 一项针对家长的调查显示，73% 的家长认为，对于接受公共救助的母亲来说，即使出门工作意味着得请别人来看孩子，也比在家带孩子更重要。Public Agenda，*Red Flag: Neither Liberal nor Conservative Approaches to Welfare*（Washington，DC：Public Agenda，2008）。

9 加点强调部分，原文为斜体。

10 孩子尚处于婴儿期的妇女，出门工作的比例稍低一些，2005 年时约为 59%。（U.S. Department of Commerce，Census Bureau，"Mother's Day：May 8，2005," press release，2 May 2005）. 现在这个比例略降了一点，约为 55%。还不清楚这一轻微的下滑是数据波动还是体现了某种大趋势。有关所谓"退出革命"（opt-out revolution）的精彩讨论，可参见 Pamela Stone，*Opting Out? Why Women Really Quit Careers and Head Home*（Berkeley：University of California Press，2007）。

11 当然，单身母亲在外工作的时间比双薪家庭中的母亲更长。Lawrence Mishel，Jared Bernstein，and John Schmitt，*The State of Working America*（Washington，DC：Economic Policy Institute，1999）；Lawrence Mishel，Jared Bernstein，and Sylvia Allegretto，*The State of Working America*，*2006/2007*，10th ed.（Ithaca，NY：ILR Press，2007）.

12 有关"提高标准"的讨论可参见 Pierrette Hondagneu-Sotelo，*Domestica*：

Immigrant Workers Cleaning and Caring in the Shadows of Affluence (Berkeley: University of California Press, 2001), 24。

13 Molly Ladd-Taylor, *Mother-Work: Women, Child Welfare, and the State, 1890 - 1930* (Urbana: University of Illinois Press, 1994). 我的研究重点关注该著作的第一部分——母亲工作。

14 在这项研究中，我把雇主称为"上班族妈妈"（working mothers）或"雇主妈妈"（mother-employers），两者可以互换，因为她们同时是在上班的母亲和雇用上班族女性的雇主。我还用"雇工妈妈"（mother-workers）这个词来指称儿童看护服务的提供者，因为她们做的是有酬的母亲工作，而不是在自己家里做同样有价值的无酬的母亲工作。她们的雇主在工作日结束后为自己孩子提供的也是无酬的母亲工作。

15 微观政治的概念已用于话语分析和后现代理论中。一些后现代理论家认为微观政治已经取代了更大的政治，以至于"在这样一个后现代世界里，权力在社会关系中得到运用和建构，因此它似乎根本没有被'运用'"。J. Blase and G. Anderson, *The Micropolitics of Educational Leadership: From Control to Empowerment* (New York: Teachers College Press, 1995)，引自 Louise Morley, *Organising Feminisms: The Micropolitics of the Academy* (New York: St. Martin's Press, 1999), 5。我不这样使用这个概念；我用它来追溯发生在个体领域的"小规模战争"，及其背后赋予了这些"战争"权力和意义的文化、制度结构。

16 Caitlin Flanagan, "Dispatches from the Nanny Wars: How Serfdom Saved the Women's Movement," *The Atlantic*, March 2004, 127.

17 Arlie Russell Hochschild, *The Managed Heart: Commercialization of Human Feeling* (Berkeley: University of California Press, 1983). 霍赫希尔德将情感劳动定义为"情感整饰，以制造公开可见的表情或体态"（7n）。

18 Arlie Russell Hochschild with Anne Machung, *The Second Shift: Working Parents and the Revolution at Home* (New York: Viking, 1989).

19 例如，可参见 Suzanne M. Bianchi et al., "Is Anyone Doing the Housework? Trends in the Gender Division of Labor," *Social Forces* 79, no. 1 (2000): 191 - 228; Myra Marx Ferree, "The Gender Division of Labor in Two-Earner Marriages: Dimensions of Variability and Change," *Journal of*

Family Issues 12, no. 2（1991）: 158 - 80; Julie Brines, "Economic Dependency, Gender, and the Division of Labor at Home," *American Journal of Sociology* 100, no. 3（1994）: 652 - 88; Beth Anne Shelton, "The Division of Household Labor," *Annual Review of Sociology* 22（1996）: 299 - 322; Michael Bittman et al., "When Does Gender Trump Money? Bargaining and Time in Household Work," *American Journal of Sociology* 109, no. 1（2003）: 186 - 214; Liana C. Sayer, "Gender, Time, and Inequality: Trends in Women's and Men's Paid Work, Unpaid Work, and Free Time," *Social Forces* 84, no. 1（2005）: 285 - 303; Scott Coltrane, "Research on Household Labor: Modeling and Measuring the Social Embeddednes of Routine Family Work," *Journal of Marriage and the Family* 62, no. 4（2000）: 1208 - 33; 以及 Marybeth J. Mattingly and Suzanne M. Bianchi, "Gender Differences in the Quantity and Quality of Free Time: The U.S. Experience," *Social Forces* 81, no. 3（2003）: 999 - 1030。

20 Mary Dorinda Allard et al., "Comparing Childcare Measures in the ATUS and Earlier Time-Diary Studies," *Monthly Labor Review* 130, no. 5（2007）: 27 - 36; Suzanne Bianchi, John P. Robinson, and Melissa A. Milkie, *Changing Rhythms of American Family Life*（New York: Russell Sage Foundation, 2006）, 72.

21 参见 Harriet B. Presser, *Working in a 24/7 Economy: Challenges for American Families*（New York: Russell Sage Foundation, 2003）; Rosanna Hertz, "Making Family under a Shiftwork Schedule: Air Force Security Guards and Their Wives," *Social Problems* 36, no. 5（1989）: 491 - 507; and Anita Ilta Garey, "Constructing Motherhood on the Night Shift: 'Working Mothers' as 'Stay-at Home Moms,'" *Qualitative Sociology* 18, no. 4（1995）: 415 - 37。不过，并非所有的工作都能提供轮班，这里研究的母亲就无法选择轮班。

22 Carole E. Joffe, *Friendly Intruders: Child Care Professionals and Family Life*（Berkeley: University of California Press, 1977）。约菲（Joffe）的专著是最早开始探究儿童看护人员在家庭生活中的角色的研究之一。

23 Evelyn Nakano Glenn, "Social Constructions of Mothering: A Thematic

Overview," in *Mothering: Ideology, Experience, and Agency*, ed. Evelyn Nakano Glenn, Grace Chang, and Linda Renney Forcey (New York: Routledge, 1994), 1 - 32; Sharon Hays, *The Cultural Contradictions of Motherhood* (New Haven, CT: Yale University Press, 1996); Maxine L. Margolis, *Mothers and Such: Views of American Women and Why They Changed* (Berkeley: University of California Press, 1984); Shari L. Thurer, *The Myths of Motherhood: How Culture Reinvents the Good Mother* (New York: Penguin, 1994).

24 Chira, *A Mother's Place*; Glenn, "Social Constructions of Mothering".

25 反例可参见 Lynet Uttal, *Making Care Work: Employed Mothers in the New Childcare Market* (New Brunswick, NJ: Rutgers University Press, 2002)。乌塔尔（Uttal）基于 48 位上班族妈妈的有酬和无酬儿童看护安排的研究表明，许多女性确实想了各种办法来对母职进行重新协调，尽力将有酬儿童看护人员作为可信赖的伙伴纳入其中。尽管如此，她仍然告诫我们，"对于这种关系我们仍然缺乏明确的模型，对儿童看护人员的角色也没有清晰的定义"（169）。就未来研究而言，除了她这一宝贵建议，我还想补充一个规定：这一研究工作不能仅从母亲的视角出发，还应反映儿童看护人员的声音。

26 在此之前，儿童主要是由仆人和哥哥姐姐照看的。

27 S. Weir Mitchell, "When the College Is Hurtful to the Girl," *Ladies' Home Journal*, June 1900.

28 Carl N. Degler, *At Odds: Women and the Family in America from the Revolution to the Present* (New York: Oxford University Press, 1980), 413.

29 Bianchi, Robinson, and Milkie, *Changing Rhythms of American Family Life*.

30 Thurer, *The Myths of Motherhood*, 291.

31 Ann Swidler, "Culture in Action: Symbols and Strategies," *American Sociological Review* 51 (April 1986): 279.

32 Hondagneu-Sotelo, *Domestica*; Rhacel Salazar Parreñas, *Servants of Globalization: Women, Migration, and Domestic Work* (Stanford, CA: Stanford University Press, 2001); Mary Romero, *Maid in the U.S.A.* (New York: Routledge, 1992); Judith Rollins, *Between Women: Domestics and*

Their Employers, Labor and Social Change, eds. Paula Rayman and Carmen Sirianni (Philadelphia: Temple University Press, 1985); Shellee Colen, "'With Respect and Feelings': Voices of West Indian Child Care and Domestic Workers in New York City," in *All American Women*, ed. Johnnetta B. Cole (New York: Free Press, 1986), 46 - 70; Barbara Ehrenreich and Arlie Russell Hochschild, eds., *Global Woman: Nannies, Maids, and Sex Workers in the New Economy* (New York: Metropolitan Books, 2003); Grace Chang, *Disposable Domestics: Immigrant Women Workers in the Global Economy* (Cambridge, MA: South End Press, 2000); Evelyn Nakano Glenn, *Issei, Nisei, War Bride: Three Generations of Japanese American Women in Domestic Service* (Philadelphia: Temple University Press, 1986); Julia Wrigley, *Other People's Children: An Intimate Account of the Dilemmas Facing Middle-Class Parents and the Women They Hire to Raise Their Children* (New York: Basic Books, 1995); Mary C. Tuominen, *We Are Not Babysitters: Family Child Care Providers Redefine Work and Care* (New Brunswick, NJ: Rutgers University Press, 2003); Margaret K. Nelson, *Negotiated Care: The Experience of Family Day Care Providers* (Philadelphia: Temple University Press, 1990).

33 Saskia Sassen, "Global Cities and Survival Circuits," in *Global Woman: Nannies, Maids, and Sex Workers in the New Economy*, ed. Barbara Ehrenreich and Arlie Russell Hochschild (New York: Metropolitan Books, 2003), 254 - 74; Ruth Milkman, Ellen Reese, and Benita Roth, "The Macrosociology of Paid Domestic Labor," *Work and Occupations* 25, no. 4 (1998): 483 - 510. 后面这篇论文证明，这些世界级城市的贫富差距状况可用于预测哪里的家政市场最大。

34 Arlie Russell Hochschild, "The Nanny Chain," *American Prospect*, 3 January 2000, 32 - 36; Hondagneu-Sotelo, *Domestica*; Rollins, *Between Women*; Romero, *Maid in the U.S.A.*; Parreñas, *Servants of Globalization*; Glenn, *Issei, Nisei, War Bride*; Chang, *Disposable Domestics*; Shellee Colen, "'Housekeeping' for the Green Card: West Indian Household Workers, the State, and Stratified Reproduction in New York," in *At Work*

in Homes: Household Workers in World Perspective，ed. Roger Sanjek and Shellee Colen（Washington，DC：American Anthropological Association，1990），89 - 118；Evelyn Nakano Glenn，"From Servitude to Service Work：Historical Continuities in the Racial Division of Paid Reproductive Labor," in *Working in the Service Society*，ed. Cameron Lynne Macdonald and Carmen Sirianni（Philadelphia：Temple University Press，1996），115 - 56；Pei-Chia Lan，*Global Cinderellas: Migrant Domestics and Newly Rich Employers in Taiwan*（Durham，NC：Duke University Press，2006）.

35 早前的研究对主仆互动进行了详细探讨。不过，这些研究并没有考虑以阶层为基础的育儿观念和实践如何进一步使这种关系复杂化。

36 Flanagan，"Dispatches from the Nanny Wars," 126.

37 Janelle S. Taylor，Linda L. Layne，and Danielle F. Wozniak，eds.，*Consuming Motherhood*（New Brunswick，NJ：Rutgers University Press，2004），4.

38 Jean Bethke Elshtain，*Who Are We? Critical Reflections and Hopeful Possibilities*（New York：William B. Erdmans，2000），47.

39 Julie A. Nelson，"Of Markets and Martyrs：Is It OK to Pay Well for Care?" *Feminist Economics* 5，no. 3（1999）：43 - 59.

40 Barbara Katz Rothman，*Recreating Motherhood: Ideology and Technology in a Patriarchal Society*（New York：W. W. Norton，1989），200.

41 Viviana Zelizer，*The Purchase of Intimacy*（Princeton，NJ：Princeton University Press，2005），34 - 35.

42 有关研究方法的详细讨论请见附录。考察其他有关母职问题的研究可以参见 Linda M. Blum，*At the Breast: Ideologies of Breastfeeding and Motherhood in the Contemporary United States*（Boston：Beacon Press，1999）；Diane E. Eyer，*Mother-Infant Bonding: A Scientific Fiction*（New Haven，CT：Yale University Press，1992）；Ruth McElroy，"Whose Body，Whose Nation? Surrogate Motherhood and Its Representation," *European Journal of Cultural Studies* 5，no. 3（2002）：325 - 42；and Susan Markens，*Surrogate Motherhood and the Politics of Reproduction*（Berkeley：University of California Press，2007）.

43 根据本研究样本设计要求，受访保姆看护的孩子年龄都不超过 3 岁。

44 雇主的人口特征请见附录表 4。

45 换工都是年轻女性，通常年龄在 18 岁到 22 岁之间。她们参加的是美国国务院教育与文化事务局一个为期 1 年的项目，每周为住家提供 45 小时的儿童看护服务，获得 125—150 美元的津贴，外加免费食宿。

46 对儿童看护人员的种族/民族和来源地的详细分析参见附录表 5。

47 在孩子年龄小于 6 岁的家庭中，由保姆看护孩子的占 15%，送孩子去托儿中心的占 39%，另有 34% 的家庭选择了家庭托儿所。参见托米恩对孩子年龄小于 6 岁的家庭使用有酬儿童看护情况的分析。Mary C. Tuominen, "The Conflicts of Caring," in *Care Work: Gender, Labor, and the Welfare State*, ed. Madonna Harrington Meyer (London: Routledge, 2000), 114, table 8.1.

48 Terry Arendell, "A Social Constructionist Approach to Parenting," in *Contemporary Parenting: Challenges and Issues*, ed. Terry Arendell (Thousand Oaks, CA: Sage, 1997), 28; Cynthia T. Garcia Coll, E. C. Meyer, and L. Brillon, "Ethnic and Minority Parents," in *Handbook of Parenting*, ed. M. H. Bornstein (Mahwah, NJ: Lawrence Erlbaum Associates, 1995), 2: 189 – 209; T. J. Hamner and P. H. Turner, *Parenting in Contemporary Society*, 3rd ed. (Needham Heights, MN: Allyn & Bacon, 1996).

49 Annette Lareau, *Unequal Childhoods: Class, Race, and Family Life* (Berkeley: University of California Press, 2003).

50 有关批评参见 Anita Ilta Garey, *Weaving Work and Motherhood* (Philadelphia: Temple University Press, 1999)。

51 Barbara J. Risman and Danette Johnson-Sumerford, "Doing It Fairly: A Study of Postgender Marriages," *Journal of Marriage and the Family* 60 (February 1998): 23 – 40.

52 戴安·桑普森（Diane Sampson）对贝尔德案的描写引人入胜。请参见 Diane Sampson, "Rejecting Zoe Baird: Class Resentment and the Working Mother," in *"Bad" Mothers: The Politics of Blame in Twentieth-Century America*, ed. Molly Ladd-Taylor and Lauri Umansky (New York: New York University Press, 1998), 310 – 18。

53 电视节目资源可以参考电视系列片 *Supernanny* 和 *Nanny 911*。育儿指南可以参考 Justine Walsh, Kim Nicholson, and Richard Gere, *Nanny Wisdom:*

Our Secrets for Raising Healthy, Happy Children—from Newborns to Preschoolers (New York: STC Paperbacks, 2005); and Jo Frost, *Jo Frost's Confident Baby Care: What You Need to Know for the First Year from the UK's Most Trusted Nanny* (London: Orion, 2007)。电影则可以参看 *The Hand That Rocks the Cradle*, dir. Curtis Hanson (Hollywood Films, 1992)。通俗小说可参见 Emma McLaughlin and Nicola Krause, *The Nanny Diaries* (New York: St. Martin's Press, 2002); Fay Weldon, *She May Not Leave* (New York: Grove Press, 2007)。非虚构作品可参见 Lucy Kaylin, *The Perfect Stranger: The Truth about Mothers and Nannies* (New York: Bloomsbury Press USA, 2007); Jessika Auerbach, *And Nanny Makes Three: Mothers and Nannies Tell the Truth about Work, Love, Money, and Each Other* (New York: St. Martin's Press, 2007); Susan Davis and Gina Hyams, eds., *Searching for Mary Poppins: Women Write about the Relationship between Mothers and Nannies* (New York: Plume, 2007); 以及 Susan Carlton and Susan Myers, *The Nanny Book: The Smart Parent's Guide to Hiring, Firing, and Every Sticky Situation in Between* (New York, NY: St. Martin's Griffin, 1999)。

54 Garey, *Weaving Work and Motherhood*, 4–5. 他指出，在学术作品和流行文化对上班族妈妈的描写中，专业技术阶层和管理阶层的女性比例过高。"标准"的上班族妈妈更可能是服务员、销售员、秘书或护士。

55 Matthew B. Miles and A. Michael Huberman, *Qualitative Data Analysis: An Expanded Sourcebook*, 2nd ed. (Thousand Oaks, CA: Sage, 1994).

56 为确保匿名性，所有访谈对象姓名都采用化名，许多案例的识别信息（例如职业、家乡等）都有所改动。

57 对专业技术阶层上班族妈妈面临的类似挑战的讨论可以参见 Mary Blair-Loy, *Competing Devotions: Career and Family among Women Executives* (Cambridge, MA: Harvard University Press, 2003); Stone, *Opting Out?*。

58 Garey, *Weaving Work and Motherhood*, 32.

59 补充访谈对象包括八位雇主妈妈、她们的八位保姆以及其他六位保姆。

②　里里外外负全责

1 本书中的"序曲"截取了发生在特定的雇主妈妈、儿童看护身上或两者之间的故事片段，每个序曲都反映了相应章节的主题。每次引入新的母亲或保姆时，我会介绍她的年龄、民族和职业。后文再次出现时就只提名字。这项研究中所有母亲和保姆的基本情况列表请见附录。

2 不过，负责任的父亲也会面临工作上的压力，相关讨论可参见 Nicholas W. Townsend，*The Package Deal: Marriage*，*Work*，*and Fatherhood in Men's Lives*（Philadelphia：Temple University Press，2002）。

3 有些学术领域（比如护理和英语）是由女性主导的。在这些领域工作的雇主妈妈，保持其职业地位和证明弹性工作时间、工作地点的合理性也相对容易一些。对于这些女性及其育儿安排的进一步讨论详见第九章。

4 本研究的参与者生第一个孩子的平均年龄比 2002 年美国女性平均生育年龄（25.1 岁）大 10 岁，比 1970 年的平均生育年龄（21.4 岁）大了将近 15 岁。参见 http://www.kaisernetwork.org/daily _ reports/rep _ index.cfm? DR _ ID = 21410。

5 Joan Williams，*Unbending Gender: Why Family and Work Conflict and What to Do about It*（New York：Oxford University Press，2000）。

6 Sharon Hays，*The Cultural Contradictions of Motherhood*（New Haven，CT：Yale University Press，1996）。

7 例如，可以参见 Pierre Bourdieu，*Distinction: A Social Critique of the Judgement of Taste*，trans. Richard Nice（Cambridge，MA：Harvard University Press，1984）；Jay Macleod，*Ain't No Makin' It: Aspirations and Attainment in a Low-Income Neighborhood*，3rd ed.（Boulder，CO：Westview Press，2008）。

8 Pierrette Hondagneu-Sotelo，*Domestica: Immigrant Workers Cleaning and Caring in the Shadows of Affluence*（Berkeley：University of California Press，2001），26.虽然洪黛露-索特鲁（Hondagneu-Sotelo）提到了"竞争性母职修辞"，但她并没有详细阐述这一概念，也没有提及它对儿童看护人员的影响。

9 母爱守门被称为母亲对孩子的"情感囤积"。Arlie Russell Hochschild with

Anne Machung, *The Second Shift*, 2nd ed. (New York: Penguin, 2003), 227.

10　Hays, *The Cultural Contradictions of Motherhood*, 69.

11　参见 Mary D. Salter Ainsworth et al., *Patterns of Attachment: A Psychological Study of the Strange Situation* (Hillsdale, NJ: Lawrence Erlbaum Associates, 1978)。被送去托儿中心的孩子更多了，这些孩子有可能更习惯与多个成年人互动，因此这种测量方法也受到了更加严格的审查。

12　NICHD Early Child Care Research Network, "Familial Factors Associated with the Characteristics of Nonmaternal Child Care," *Journal of Marriage and the Family* 59 (1997): 389–408; NICHD Early Child Care Research Network, "Early Child Care and Self-Control, Compliance and Problem Behavior at Twenty-Four and Thirty-Six Months," *Child Development* 69 (1998): 1145–1170; NICHD Early Child Care Research Network, "Characteristics and Quality of Child Care for Toddlers and Preschoolers," *Applied Developmental Science* 4 (2000): 116–35.

13　Margaret Talbot, "Attachment Theory: The Ultimate Experiment," *New York Times*, 24 May 1998, Sunday magazine.

14　"Bringing Up Baby," interview with Jay Belskey, Kathleen McCartney, and Anne Goldstein by Juan Williams, dir. K. J. Lopez, *Talk of the Nation*, National Public Radio, 24 April 2001.

15　John T. Bruer, *The Myth of the First Three Years: A New Understanding of Early Brain Development and Lifelong Learning* (New York: Free Press, 1999). 1997 年的"起点"会议大力支持一个观点，即"从学龄前到青春期甚至到成年期，个人的效能在很大程度上取决于儿童在头三年的经历"。Carnegie Corporation of New York, *Starting Points: Meeting the Needs of Our Youngest Children* (New York: Carnegie Corporation of New York, 1994); Rima Shore, *Rethinking the Brain: New Insights into Early Development* (New York: Families and Work Institute, 1997). 头三年神话的热潮始于 1975 年伯顿·L. 怀特（Burton L. White）的著作《生命中的头三年》［*The First Three Years of Life* (New York: Avon, 1975)］的出版。20 世纪 90 年代后期，它成了美国公众想象中的一个固定主题。

16　引自 Bruer, *The Myth of the First Three Years*, 23。

17 引自 Bruer，*The Myth of the First Three Years*，52。

18 Ann Hulbert，*Raising America: Experts，Parents，and a Century of Advice about Children*（New York：Alfred A. Knopf，2003），312.

19 引自 Debra Rosenberg and Larry Reibstein，"Pots，Blocks，and Socks，"*Newsweek*，spring/summer 1997，34‑35。

20 引自 Mary Leonard，"Mother's Day：A Guilt-Edged Occasion，"*Boston Globe*，11 May 1997，E3。

21 海斯指出，在 1981 年，97%的美国母亲至少读过一本育儿手册，读过两本或更多的母亲占比接近75%（Hays，*The Cultural Contradictions of Motherhood*，51）。这一数字很可能还在增加，在我进行访谈的 1997 年，当年出版的育儿指南书籍数量是 1975 年的五倍（Hulbert，*Raising America*）。

22 母亲受教育程度越高，她阅读更多育儿指南文献的可能性就越大，对自己的育儿工作可能就越不满意。1997 年有关妇女、家庭和工作的皮尤研究（The 1997 Pew Study）发现，尽管大多数女性认为自己作为母亲没有达到标准，但最不满意的母亲是受过大学教育的群体；在这个群体中，72%的居家母亲对自己的育儿技能"不太满意"，在职母亲中则有 68%的人对此不满意。有关皮尤研究，可参见 Leonard，"Mother's Day"；有关社会阶层和育儿指南书籍的讨论，可参见 Terry Arendell，"A Social Constructionist Approach to Parenting，"in *Contemporary Parenting: Challenges and Issues*，ed. Terry Arendell（Thousand Oaks，CA：Sage，1997），1‑44；Annette Lareau，*Unequal Childhoods: Class，Race，and Family Life*（Berkeley：University of California Press，2003），5。

23 中产阶层和专业技术阶层的母亲最容易受到当代育儿原则的影响，但其他群体的母亲也感受到了这种压力。无论这种文化标准是否切实可行，无论她们的婚姻状况和社会阶层如何，大多数母亲都认为自己有实现密集母职理想的责任。可参见 Margaret K. Nelson，*The Social Economy of Single Motherhood: Raising Children in Rural America*（New York：Routledge，2005）；Anita Ilta Garey，*Weaving Work and Motherhood*（Philadelphia：Temple University Press，1999）。

24 Hondagneu-Sotelo，*Domestica*.

25 Lareau，*Unequal Childhoods*.

26 布迪厄这一概念的含义有各种解释，引发了激烈的争议。在最基本的层面上，惯习这一概念意在捕捉"性情"（dispositions），即我们用来"在世上感知、判断和行动"的第二自然的习惯、模式、偏好、观点等等，而这些都是我们在具体的社会阶层与历史时期，于特定家庭环境下的成长过程中获得的。参见 Loic Wacquant，"Pierre Bourdieu," in *Key Contemporary Thinkers*, ed. Rob Stones，2nd ed.（New York：Macmillan，2008），267。

27 玛丽·布莱尔-洛伊（Mary Blair-Loy）在对女性高管的研究中发现，那些选择"退出"职场的女性"正忙于将上流社会的资本传递给子女"。Mary Blair-Loy，*Competing Devotions: Career and Family among Women Executives*（Cambridge，MA：Harvard University Press，2003），54.

28 Lareau，*Unequal Childhoods*，276.

29 苏珊娜·比安奇（Suzanne Bianchi）的研究表明，今天的母亲与孩子相处的时间实际上比自己母亲那一代略多一点：1998 年，母亲每天与子女相处的时间为 5.8 小时，而 1965 年的相处时间为 5.6 小时；尽管 1998 年有 72% 的母亲在工作，而 1965 年上班族妈妈的比例为 30%。Liana C. Sayer，Suzanne M. Bianchi，and John P. Robinson，"Are Parents Investing Less in Children? Trends in Mothers' and Fathers' Time with Children," *American Journal of Sociology* 110，no. 1（2004）：1‑43；Sharon Cohany and Emily Sok，"Trends in the Labor Force Participation of Married Mothers of Infants," *Monthly Labor Review*，February 2007，9‑16.

30 在 30 位雇主妈妈中，有 9 人童年时期母亲曾经外出工作过。就我找到的几位母亲而言，她们成长的社区以母亲上班为常态，长大后她们往往更愿意也更能够重新诠释密集母职，并重塑自己的母爱观念。参见第九章。

31 有很多这样的例子。当我在波士顿地区进行田野调查时，我所访谈的女性大多非常关注如下的报道：1999 年《纽约时报》对洛伊丝·比尔德（Lois Beard）所做的报道，她原本有望成为美国第一位女将军，但却选择留在家中陪伴她 16 岁的女儿；《波士顿环球报》在次年夏天的图片报道中聚焦于利兹·沃克（Liz Walker），她是唯一一位在波士顿新闻中担任夜间主播的非裔美国人，后来决定放弃工作留在家里陪儿子；2001 年 8 月《新闻周刊》对 X 世代女性的吹捧，称她们选择留在家里，"而不是像她们的母亲那样依靠临时保姆"。有关媒体如何讲述上班族妈妈的其他分析，可参见 Janna

Malamud Smith, *A Potent Spell: Mother Love and the Power of Fear* (Boston: Houghton Mifflin, 2003)。

32 法国对每周工作时间不超过 35 小时的规定，以及欧盟为确保高质量的非全日制工作而采取的措施，都是为工作时间合理的好工作提供结构性支持的例子。母亲的产假以及斯堪的纳维亚半岛给父亲的育儿假让父母可以在 8 年内享受长达 15 个月的带薪育儿假。在瑞典和挪威，父母可以选择同时或先后休假，也可以将这些假期与非全时工作相结合。在许多欧盟国家，公立托儿所也为工薪家庭提供了支持。参见 Janet C. Gornick and Marcia K. Meyers, *Families That Work: Policies for Reconciling Parenthood and Employment* (New York: Russell Sage Foundation, 2003)。

33 Julia Wrigley, "Hiring a Nanny: The Limits of Private Solutions to Public Problems," *Annals of the American Academy of Political and Social Science* 563 (1999): 162–74; Myra Marx Ferree, "The Gender Division of Labor in Two-Earner Marriages: Dimensions of Variability and Change," *Journal of Family Issues* 12, no. 2 (1991): 158–80; Julie Brines, "Economic Dependency, Gender, and the Division of Labor at Home," *American Journal of Sociology* 100, no. 3 (1994): 652–88.

34 Nelson, *The Social Economy of Single Motherhood*.

35 Arlie Russell Hochschild, "Inside the Clockwork of Male Careers," in *Women and the Power to Change*, ed. Florence Howe (Berkeley: Carnegie Foundation for the Advancement of Teaching, 1975); Felice N. Schwartz, "Management Women and the New Facts of Life," *Harvard Business Review*, January–February 1989, 65–76; Rosanna Hertz, "Dual-Career Couples and the American Dream: Self-Sufficiency and Achievement," *Journal of Comparative Family Studies* 23, no. 2 (1991): 247–63; Rosanna Hertz, *More Equal Than Others: Women and Men in Dual-Career Marriages* (Berkeley: University of California Press, 1986); Blair-Loy, *Competing Devotions*; Williams, *Unbending Gender*.

36 在所谓"二人事业"(two-person career) 的概念中，妻子的幕后劳动是丈夫成功的必要条件，对这一概念的讨论参见 Hanna Papanek, "Men, Women, and Work: Reflections on the Two-Person Career," *American Journal of*

Sociology 78（1975）：852-72。有关幕后支持中的性别不平等，可参见 Arlie Russell Hochschild with Anne Machung，*The Second Shift: Working Parents and the Revolution at Home*（New York：Viking，1989），253。

37 Jerry A. Jacobs and Kathleen Gerson，*The Time Divide: Work，Family，and Gender Inequality*（Cambridge，MA：Harvard University Press，2005）.

38 Blair-Loy，*Competing Devotions*，32.这里有一些对美国社会中工作/家庭冲突的内在本质的争论，例如，安妮塔·加里认为，主流文化中"以工作为重"和"以家庭为重"这样的表述不必要地把这两个领域对立了起来。但是，加里重点研究的是像护士等从事以女性为主的职业的女性群体，可以想见，这类职业有更大的灵活性，作为员工和照顾者的角色并不冲突。Garey，*Weaving Work and Motherhood*.

39 有6名雇主妈妈报告说，其工作场所对她们怀孕没有任何歧视态度，也没有给她们压力要求每周工作超过正常工作时间，不管她们从事的是每周30小时的非全日制工作还是每周50小时的全日制工作。这几名受访者也是仅有的处于以女性为主的工作环境中的母亲，在这种环境中，兼顾事业和育儿是常态。

40 其他研究也报告了类似的现象。林迪·福斯曼（Lindy Fursman）描述了她所说的"社会怀孕"（social pregnancy），即怀孕员工工作场所的同事和管理者"将这个女人重新定义为健忘和散漫的人，然后据此构建她的反应能力"。Lindy Fursman，"Conscious Decisions，Unconscious Paths：Pregnancy and the Importance of Work for Women in Management"（Working paper no. 23，Center for Working Families，University of California，Berkeley，April 2001），25。海伦·M. 帕蒂森（Helen M. Pattison）发现，作为母亲的主要角色遮蔽了女性作为管理者或专业人员的角色，并降低了同事和上司对其能力的认可度。Helen M. Pattison，Helen Gross，and Charlotte Cast，"Pregnancy and Employment：The Perceptions and Beliefs of Fellow Workers，" *Journal of Reproductive and Infant Psychology* 15，nos. 3-4（1997）：303-13. 亦可参见 Martha McMahon，*Engendering Motherhood：Identity and Self-Transformation in Women's Lives*（New York：Guilford Press，1995）。

41 Hertz，*More Equal Than Others*；Hertz，"Dual-Career Couples and the

American Dream," 254.

42 Schwartz, "Management Women and the New Facts of Life."

43 Ann Crittenden, *The Price of Motherhood: Why the Most Important Job in the World Is Still the Least Valued* (New York: Metropolitan Books, 2001), 29.

44 这一发现与明迪·弗里德（Mindy Fried）对提供陪产假的公司的男性员工的研究结论类似。虽然政策为他们提供了休假时间，但他们往往不休假，因为企业文化和工作需求决定了他们必须继续工作。Mindy Fried, *Taking Time: Parental Leave Policy and Corporate Culture* (Philadelphia: Temple University Press, 1998). 也可参见 Townsend, *The Package Deal*。然而，值得注意的是，即使她们只行使一部分育儿假的权利，我所采访的大多数雇主妈妈享受的福利也比干小时工的母亲多得多。

45 Sylvia Ann Hewlett, *Off-Ramps and On-Ramps* (Cambridge, MA: Harvard Business School Press, 2007), 46.

46 虽然"情境定义"下产假的个案性质使其看起来像是具体工作中的特定女性的个人问题，但对于身处高级职位的女性的研究表明，休产假的职业成本更有例可循。参见 Blair-Loy, *Competing Devotions*, 147‑48. 也可参见 Crittenden, *The Price of Motherhood*; Jennifer Glass, "Blessing or Curse? Work-Family Policies and Women's Wage Growth over Time," *Work and Occupations* 31, no. 3 (2004): 367‑94; M. J. Budig and P. England, "The Wage Penalty for Motherhood," *American Sociological Review* 66, no. 2 (2001): 204‑25; Fried, *Taking Time*。

47 休利特发现，35%的女商人因从事非全日制工作而遭受污名化，26%的女商人感到因选择弹性工作时间而被污名化。Hewlett, *Off-Ramps and On-Ramps*, 33. 爱泼斯坦（Epstein）发现，在兼职律师中，阻碍其流动的问题除了污名化之外，还以分配的任务质量差、横向晋升、缺乏指导等形式存在。Cynthia Epstein et al., *The Part-Time Paradox: Time Norms, Professional Life, Family and Gender* (New York: Routledge, 1999), 64‑67.

48 Joan C. Williams, "The Interaction of Courts and Legislatures in Creating Family-Responsive Workplaces," in *Working Time for Working Families: Europe and the United States*, *Contributions to a Program of the Washington*

Office of the Friedrich Ebert Foundation in Cooperation with the Work Life Law Program at American University Washington College of Law and the Hans Böckler Foundation，Held in Washington，DC on June 7‑8，2004，ed. Ariane Hegewisch et al. (Washington，DC：Friedrich-Ebert-Stiftung，2005)，22‑34. www.uchastings.edu/site＿fi les/WLL/FESWorkingTimePublication.pdf.

49 当前的人口调查数据表明，2000 年，在全美范围内，30% 的从事专业技术/管理工作的女性每周工作 40 小时以上，其中 18% 的女性平均每周工作 49 小时或更久。不过我们并不清楚这些妇女中有多少人被列入"非全日制工作"。Fursman，"Conscious Decisions，Unconscious Paths"，8.

50 对工薪阶层和专业技术阶层的上班族妈妈的比较研究发现，从事非全日制工作的职业女性每周工作 27—30 小时，中间没有休息时间，而工薪阶层的非全日制工作者每周工作 16—24 小时，午餐时间包括在内。当然，收入方面的差距无疑也同样明显。Karen Walker，"Class，Work，and Family in Women's Lives，" *Qualitative Sociology* 13，no. 4 (1990)：297‑320.

51 她们认为最理想的非全日制工作安排是每周工作三天，每天工作时间长一些。但一些受访者表示，她们更愿意每周工作五天，每天工作六小时。

52 一些母亲断言，时刻保持警觉、不断与时俱进并非真实的需求，而是其上司制造出来的，并且被当成另一种形式的性别歧视来使用。

53 收入等级和相应等级的雇主妈妈的数量如下：15 000—35 000 美元，4 人；36 000—50 000 美元，3 人；51 000—100 000 美元，13 人；101 000—150 000 美元，4 人；151 000—200 000 美元，4 人；200 000 美元以上，2 人。在 30 位雇主妈妈中，有 17 人的收入超过其家庭收入的 50%。

54 婴儿潮一代是发现"中产阶层的家庭生活方式需要两份薪水"的第一代。Katherine S. Newman，*Declining Fortunes: The Withering of the American Dream* (New York：Basic Books，1993)，21.

55 Katherine S. Newman，*Declining Fortunes: The Withering of the American Dream* (New York：Basic Books，1993)。不过，这种权衡不一定是唯一的选择。参见 Rosanna Hertz and Faith I. T. Ferguson，"Childcare Choice and Constraints in the United States：Social Class，Race and the Influence of Family Views，" *Journal of Comparative Family Studies* 27，no. 2 (1996)：249‑80。赫兹和弗格森认为，非裔美籍的职业女性往往在相对年轻的时候

就生了孩子，然后依靠家人提供的育儿支持完成职业培训。但是这种趋势可能正在减弱。参见 Karin L. Brewster and Irene Padavic, "No More Kin Care? Change in Black Mothers' Reliance on Relatives for Child Care, 1977 - 1994," *Gender and Society* 16, no. 4 (2002): 546 - 63。

56 Susan Chira, "Working Mom in D.C. Loses Custody Fight to Ex-Husband," *Houston Chronicle*, 20 September 1994, sec. A; Elizabeth Wasserman, "Career vs. Time with Kids: Simpson Prosecutor's Custody Dispute Fuels Battle-of-Sexes Debate," *San Jose Mercury News*, 4 March 1995, morning final edition, front section; "A Working Mom's Battle: Job vs. Custody in NBC Special," *Chicago Sun-Times*, 21 November 1994, late sports final edition, features section.

57 参见 Hochschild with Machung, *The Second Shift*, 1st ed; 亦可参见 Ferree, "The Gender Division of Labor in Two-Earner Marriages"; 以及 Harriet Presser, "Employment Schedules among Dual-Earner Spouses and the Division of Household Labor by Gender," *American Sociological Review* 59, no. 3 (1994): 348 - 65。

58 有关"母爱守门员"概念的更多讨论，可参见 Sarah J. Schoppe-Sullivan et al., "Maternal Gatekeeping, Coparenting Quality, and Fathering Behavior in Families with Infants," *Journal of Family Psychology* 22 (2008): 389 - 98; Sarah M. Allen and Alan J. Hawkins, "Maternal Gatekeeping: Mothers' Beliefs and Behaviors That Inhibit Greater Father Involvement in Family Work," *Journal of Marriage and the Family* 61, no. 1 (1999): 199 - 212; Ruth Gaunt, "Maternal Gatekeeping: Antecedents and Consequences," *Journal of Family Issues* 29 (2008): 373 - 95; J. Fagan and M. Barnett, "The Relationship between Maternal Gatekeeping, Paternal Competence, Mothers' Attitudes about the Father Role, and Father Involvement," *Journal of Family Issues* 24 (2003): 1020 - 43。

59 真正的分担在倒班工作的工薪阶层夫妇中最为常见，母亲和父亲轮流值班，彼此分担育儿责任。Anita Ilta Garey, "Constructing Motherhood on the Night Shift: 'Working Mothers' as 'Stay-at Home Moms,' " *Qualitative Sociology* 18, no. 4 (1995): 415 - 37; Rosanna Hertz, "Making Family under

a Shift work Schedule," Air Force Security Guards and Their Wives," *Social Problems* 36, no. 5（1989）：491–507. 然而，最新的时间日志统计显示，2005 年，孩子小于 6 岁的上班族妈妈平均每天花 3.56 小时做各种杂务，如做饭、洗碗、照顾孩子等，而上班的男子平均每天花在这些工作上的时间是 2.67 小时。U. S. Department of Labor，Bureau of Labor Statistics，*Highlights of Women's Earnings in* 2005（Washington，DC：U.S. Department of Labor，2006）；Suzanne Bianchi，John P. Robinson，and Melissa A. Milkie，*Changing Rhythms of American Family Life*（New York：Russell Sage Foundation，2006）.

60 因为没有访谈父亲，我这里的讨论只是妻子和孩子保姆眼中的孩子父亲的态度及行为，而不是男人们自己对家庭生活的看法。

61 结成了"伙伴关系"的保姆和母亲是例外。第九章对此进行了更充分的讨论。

62 朱利亚·瑞格利（Julia Wrigley）也发现了这种情况。Julia Wrigley，*Other People's Children: An Intimate Account of the Dilemmas Facing Middle-Class Parents and the Women They Hire to Raise Their Children*（New York：Basic Books，1995）.

63 Judith Rollins，*Between Women: Domestics and Their Employers*（Philadelphia：Temple University Press，1985）.

64 2005 年所有上班族每周收入的中位数是 574 美元。参见 U.S. Department of Labor，Bureau of Labor Statistics，*Highlights of Women's Earnings in* 2005。

③ 市场上的保姆

1 西班牙语里这个短语大致可以翻译成"没有教养"或"没有礼貌"。

2 在研究进行期间，马萨诸塞州日托中心工作人员的平均工资水平是，助理每小时 8.49 美元，教师每小时 10.50 美元，而家庭托儿所工作人员的平均工资在开支前为每小时 7.32 美元（扣除了费用）。Center for the Childcare Workforce，"Current Data on the Salaries and Benefits of the U.S. Early Childhood Education Workforce"（Center for the Childcare Workforce/

American Federation of Teachers Educational Foundaotion，2004）. 在本研究中，持有工作许可证的不住家保姆平均工资高达每月 1450 美元，使她们跻身收入最高的儿童看护行列；住家换工每周的工资仅为 100 美元；在外居住的无证移民看护每周的薪水仅为 80 美元。

3 但也有少数例外。在玛格丽特·纳尔逊（Margaret Nelson）对家庭日托机构的研究中，儿童看护的阶层背景和客户大致相同。Margaret K. Nelson，*Negotiated Care: The Experience of Family Day Care Providers*（Philadelphia：Temple University Press，1990）.这可能是唯一一类具有相似性的照顾者。有些"增益型"日托中心，例如"启蒙"（Head Start）学校的工作人员可能比客户的受教育水平更高，工资也更高，但大多数日托中心的工作人员工资很低，而且阶层背景也低于他们的客户。

4 代表性研究可参见 Shellee Colen，"'Housekeeping' for the Green Card：West Indian Household Workers，the State，and Stratified Reproduction in New York，" in *At Work in Homes: Household Workers in World Perspective*，ed. Roger Sanjek and Shellee Colen（Washington，DC：American Anthropological Association，1990），89‑118；Pierrette Hondagneu-Sotelo，*Domestica: Immigrant Workers Cleaning and Caring in the Shadows of Affluence* （Berkeley：University of California Press，2001）；Grace Chang，*Disposable Domestics: Immigrant Women Workers in the Global Economy*（Cambridge，MA：South End Press，2000）；Julia Wrigley，*Other People's Children: An Intimate Account of the Dilemmas Facing Middle-Class Parents and the Women They Hire to Raise Their Children*（New York：Basic Books，1995）。我发现的差异在很大程度上源于我对工作的限定——只负责照顾孩子，而其他研究者研究的是"保姆管家"和"清洁工"。正如第四章所解释的，这些不同种类的工作具有的"民族逻辑"也有很大差异。

5 有关社会分层再生产最初的讨论，参见 Shellee Colen，"'Like a Mother to Them'：Stratified Reproduction and West Indian Childcare Workers and Employers in New York，" in *Conceiving the New World Order: The Global Politics of Reproduction*，ed. Faye D. Ginsburg and Rayna Rapp（Berkeley：University of California Press，1995），78‑102。

6 Colen，"'Like a Mother to Them，'"78.

7 有关家务劳动和照顾劳动之间的种族－民族区分，可参见 Dorothy E. Roberts，"Spritual and Menial Housework，" *Yale Journal of Law and Feminism* 9，no. 51（1997）：51－80。

8 移民保姆中两人来自中国，一人来自非洲，四人来自英国和爱尔兰，九人来自加勒比岛屿国家，九人来自南美洲和中美洲。除了那些基本上不会说英语的拉丁裔妇女，其他所有人都是我亲自进行访谈的。感谢我的西班牙语研究助理桑德拉·奥拉特和西尔维娅·古铁雷斯，她们在招募和访谈这些拉丁裔妇女时提供了很多帮助。

9 有些人在美国是合法居留，但没有工作证件；有些人有绿卡，其中两位是入籍的公民。可以理解，大多数人都不愿意详细讨论她们的移民身份。

10 许多关于移民看护的研究都是在洛杉矶做的，而这是波士顿与洛杉矶的诸多区别之一。在波士顿，移民社区离公共交通设施很近，因此这些妇女可以和亲戚或同胞住在一起，选择不住家方式的看护拿的薪水也比较高。我在多年的田野调查中遇到的住家保姆大多是从中西部搬来的年轻白人或欧洲换工。

11 格雷丝·张（Grace Chang）的研究也引用了一项类似的研究成果。Grace Chang，"Undocumented Latinas：The New 'Employable Mothers，'" in *Mothering: Ideology，Experience，and Agency*，ed. Evelyn Nakano Glenn and Grace Chang（New York：Routledge，1994），55. 她引用了一项对纽约保姆机构的调查结论："非法"雇工每周的收入只有 175 美元，而"合法"劳工的收入则可达 600 美元。

12 Pierrette Hondagneu-Sotelo and Ernestine Avila，"'I'm Here，but I'm There'：The Meanings of Latina Transnational Motherhood，" *Gender and Society* 11，no. 5（1997）：548－71. 这项对有子女的移民家庭雇工的调查发现，有 40% 的人至少把一个孩子留在了老家。为了掩盖永久居留倾向，留下孩子往往是必要的。不带孩子意味着移民"得考虑回家"，进而保护了移民工人的"访客"身份。James Lardner，"Separate Lives，" *DoubleTake*，no. 13（1998）：56.

13 感谢纽约大学法学院移民政策研究所所长穆扎法尔·奇什蒂（Muzaffar Chishti）对这些法律的变化作出了清晰简明的解释。尽管"保姆"这一类别最近被重新划分为低级"技工"，但这一变化大概不会使雇主担保的时间和麻烦手续发生重大变化。

14 这也许可以解释为什么在本研究访谈的 15 名移民保姆以及联系过我们但不符合研究条件的 37 名移民中，只有 1 人通过雇主担保获得了绿卡。

15 关于早前法律的缺陷，可参见 Abigail B. Bakan and Daiva Stasiulis, eds., *Not One of the Family: Foreign Domestic Workers in Canada* (Toronto: University of Toronto Press, 1997)；有关新法律带来的剥削，可参见 Samar Collective, "One Big, Happy Community? Class Issues within South Asian American Homes: The Samar Collective," *Samar: South Asian Magazine for Action and Reflection* 4 (winter 1994): 10 – 15。

16 亦可参见 Pierrette Hondagneu-Sotelo, "Blowups and Other Unhappy Endings," in *Global Woman: Nannies, Maids, and Sex Workers in the New Economy*, ed. Barbara Ehrenreich and Arlie Russell Hochschild (New York: Henry Holt, 2002), 55 – 69。虽然我们访谈的妇女没有遇到身体虐待或奴役等情况（可能是自我选择的结果），但类似的故事在我们遇到和访谈移民保姆的地方流传着。移民法的惩罚性越来越强，使得所有移民工人更加脆弱，更不可能离开或揭发雇主的虐待或剥削。

17 说西班牙语的研究助理与当地协助拉丁美洲移民的机构开展外联工作时发现，促使伊内斯对亲属间工作剥削作出回应的正是她对新工作的渴求。因为雇主担保的可能性小了，被亲属或同胞虐待的故事突然多了起来。参见 Guy Sterling, "A Complex West Orange Slave Case Languishes," *Star-Ledger* (New Jersey), 9 July 2007, final edition; U.S. Department of Justice, "Cameroonian Couple Sentenced on Human Trafficking Charges" (press release, 31 May 2007); Lisa Sink, "Verdict Awaited in Maid Case; Jury to Decide Whether Illegal Immigrant Was 'House Slave,'" *Milwaukee Journal Sentinel*, 26 May 2006, final edition, B6; Frankie Edozien and Adam Miller, "Immigrant 'Slave' Lived a Nightmare," *New York Post*, 16 July 1999; Frank Eltman, "NY Millionaires' Slavery Trial Opens: Trial Opens for Millionaire Couple Accused of Slavery on NY's Long Island," Associated Press, 29 October 2007, http://abcnews.go.com/thelaw/wirestory?id = 3790694; Samar Collective, "One Big, Happy Community?"。对廉价的儿童照顾服务的需求不断扩大也是造成这一问题的原因之一。Bob Egelko,

"Domestic Workers Vulnerable to Exploitation," *San Francisco Chronicle*, 14 October 2009, Bay Area section; Chang, "Undocumented Latinas."

18 Chang, "Undocumented Latinas"; Lardner, "Separate Lives."

19 Chang, "Undocumented Latinas," 261.

20 Robin F. DeMattia, "Help from Overseas in Raising Youngsters," *New York Times*, 28 July 1996, final edition, sec. 13CN, 8.

21 我对换工的访谈大约有一半是在换工项目改革之前做的，改革之后，换工每周的津贴从 100 美元提高到了 125 美元。因为换工在美国这一年必须从高等教育机构中获得 6 小时的学分，学费补贴是为了抵消一部分学费。

22 最近的改革允许家庭和换工在工作特别顺利的情况下再申请一年。

23 有关美国新闻署管理的文化交流项目的信息，可参见 Debbi Wilgoren and Michael D. Shear，"Regulation of Au Pairs Lags behind the Reality," *Washington Post*, 14 August 1994, B1, B6。1999 年 10 月 1 日生效的联邦《1998 年外交事务改革和重组法案》的一项条款解散了这个 46 年的机构。有关美国新闻署的任务和历史的信息可参考该机构的网站 http://dosfan.lib.uic.edu/usia.

24 里纳后来被判定无罪，所有指控都不成立。谋杀案仍未破，但里纳的雇主是关键嫌疑人。自里纳事件以来，包括波士顿地区的路易丝·伍德沃德"摇晃婴儿"案在内的几起案件都让换工项目受到严格审查。Barbara Carton，"Minding the Au Pairs: Oversight Sought as Programs Grow," *Boston Globe*, 2 January 1992; Ric Kahn, "Murder Charge Lodged against Au Pair," *Boston Globe*, 12 February 1997, B1, B4; Jetta Bernier, "Au Pair Anxiety," *Boston Globe*, 16 February 1997, D1, D2.

25 一家中介机构就年龄限制的规定给客户发了一封信，说他们 60% 客户家里的孩子不到两岁，而只有 20% 的换工年龄超过 21 岁。Bernier, "Au Pair Anxiety."

26 Jennifer Peltz, "Au Pair Popularity May Expand Rules: Government Studies Allowing More Time," Associated Press, 29 June 2008, www.commercialappeal.com/news/2008/Jun/29/au-pair-popularity-may-expand-rules; Lorna Duckworth, "Fallout from Woodward Case Hits Au Pair Industry," *Independent*, 2 March 2002; Julia Meurling, "Bulletin Board: a Child Care Solution: Help

from Overseas," *New York Times*, 1 September 2002; "Au Pair Supply Increases from Eastern Europe and South Africa," *Newswire*, *PR*, 13 May 1999, www. lexisnexis. com/us/lnacademic/results/docview/docview. do? docLinkInd = true&risb = 21 _ T4462345904&format = GNBFl&sort = RELEVANCE&startDocNo = 26&resultsUrlKey = 29 _ T4462345911&cisb = 22 _ T4462345910&treeMax = true&treeWidth = 0&csi = 8054&docNo = 32; Lisa W. Foderaro, "New Breed of Au Pair Packs a Shaving Kit," *New York Times*, 14 June 1999, http://query.nytimes. com/gst/fullpage. html? res = 9C04E4D91338F937A25755C0A 96F958260&sec = &spon = &pagewanted = all.

27 了解换工和保姆对其工作生活的看法，可参见第七章、第八章。

28 本研究访谈的看护中想在日托中心工作的只有斯堪的纳维亚人。在北欧，以日托中心为基础的儿童看护是一种常态，更重要的是，这是有政府补贴和体面报酬的，因此日托中心的工作是一种可行的职业选择。C. Philip Hwang and Anders G. Broberg, "The Historical and Social Context of Child Care in Sweden," in *Child Care in Context: Cross-Cultural Perspectives*, ed. Michael Lamb et al. (Hillsdale, NJ: Hove and London, 1992), 27‐53.

29 三名受访者是大学毕业生；其余受访者要么没有接受过高等教育，要么大学只读了一两年。

30 2000 年的时候，托儿中心的工作人员每周工资中位数是 297 美元，相比之下，家庭儿童看护每周工资的中位数则只有 197 美元。参见 Mary C. Tuominen, *We Are Not Babysitters: Family Child Care Providers Redefine Work and Care* (New Brunswick, NJ: Rutgers University Press, 2003), 9。

31 这些观点也颠覆了黄秀玲的"改道的母亲"（diverted mother）的概念。本来这个概念指的是有色人种女性为了照顾白人雇主的家庭，而将自己的怀孕、生育、育儿工作搁置起来的做法。不过，在生于美国的保姆中，是白人女性而不是有色人种妇女有意将育儿工作作为实现自己密集母职理想的手段。Sau-ling C. Wong, "Diverted Mothering: Representations of Caregivers of Color in the Age of 'Multiculturalism,'" in *Mothering: Ideology Experience, and Agency*, ed. Evelyn Nakano Glenn and Grace Chang (New York: Routledge, 1994), 67‐91.

32 拉塞尔·帕雷纳斯（Rhacel Parreñas）也在她的移民保姆研究中发现了这种

现象。Rhacel Parreñas, *Children of Global Migration: Transnational Families and Gendered Woes* (Stanford, CA: Stanford University Press, 2005). Hondagneu-Sotelo and Avila, " 'I'm Here, but I'm There' "; Arlie Russell Hochschild, "The Nanny Chain," *American Prospect*, 3 January 2000, 32‑36; Mary Romero, "Unraveling Privilege: Workers' Children and the Hidden Costs of Paid Childcare," in *Global Dimensions of Gender and Carework*, ed. Mary K. Zimmerman, Jacquelyn S. Litt, and Christine E. Bose (Stanford, CA: Stanford University Press, 2006), 240‑53.

33 这里所描写的基于阶层的育儿策略的洞见（和术语）引自安妮特·拉鲁（Annette Lareau）的工作。参见 Annette Lareau, *Unequal Childhoods: Class, Race, and Family Life* (Berkeley: University of California Press, 2003)。值得注意的是，拉鲁研究的是小学生家长养育孩子的做法。有趣的是，正如本章所示，她的研究结论也同样适用于学龄前儿童家长们的那种基于阶层的育儿理念与实践。

34 参见 Annette Lareau, *Unequal Childhoods: Class, Race, and Family Life* (Berkeley: University of California Press, 2003)。

35 根据换工的相关规定，所有换工都有最基础的医疗保险；在我采访的 40 名非换工的看护中，有九人享有雇主提供的保险。

36 Kirk Johnson, "Earning It: The Nanny Track, a Once-Simple World Grown Complicated," *New York Times*, 29 September 1996, sec. 3.

37 Katharine Silbaugh, "Turning Labor into Love: Housework and the Law," *Northwestern University Law Review* 91, no. 1 (1996): 72. 也可参见 Peggie Smith, "Regulating Paid Household Work: Class, Gender, Race, and Agendas of Reform," *American University Law Review* 48, no. 4 (1999): 851‑924。

38 有关加班的规定不适用于住家保姆或其他家庭雇工。

39《国家劳动关系法》特别把"任何受雇的个人……为任何家庭或个人在其家中提供家务服务"排除在外，引自 Silbaugh, "Turning Labor into Love," 74。请注意，这并不意味着家庭雇工没有尝试组织工会，只是他们这样做的权利不受法律保护。Donna Van Raaphorst, *Union Maids Not Wanted: Organizing Domestic Workers, 1870‑1940* (New York: Praeger, 1988).

40 改变还是有希望的。自从我对她们进行访谈以来，已经有了一些比较成功的动员效果。在纽约州，州立法部门正在考虑将家庭雇工的最低工资定为每小时 14 美元。这个"家庭雇工权利法案"代表着一种绕过《国家劳动关系法》，将劳工标准写入法律的尝试。但是，值得注意的是，即便是这些改变也无法惠及我的研究中最脆弱的工人群体——外国换工和无证移民。Steven Greenhouse，"Report Shows Americans Have More 'Labor Days,' " *New York Times*，1 September 2001；Steven Greenhouse，"Legislation Pushed to Require Minimum Wage for Domestic Workers," *New York Times*，27 June 2007，region section；Russ Buettner，"For Nannies, Hope for Workplace Protection," *New York Times*，2 June 2010，region section.

41 有关这些运动，可以参见 Mary Tuominen，"Exploitation or Opportunity? The Contradictions of Child-Care Policy in the Contemporary United States," *Women and Politics* 18，no. 1 (1997)：53‑80；Tuominen，*We Are Not Babysitters*；Dorothy Sue Cobble and Michael Merrill，"The Promise of Service Sector Unionism," in *Service Work: Critical Perspectives*，ed. Marek Korczynski and Cameron L. Macdonald（New York：Routledge，2008），153‑74；Cameron L. Macdonald and David A. Merrill，" 'It Shouldn't Have to Be a Trade'：Recognition and Redistribution in Care Work Advocacy," *Hypatia: A Journal of Feminist Philosophy* 17，no. 2 (2002)：67‑83；Peggie R. Smith，"Laboring for Childcare：A Consideration of New Approaches to Represent Low-Income Service Workers," *University of Pennsylvania Journal of Labor and Employment Law* 8，no. 3 (2006)：583‑621；Peggie R. Smith，"Welfare, Child Care, and the People Who Care：Union Representation of Family Child Care Providers," *University of Kansas Law Review* 55，no. 2 (2007)：321‑64。

42 唯一有利于在工作环境中受虐的保姆的法律结果，来自移民权利团体而非工会或家庭雇工集体提出的案件。有关反对奴役的成功案例，见第 96 页注 1。凯瑟琳·科尔对移民群体的劳工动员进行了精彩的讨论，参见 *Remaking Citizenship：Latina Immigrants and the New American Politics*（Stanford，CA：Stanford University Press，2010）。

43 玛格丽特·纳尔逊在对家庭托儿所经营者的研究中发现，孩子父母和托儿所经营者会根据他们的情况和需求，在适用"具有明确规定的义务、阐明的规则和社会距离的市场交换"的规范和"具有弥散的义务、基于信任的协商决策、关系亲密的社会交换"的规范之间摇摆不定。Nelson，*Negotiated Care*，48，emphasis in the original.

44　有关雇主将亲属关系逻辑引入家务劳动安排的策略，可参见 Shellee Colen，" 'With Respect and Feelings': Voices of West Indian Child Care and Domestic Workers in New York City," in *All American Women*，ed. Johnnetta B. Cole（New York：Free Press，1986），46‐70；Bonnie Thornton Dill，" 'Making Your Job Good Yourself': Domestic Service and the Construction of Personal Dignity," in *Women and the Politics of Empowerment*，ed. Anne Bookman and Sandra Morgen（Philadelphia：Temple University Press，1988），33‐52；Rosanna Hertz，*More Equal Than Others: Women and Men in Dual-Career Marriages*（Berkeley：University of California Press，1986）；Judith Rollins，*Between Women: Domestics and Their Employers*（Philadelphia：Temple University Press，1985）；Mary Romero，*Maid in the U.S.A.*（New York：Routledge，1992）；Wrigley，*Other People's Children*。

45　第八章对儿童看护自我牺牲的角色进行了讨论。

46　第七章对保姆的视角有更多呈现。

47　虽然我访谈的大多数住家保姆都有单独的房间——通常是地下室或阁楼，但在其他关于保姆工作的描述中，特别是住家的移民工人经常提到缺乏个人空间或隐私。参见，Samar Collective，"One Big，Happy Community?"；Doreen Carvajal，"For Immigrant Maids，Not a Job but Servitude," *New York Times*，25 February 1996，metro section；Lardner，"Separate Lives."。

48　第七章和第八章对看护的期望和挫折进行了进一步讨论。

49　Rollins，*Between Women*.

50　我所访谈的大多数母亲都提到要用自己的工资来支付保姆的薪水，而且她们要赚足够的钱，外出工作从经济上来说才是"值得的"。这一规则的例外可见第九章。

51　但也有例外，可参见第九章。

52　参见第七章和第八章，其中对看护的视角有详细讨论。

④ "她们太穷，而且还都抽烟"

1 Shellee Colen, " 'With Respect and Feelings': Voices of West Indian Child Care and Domestic Workers in New York City," in *All American Women*, ed. Johnnetta B. Cole (New York: Free Press, 1986), 46–70; Shellee Colen, " 'Housekeeping' for the Green Card: West Indian Household Workers, the State, and Stratified Reproduction in New York," in *At Work in Homes: Household Workers in World Perspective*, ed. Roger Sanjek and Shellee Colen (Washington, DC: American Anthropological Association, 1990), 89–118; Shellee Colen, " 'Like a Mother to Them': Stratified Reproduction and West Indian Childcare Workers and Employers in New York," in *Conceiving the New World Order: The Global Politics of Reproduction*, ed. Faye D. Ginsburg and Rayna Rapp (Berkeley: University of California Press, 1995), 78–102; Pierrette Hondagneu-Sotelo, *Domestica: Immigrant Workers Cleaning and Caring in the Shadows of Affluence* (Berkeley: University of California Press, 2001); Julia Wrigley, *Other People's Children: An Intimate Account of the Dilemmas Facing Middle-Class Parents and the Women They Hire to Raise Their Children* (New York: Basic Books, 1995).

2 David Swartz, *Culture and Power: The Sociology of Pierre Bourdieu* (Chicago: University of Chicago Press, 1997); Pierre Bourdieu, "The Forms of Capital," in *Handbook of Theory and Research for the Sociology of Education*, ed. J. G. Richardson (New York: Greenwood Press, 1986), 241–58.

3 参见 Robin Leidner, *Fast Food, Fast Talk: Service Work and the Routinization of Everyday Life* (Berkeley: University of California Press, 1993)。

4 例如，霍赫希尔德指出，在大多数互动服务工作中，"提供服务的情感风格是服务的一部分"。Arlie Russell Hochschild, *The Managed Heart: Commercialization of Human Feeling* (Berkeley: University of California Press, 1983), 8. 也可参见 Cameron Macdonald and Carmen Sirianni. "The Service Society and the Changing Nature of Work," in *Understanding Society: An Introductory*

Reader, ed. Margaret Anderson, Kim Logio, and Howard Taylor, 3rd ed. (New York: Wadsworth, 2009), 421 - 28.

5 Robin Leidner, "Rethinking Questions of Control: Lessons from McDonald's," in *Working in the Service Society*, ed. Cameron Lynne Macdonald and Carmen Sirianni (Philadelphia: Temple University Press, 1996), 29 - 49.

6 William T. Bielby, "Minimizing Workplace Gender and Racial Bias," *Contemporary Sociology* 29, no. 1 (2000): 120 - 29.

7 Barbara Reskin, "Getting It Right: Sex and Race Inequality in Work Organizations," *Annual Review of Sociology* 26 (2000): 707 - 9, citing Susan Fiske, "Stereotyping, Prejudice, and Discrimination," in *The Handbook of Social Psychology*, ed. S. T. Fiske, D. T. Gilbert, and G. Lindzey (Boston: McGraw-Hill, 1998), 357 - 411.

8 Ann Swidler, "Culture in Action: Symbols and Strategies," *American Sociological Review* 51 (April 1986): 273 - 86.

9 Ann Swidler, *Talk of Love: How Culture Matters* (Chicago: University of Chicago Press, 2001), 83.

10 Pierre Bourdieu, *Outline of a Theory of Practice*, trans. Richard Nice (Cambridge: Cambridge University Press, 1977), 86.

11 正如格尔茨所指出的那样，"当人们处理有意义的形式时，将其关系视为内在关联的诱惑几乎是压倒性的……但意义并不是具有它的物体、行为、过程等所固有的"。Clifford Geertz, *The Interpretation of Cultures* (New York: Basic Books, 1973), 404.

12 Swartz, *Culture and Power*, 69.

13 Swidler, *Talk of Love*, 178.

14 需要注意的是，为满足顾客（在这里是指儿童）的需要而进入族裔网络进行招聘，与为建立雇员团结而在族裔网络中进行招聘是不同的过程。关于家庭雇工如何利用非正式的族群网络来寻找工作，可参见 Pierrette Hondagneu-Sotelo, "Regulating the Unregulated? Domestic Workers' Social Networks," *Social Problems* 41, no. 1 (1994): 50 - 64; Thomas Bailey and Roger Waldinger, "Primary, Secondary, and Enclave Labor Markets: A Training Systems Approach," *American Sociological Review* 56, no. 4 (1991):

432 – 45；James R. Elliot，"Referral Hiring and Ethnically Homogenous Jobs：How Prevalent Is the Connection and for Whom？" *Social Sciences Research* 30，no. 3（2001）：401 – 25；Roberto M. Fernandez，Emilio J. Castilla，and Paul Moore，"Social Capital at Work：Networks and Employment at a Call Center，" *American Journal of Sociology* 105，no. 5（2000）：1288 – 1356。

15 有大房子的雇主可以安排保姆住家里，他们付给儿童看护的薪水倒往往是最少的，因为保姆工作的附加值——宽敞的生活空间抵消了低工资的不利因素。具有讽刺意味的是，这些雇主也是本研究的参与者中最富有的。

16 值得注意的是，洪黛露-索特鲁认为，家庭雇工的雇用主要是通过雇主网络进行的。Hondagneu-Sotelo，*Domestica*. 我发现这个过程更为复杂。当雇主真正通过网络来招保姆时，他们更倾向于利用现有的保姆网络来招人，而不是依靠朋友的推荐。事实上，大多数保姆出于对她们所照顾的孩子的责任，坚持认为应该由她们来雇用替班的保姆。

17 Jay Belsky，"Parental and Nonparental Child Care and Children's Socioemotional Development：A Decade in Review，" *Journal of Marriage and the Family* 52（November 1990）：890. Wrigley，*Other People's Children*. 瑞格利发现，随着孩子从婴儿期到学步期，再到儿童早期，父母会开始关注一系列新的问题（例如语言能力）。她认为，在这些选择中，阶层是通过与父母而非孩子的关系来运作的。瑞格利提及了两个群体保姆，分别是"平等阶层"和"从属阶层"。实际上可以说，她们是平等民族和从属民族。究竟是否有任何保姆与雇主拥有相同的阶层地位，无论是成长环境、教育水平还是人生前景，都值得怀疑；然而，正如瑞格利所指出的，在儿童看护工作中，民族差异被当作不同技能水平的标志。

18 值得留意的是，当前的民族逻辑更青睐一个新的群体——来自西藏的保姆。Katherine Zoepf，"Wanted：Tibetan Nannies，" *New York Observer*，27 September 2009.

19 但要注意的是，家长们几乎从未考虑过为学龄前儿童雇用男保姆。对于愿意带小孩的"那种"男性的刻板印象使男保姆几乎不可能找到工作。

20 1996年的福利改革法也有同样的阶层假设。与中产阶层的母亲不同，贫穷的母亲被认为是完全可以替代的，福利改革法隐含的观点是，家境贫困的儿童最好是在正规的儿童保育机构中生活，而不是和自己的母亲在一起。

21 Lynet Uttal，"'Trust Your Instincts'：Cultural Similarity，Cultural Maintenance，and Racial Safety in Employed Mothers' Childcare Choices，" *Qualitative Sociology* 20，no. 2（1997）：266.

22 例如，可参见 Jodi Kantor，"Memo to Nanny：No Juice Boxes，" *New York Times*，8 September 2006，G1。

23 在 60 组育儿安排中，有 41 组有同样的种族或语言；60 组安排中有 22 组属于同样的民族或是来自同样的国家。我在这里对种族、民族和来源地进行了区分，因为它们彼此之间经常互相替代。我之所以提到 60 组安排，是因为虽然我采访了 80 名女性，但有部分女性处于同一组育儿安排之中。例如，我采访的乔伊斯和斯泰西，她们就是一组关系中相对的两方。

24 U.S. Department of Commerce，Census Bureau，*2000 Census*（Washington，DC：U.S. Department of Commerce，2000），table DP-1，"Profile of General Demographic Characteristics，Massachusetts."

25 考虑到上下文，罗莎这里对比的很可能是"墨西哥"西班牙语——墨西哥、中美洲和南美洲使用的西班牙语——以及来自加勒比地区，特别是波多黎各和多米尼加共和国的西班牙语，其口音带有出身于社会下层的特征。

26 E. S. Phelps，"The Statistical Theory of Racism and Sexism，" *American Economic Review* 62（1972）：659 - 61.

27 Anne S. Tsui，Terri D. Egan，and Charles A. O'Reilly III，"Being Different：Relational Demography and Organizational Attachment，" *Administrative Science Quarterly* 37，no. 4（1992）：549 - 79.

⑤　请人代理密集母职

1 受访的 30 位母亲中，有 22 位采用了"代理密集母职"作为管理策略。

2 举例来说，莱恩特·乌塔尔（Lynet Uttal，"Custodial Care，Surrogate Care，and Coordinated Care：Employed Mothers and the Meaning of Child Care，" *Gender and Society* 10，no. 3 [1996]：291 - 311）就认为委托他人照顾孩子挑战了传统的母职意识形态。但是，她研究了非母亲照顾的所有类型，由亲戚

和父亲照顾也包括在内，因此很难区分她的研究在多大程度上适用于有酬照顾。

3 伙伴关系是唯一明确挑战密集母职意识形态的雇主-雇工关系，承认有酬照顾者对育儿的贡献。详见第九章。

4 Arlie Russell Hochschild with Anne Machung，*The Second Shift: Working Parents and the Revolution at Home*（New York：Viking，1989），258.

5 感谢安妮塔·加里建议我采用这个词。

6 这里的数字指的是初次访谈时的雇主采用的管理策略。管理策略可能会随着母亲们在委托照顾方面的经验的日益丰富、孩子年龄的不断增长或是照料者的更换而发生变化。

7 Robin Leidner，*Fast Food*，*Fast Talk: Service Work and the Routinization of Everyday Life*（Berkeley：University of California Press，1993）.

8 这两种保姆管理方式代表了管理普通服务业工作者的主要方法。有些人可能会争辩说，儿童照顾工作与其他形式的服务工作差别太大，因此这种概括不大有意义，但这里存在同样关键的问题：（1）管理者，也就是这里的雇主妈妈们不能直接监督互动（也就是产品）；（2）因此，管理者必须找到另一种方式来确保顾客（这里指孩子）得到想要的或需要的互动。Cameron Lynne Macdonald and Carmen Sirianni, eds., *Working in the Service Society*（Philadelphia：Temple University Press，1996）.有些管理者采取"流水线"的方法，所有的互动都是严格程序化和脚本化的。另一些人则采取"授权"的方式，根据特定的个人素质挑选员工，然后通过管理来加以塑造和提高。

9 参见第七章和第八章对保姆视角的详细讨论。

10 Julia Wrigley and Joanna Dreby，"Fatalities and the Organization of Childcare in the United States，1985－2003，"*American Sociological Review* 70（2005）：729－57.

11 Julia Wrigley，*Other People's Children：An Intimate Account of the Dilemmas Facing Middle-Class Parents and the Women They Hire to Raise Their Children*（New York：Basic Books，1995），137.

12 例如，可参见 Noel Cazaneve and Murray Straus，"Race，Class，Network Embeddedness，and Family Violence：A Search for Potent Support Systems，"in *Physical Violence in American Families: Risk Factors and Adaptations to*

Violence in 8，145 *Families*，ed. Murray Straus and Richard Gelles（New Brunswick，NJ：Transaction Publishers，1990），321‐39；Frank J. Moncher，"Social Isolation and Child Abuse Risk，" *Families in Society* 76，no. 7（1995）：421‐33；Diane DePanfilis，"Social Isolation of Neglectful Families：A Review of Social Support Assessment and Intervention Models，" *Child Maltreatment* 1，no. 1（1996）：37‐52。

13 Rosanna Hertz，*More Equal Than Others: Women and Men in Dual-Career Marriages*（Berkeley：University of California Press，1986），187.

⑥　制造影子母亲

1 多萝西·史密斯（Dorothy Smith）指的是学术界女性所体验的断裂，她们对自己每天为维持家庭生活而进行的再生产劳动深有体会，但却又对学术环境中"算数"的东西知之甚少。Dorothy E. Smith，*The Everyday World as Problematic*（Boston：Northeastern University Press，1987）. 我在这里用这个词来说明这组女性在育儿意识和经验上的断裂。

2 情感劳动是一种"需要一个人引发或抑制情绪，以维持外部表情并给他人带来适当的精神状态"的工作。Arlie Russell Hochschild，*The Managed Heart: Commercialization of Human Feeling*（Berkeley：University of California Press，1983），7.

3 随着生殖技术的出现，其他形式的母职（怀孕、妊娠、生理联系的各个方面）也变得可分了。本书只关注母亲工作的分工，而不是其他形式的母职分工及其含义。有两个历史性的变化也让人们更加担忧"母亲"和"非母亲"之间界限不明。由于生殖技术的广泛使用，母亲的法律定义已经模糊。尽管几个世纪以来，普通法一直将母亲定义为"生下"孩子的人，但在当前涉及生殖技术的监护权案件中出现了新的定义，例如基因母亲或契约母亲。然而，早在代孕或捐卵出现之前，关于什么才是真正的父母的冲突就已出现在监护权和离婚案件中了。这些法律纠纷中还用到了"心理父母"这一新发明的概念，即在判决父母双方谁有监护权时，最重要的是看父母各自在多大程度上存在于孩子的日常生活中——以长期、持续的爱护和关照与孩子建立了安全的依恋关系。例如，可参见 Barbara Katz Rothman，*Recreating Motherhood: Ideology and Technology in a Patriarchal Society*（New York：W. W. Norton，1989）；Susan Markens，*Surrogate Motherhood and the Politics of Reproduction*（Berkeley：University of California Press，2007）。

4 第七章主要讨论看护的需求和愿望。

5 Ivan Illich，*Shadow Work*（Boston：M. Boyars，1981）.

6 Arlene Kaplan Daniels，"Invisible Work，" *Social Problems* 34，no. 5（1987）：403–15.

7 Deborah Phillips，Carollee Howes，and Marcy Whitebook，"Child Care as an Adult Work Environment，" *Journal of Social Issues* 47，no. 2（1991）：49–70；Katharine Silbaugh，"Turning Labor into Love：Housework and the Law，" *Northwestern University Law Review* 91，no. 1（1996）：1–86.242 Notes to chapter 6.

8 女性主义学者早就证明了再生产对人类生存的重要性。可参见 Marjorie L. DeVault，*Feeding the Family: The Social Organization of Caring and Gendered Work*（Chicago：University of Chicago Press，1991）；Dorothy Smith，"From Women's Standpoint to a Sociology for People，" in *Sociology for the Twenty-first Century*，ed. Janet Abu-Lughod（Chicago：University of Chicago Press，1999），65–82。

9 Daniels，"Invisible Work."

10 有关照顾惩罚的讨论可参见 Paula England and Nancy Folbre，"The Cost of Caring，" *Annals of the American Academy of Political and Social Science* 561，no. 1（1999）：39–51。有关看护的组织化的讨论可参见 Katharine Silbaugh，"Commodification and Women's Household Labor，" *Yale Journal of Law and Feminism* 9，no. 1（1997）：81–122；Cameron L. Macdonald and David A. Merrill，"'It Shouldn't Have to Be a Trade'：Recognition and Redistribution in Care Work Advocacy，" *Hypatia: A Journal of Feminist Philosophy* 17，no. 2（2002）：67–83；Dorothy Sue Cobble and Michael Merrill，"The Promise of Service Sector Unionism，" in *Service Work: Critical Perspectives*，ed. Marek Korczynski and Cameron L. Macdonald（New York：Routledge，2008），153–74。

11 Dorothy E. Roberts, "Spritual and Menial Housework," *Yale Journal of Law and Feminism* 9, no. 51 (1997): 51–80.

12 Hochschild, *The Managed Heart*.

13 Christena Nippert-Eng, *Home and Work: Negotiating Boundaries through Everyday Life* (Chicago: University of Chicago Press, 1996).

14 Margaret K. Nelson, *Negotiated Care: The Experience of Family Day Care Providers* (Philadelphia: Temple University Press, 1990), 136.

15 Hochschild, *The Managed Heart*, 56.

16 Hochschild, *The Managed Heart*, 90.

17 Lynet Uttal and Mary Tuominen, "Tenuous Relationships: Exploitation, Emotion, and Racial Ethnic Significance in Paid Child Care Work," *Gender and Society* 136 (December 1999): 763.

18 第八章讨论了这个问题。

19 我访谈过的大多数保姆的合同都是一年，每年需要续签和重新谈判，而且可以无限期延长。由于签证性质所限，换工只能在美国待一年。最近，美国国务院允许换工和寄宿家庭申请延长一次换工合同，为期一年。

20 塔玛拉·海尔文（Tamara Hareven）在描述从农业经济向工业经济的转型时，对"工业时间"和"家庭时间"进行了区分，前者有固定的时间表和精确的时间要求，后者则更为灵活。Tamara K. Hareven, "Modernization and Family History: Perspectives on Social Change," *Signs* 2, no. 1 (1976): 190–206.

21 Arlie Russell Hochschild, *The Time Bind: When Work Becomes Home and Home Becomes Work* (New York: Metropolitan Books, 1997), 77.

22 埃弗里特·休斯（Everett Hughes）区分了"令人尊敬"的工作和"脏"活。Everett C. Hughes, *Men and Their Work* (Glencoe, Il: Free Press, 1958).

23 第七章和第八章讨论了保姆对管教的看法。

24 瑞格利认为，父母把"照顾孩子的关键方面留给自己来履行"，但主要指的是基于阶层的任务，比如给孩子读书，或者监督他们做作业。中产阶级的父母通常不相信来自"下层"的看护能完成好这些任务。Julia Wrigley, *Other People's Children: An Intimate Account of the Dilemmas Facing Middle-Class Parents and the Women They Hire to Raise Their Children* (New

York：Basic Books，1995），121.

25 虽然梅尔茨（Meltz）在这里讨论的是日托中心的工作人员，但同样的建议显然也适用于家庭雇用的儿童看护。Barbara Meltz，"When Jealousy Strikes the Working Parent，" *Boston Globe*，15 March 1991，69.

⑦ "第三位家长"的理想

1 附录讨论了如何解释这些相互矛盾的说法。

2 Jennifer Steinhauer，"City Nannies Say They，Too，Can Be Mother Lions，" *New York Times*，16 July 2005，A1.

3 Jennifer Steinhauer，"City Nannies Say They，Too，Can Be Mother Lions，" *New York Times*，16 July 2005，A1.

4 我所有访谈案例中有三分之二是在露易丝·伍德沃德案成为头版新闻之前进行的。在剩下三分之一的案例中受访者提到了这个案子，但由于我并没有与所有受访者进行讨论，所以在此对这些受访者的解释不作分析。

5 其他处于各种不同环境中的儿童照顾工作者也面临着类似的挑战。拉特曼（Rutman）对加拿大日托中心和家庭托儿所工作人员的研究表明，令儿童看护最失望的是对他们的专业，即"一般意义上照顾儿童的知识或照顾某个特定儿童所需的知识"缺乏尊重。Deborah Rutman，"Child Care as Women's Work：Workers' Experiences of Powerfulness and Powerlessness，" *Gender and Society* 10，no. 5（1996）：635. 对美国日托中心工作人员进行的最早的全国性研究发现，感觉自己的工作被父母和公众贬低是对工作不满最常见的指标之一，仅次于对薪水和福利的担忧。Deborah Phillips，Carollee Howes，and Marcy Whitebook，"Child Care as an Adult Work Environment，" *Journal of Social Issues* 47，no. 2（1991）：49‒70. 还可参见 Elaine Enarson，"Experts and Caregivers：Perspectives on Underground Day Care，" in *Circles of Care：Work and Identity in Women's Lives*，ed. Emily K. Abel and Margaret K. Nelson（Albany：SUNY Press，1990），233‒45；Margaret K. Nelson，*Negotiated Care：The Experience of Family Day Care Providers*（Philadelphia：Temple University Press，1990）.

6 对阿普里尔和梅兰妮来说尤其如此，她们俩是美国出生的保姆中受教育水平最高的。

7 其他的儿童照顾工作者也试图用这两种模式来把自己的工作"专业化"。许多托儿中心的工作人员都会扮演幼儿早教教师的角色，而大多数家庭托儿所的工作人员担负着母亲般的角色。参见 Heather M. Fitz Gibbon，"Child Care across Sectors: A Comparison of the Work of Childcare in Three Settings," in *Child Care and Inequality: Rethinking Carework for Children and Youth*, ed. Francesca M. Cancian et al.（New York: Routledge，2002），145 - 58；Nelson，*Negotiated Care*。有色人种的家庭托儿所往往会采用"其他社区妈妈"（Community Othermothers）的悠久传统，认为他们的工作是为其邻里社区和同种族/民族群体提供必要的服务。Mary C. Tuominen，*We Are Not Babysitters: Family Child Care Providers Redefine Work and Care*（New Brunswick，NJ: Rutgers University Press，2003）；Patricia Hill-Collins，"Black Women and Motherhood," in *Rethinking the* 244 Notes to chapter 7 *Family: Some Feminist Questions*, ed. Barry Thorne and Marilyn Yalom，2nd ed.（Boston: Northeastern University Press，1992），215 - 81. 母亲模式和教师模式都有潜在的问题。Enarson，"Experts and Caregivers," 发现家庭托儿所会抵制州管理机构强加给他们的教师模式，因为它否定了母亲的专业知识，并忽视了其作为一种幼儿照顾形式的价值。还可参见 Cameron L. Macdonald and David A. Merrill，"'It Shouldn't Have to Be a Trade': Recognition and Redistribution in Care Work Advocacy," *Hypatia: A Journal of Feminist Philosophy* 17，no. 2（2002）: 67 - 83. 苏珊·默里（Susan Murray）指出，与母亲模式相关联将这一职业"性别化"，导致这种工作被人轻视。Susan B. Murray，"Child Care Work: The Lived Experience"（Ph.D. Dissertation，University of California，Santa Cruz，1995）。

8 也可参见 Pierrette Hondagneu-Sotelo，*Domestica: Immigrant Workers Cleaning and Caring in the Shadows of Affluence*（Berkeley: University of California Press，2001）。

9 瑞格利也发现情况确实如此："在活动受到限制的雇主家中，被剥夺了成年人自由的看护只是处于中间地位，她们不是孩子，也不是成年人。她们有很多责任，但在日常生活中，她们可能得不到正常的尊重和信任。"Julia

Wrigley, *Other People's Children: An Intimate Account of the Dilemmas Facing Middle-Class Parents and the Women They Hire to Raise Their Children* (New York：Basic Books，1995)，138.

10 跟看护结成"伙伴关系"的母亲们是例外。参见第九章。

11 这种头/概念（管理层）和手/执行（工人）之间的区别最初见于 Harry Braverman，*Labor and Monopoly Capital: The Degradation of Work in the Twentieth Century*（New York：Monthly Review Press，1974），113。

12 研究过各种环境下儿童照顾的其他学者也注意到了这些劳动者的知识所具有的"日常性"。参见 Susan B. Murray，"Child Care Work：Intimacy in the Shadows of Family Life,"*Qualitative Sociology* 21，no. 2（1998）：149‐68；Rutman，"Child Care as Women's Work."。

13 另外五个人小时候从来没有看过孩子，但因为自己有了大一点的孩子，所以有了做母亲的经验。从这个方面来看，母职也体现出了内在的阶层性。来自贫困家庭或者工人家庭的女性在长大成人的过程中不太可能没有帮家里或者邻居看过孩子。

14 Kari Waerness，"The Rationality of Caring," *Economic and Industrial Democracy* 5（1984），198.

15 对于天赋才智到底包括什么，温迪·勒特雷尔（Wendy Luttrell）有这样一段评论："天赋才智的知识很难普及，因为它具有情感性、关系性、个体性和特殊性。" Wendy Luttrell，*Schoolsmart and Motherwise: Working-Class Women's Identity and Schooling*（New York：Routledge，1997），31. 雇主妈妈们也具有天赋才智，但她们更偏好书本知识。

16 Evelyn Nakano Glenn，"Social Constructions of Mothering：A Thematic Overview," in *Mothering: Ideology，Experience，and Agency*，ed. Evelyn Nakano Glenn，Grace Chang，and Linda Renney Forcey（New York：Routledge，1994），13.

17 我在其他文章中解释了看护们使用我所说的"道德用语"（即把自己定义为"像母亲一样"）和"技能用语"（即把自己定义为"像教师一样"）造成的困境。参见 Macdonald and Merrill，"'It Shouldn't Have to Be a Trade.'"。

⑧ 保姆的反抗策略

1 如果保姆对她的工作很满意，对她的雇主有信心，她会把孩子妈妈介绍给我访谈。在不太稳定的关系中，我只能听到一方的声音。

2 Axel Honneth，*The Struggle for Recognition: The Moral Grammar of Social Conflicts* (Cambridge，MA：MIT Press，1996).

3 Pierrette Hondagneu-Sotelo，"Blowups and Other Unhappy Endings," in *Global Woman: Nannies，Maids，and Sex Workers in the New Economy*，ed. Barbara Ehrenreich and Arlie Russell Hochschild (New York：Henry Holt，2002)，55 - 69.她写到了她所访谈的拉丁裔女佣和保姆们的"怒火"及突然离职。我所访谈的女性罕有这样离职的，可能是因为她们的工作只是照顾孩子，也因为她们对孩子产生了强烈的感情。

4 露易丝·伍德沃德的案子发生在我的大部分访谈之后，这件事让人们对于聘用像伍德沃德那样离开过前雇主家庭的换工格外担忧。这起案件让所有想要离开工作岗位的换工都背上了污名，让她们在不满情绪非常严重的情况下也很难离职。

5 洪黛露-索特鲁在她所访谈的拉丁裔雇工中也发现了这种情况。Pierrette Hondagneu-Sotelo，*Domestica: Immigrant Workers Cleaning and Caring in the Shadows of Affluence* (Berkeley：University of California Press，2001)，147.

6 对女佣、管家和其他家庭雇工的研究表明，她们会采取类似的策略，通过贬损和嘲讽的策略来重新解释她们与雇主之间的不平等地位。参见 Bonnie Thornton Dill，"'Making Your Job Good Yourself': Domestic Service and the Construction of Personal Dignity," in *Women and the Politics of Empowerment*，ed. Anne Bookman and Sandra Morgen (Philadelphia：Temple University Press，1988)，33 - 52；Judith Rollins，*Between Women: Domestics and Their Employers* (Philadelphia：Temple University Press，1985)；Mary Romero，*Maid in the U.S.A.* (New York：Routledge，1992)。

7 例如，科恩在谈到她所研究的加拿大家庭雇工时表示："维护人性和尊严的一个办法就是在私底下或与其他女佣一起耍些小花招，在庆祝小小胜利的同时仍能得到雇主的喜爱。"Rina Cohen，"Women of Color in White Households：Coping Strategies of Live-in Domestic Workers，"*Qualitative Sociology* 14，no. 2 (1991)：211. 对于微观反抗策略的全面论述，可参见 James C. Scott，*Weapons of the Weak：Everyday Forms of Peasant Resistance*（New Haven，CT：Yale University Press，1985）。

8 罗林斯提出了这个论点。她指出，家庭雇工高度发达的观察能力可能源于这个职业对操控和间接操纵的需要，由此产生的知识和理解对于维持她们在面对雇主时的自我价值感至关重要。Rollins，*Between Women*，213.

9 这与洪黛露-索特鲁（在《家庭》[*Domestica*] 一书中）所访谈的保姆形成了有趣的对比，他们认为孩子在父母面前表现得更好。也许这是因为在她的研究中，一些雇主没有外出工作，或者因为孩子们已经足够大，能够认识到他们自己和照顾他们的人之间的阶层和种族差异的重要性。我访问过的保姆都没有说过孩子在父母面前的表现比在她们面前的更好。

10 加林斯基认为能力竞赛是在操演一种"孩子拯救者的姿态"，基本上是在说"由于这位母亲外出工作，抛弃了她的孩子，我会比她更好地照顾孩子"。她写道，采取这种姿态的看护是"家长主义者，其破坏性不亚于年龄歧视者或种族主义者"。引自 Barbara Meltz，"When Jealousy Strikes the Working Parent，"*Boston Globe*，15 March 1991，69。

11 这种困境在家庭托儿所的研究中也经常出现。Margaret K. Nelson，Negotiated Care：The Experience of Family Day Care Providers（Philadelphia：Temple University Press，1990）；Mary C. Tuominen，"The Conflicts of Caring，"in *Care Work: Gender，Labor，and the Welfare State*，ed. Madonna Harrington Meyer（London：Routledge，2000），112-35.当因为报酬或接送时间发生纠纷时，孩子父母会利用儿童照顾工作者对孩子的感情作为筹码，威胁将孩子转移到其他托儿机构去。

12 这一数字还不包括 10 名换工，她们的合同期仅有一年。若把换工计算在内，她们在每个家庭的平均服务年限为 2.1 年。

13 其他研究儿童照顾和照顾工作的学者注意到，照顾者经常在照顾工作内在的满足感和公平报酬之间进行取舍。自我牺牲和根据家庭需求来设定报酬标准在各种环境下的儿童照顾工作者中都并不少见。莱恩特·乌塔尔和玛丽·托米恩认为，各种情境中的儿童照顾工作者都经常为了孩子的利益而"违反自己的合同"。Lynet Uttal and Mary Tuominen, "Tenuous Relationships: Exploitation, Emotion, and Racial Ethnic Signifi cance in Paid Child Care Work," *Gender and Society* 136 (December 1999): 765. 亦可参见 Nelson, *Negotiated Care*; Mary C. Tuominen, *We Are Not Babysitters: Family Child Care Providers Redefine Work and Care* (New Brunswick, NJ: Rutgers University Press, 2003); Deborah Rutman, "Child Care as Women's Work: Workers' Experiences of Powerfulness and Powerlessness," *Gender and Society* 10, no. 5 (1996): 629 – 49; Cameron L. Macdonald and David A. Merrill, "'It Shouldn't Have to Be a Trade': Recognition and Redistribution in Care Work Advocacy," *Hypatia: A Journal of Feminist Philosophy* 17, no. 2 (2002): 67 – 83。

⑨　伙伴关系

1 Cameron L. Macdonald, "Working Mothers Manage Childcare: Puppeteers, Paranormals, and Partnerships" (Center for Working Families, University of California, Berkeley, 2001); Cameron L. Macdonald, "Managing Childcare: Puppeteers, Paranormals and Partnerships" (paper presented at the Annual Meeting of the American Sociological Association, Special Panel on Carework, Anaheim, CA, 2001); Lynet Uttal, *Making Care Work: Employed Mothers in the New Childcare Market* (New Brunswick, NJ: Rutgers University Press, 2002). 乌塔尔提到的母亲-看护伙伴关系的定义略有不同，但她只是从母亲的角度进行了探讨。

2 与伊莲恩和克莉丝汀随着时间的推移发展成伙伴关系不同，这两个案例中的雇主和保姆之间的关系从一开始就包含着伙伴关系的特征元素。重新访问第一轮数据收集阶段（1995 年到 1997 年间）其他关系组合对我来说是不可行的。换工的周期从定义上讲就是非常短的；而在最初的样本中，我所访谈的保姆在每个雇主那里工作的平均年限只有一年半。虽然其他关系也有可能发展成伙伴关系，但这种可能性不大。在第一轮受访者所描述的其他长期关系中，没有任何案例的关系双方表现出了与良好的伙伴关系相关的四种关系特征。

3 这种基于观察到的社会模式来生成假设和检验假设的形式与扎根理论分析是一致的，同样，基于某种观察进行"理论抽样"的做法也符合扎根理论。对后者而言，独特的模式，例如伊莲恩和克莉丝汀之间产生的模式并不被视为异常值，而是一种需要解释的反面案例。Kathy Charmaz, *Constructing Grounded Theory: A Practical Guide through Qualitative Analysis*（London：Sage，2006），101–13.

4 第二轮的数据收集工作于 1998 年和 2000 年进行。13 名雇主妈妈中有 8 名是白人，5 名是非白人。请注意，第二轮访谈的样本并不具有代表性。相反，它是立意抽样，我用第一轮访谈的数据提出假设，然后在第二轮访谈中加以检验。

5 符合伙伴关系的条件是雇主妈妈和她的看护都必须以相同的术语对她们的关系给出独立的描述。尽管作为纳入第二轮样本的先决条件，雇主必须要么是由上班族妈妈带大的，要么享有非全职工作或弹性工作时间，但并非所有这两类雇主都与保姆建立了伙伴关系。在 5 名由上班族妈妈抚养长大的非白人雇主中，有 3 名雇主与保姆建立了伙伴关系；而在 8 名由上班族妈妈带大的白人雇主中，有 2 名雇主与保姆建立了伙伴关系。

6 第一轮访谈包括 22 名雇主妈妈和 36 名看护。有关这两轮数据收集的详细情况请参见附录。由于伊莲恩在与克莉丝汀的交往过程中管理风格发生了巨大变化，因此她既是操纵木偶式的管理者，又是伙伴关系的管理者。

7 加强语气。

8 我的发现无疑只说明了母亲的需要，但我不认为只有母亲才有这种需要。父亲也可能有"情感联系阈值"，这个问题还需要探究。

9 Mary C. Tuominen, *We Are Not Babysitters: Family Child Care Providers Redefine Work and Care*（New Brunswick，NJ：Rutgers University Press，2003）；Denise A. Segura，"Working at Motherhood：Chicana and Mexican Immigrant Mothers and Employment," in *Mothering: Ideology，Experience，and Agency*，ed. Evelyn Nakano Glenn，Grace Chang，and Linda Ronnie Farrey（New York：Routledge，1994），211–31；Patricia Hill-Collins，"Black Women and Motherhood," in *Rethinking the Family: Some Feminist Questions*，ed. Barrie Thorne and Marilyn Yalom，2nd ed.（Boston：Northeastern University Press，

1992)，215 - 45；Julia McQuillan et al.，"The Importance of Motherhood among Women in the Contemporary United States," *Gender and Society* 22, no. 4 (2008)：477 - 96.

10 C. Wright Mills，"Situated Actions and Vocabularies of Motive," *American Sociological Review* 5, no. 6 (1940)：904 - 13.

11 值得注意的是，虽然我所寻找的潜在伙伴关系中雇主的特征是与保姆建立伙伴关系的必要前提，但在本研究中，并不是所有的从事非全日制工作的孩子母亲或有色人种妇女都能和保姆建立伙伴关系的。例如，格洛丽亚尝试对非裔美国人保姆进行超自然式管理，却发现她们并不认同她的价值观。她的丈夫将自己的工作时间"倒"到夜班，因为他们最后还是觉得，以自己相对微薄的收入无法找到满意的保姆。

12 "规划栽培"是安妮特·拉鲁（Annette Lareau）使用的术语，详见第二章的讨论。Annette Lareau，*Unequal Childhoods: Class, Race, and Family Life*（Berkeley：University of California Press，2003）.

13 究竟是种族还是阶层为反霸权主义的母职意识形态的形成提供了更强大的文化资源，这个问题需要进一步探讨。由于我的样本不多，而且我为方便采取了立意抽样，我只能提供印象式的调查结果——原籍文化很重要，有色人种妇女可以借鉴的反霸权的育儿文化工具似乎比白人妇女更多。

14 Rosanna Hertz，*Single by Chance, Mothers by Choice: How Women Are Choosing Parenthood without Marriage and Creating the New American Family*（New York：Oxford University Press，2006），191.

15 维维安娜·泽利泽将关系性工作定义为所有形式的亲密关系和照顾中都需要的持续的协调，特别是那些涉及以其他形式的补偿来换取照顾的工作。Viviana Zelizer，*The Purchase of Intimacy*（Princeton，NJ：Princeton University Press，2005）.

16 这并不是说本研究中的有些母亲不希望配偶更积极地参与（育儿活动），也不是说所有的母亲都对有酬儿童照顾服务的质量感到满意。然而，一旦这些需求得到满足，就会出现另一种潜在的需求，即与子女建立的联系要达到她们心中"足够好"的标准。

17 Arlie Russell Hochschild，"Eavesdropping Children, Adult Deals, and Cultures of Care," in *The Commercialization of Intimate Life*（Berkeley：

University of California Press，2000），172 - 81.

18 我访谈过的所有保姆都坚决不愿意为全职妈妈工作，她们提出的理由就是这种过度监管。非全日制工作的上班族妈妈是可以接受的，只要她们允许保姆在"轮班"期间负责。

19 第六章中讨论了大多数没有与保姆建立伙伴关系的雇主妈妈对可能错过孩子人生里程碑的焦虑。

20 例子可以参见 Cameron L. Macdonald and David A. Merrill，"'It Shouldn't Have to Be a Trade'：Recognition and Redistribution in Care Work Advocacy," *Hypatia: A Journal of Feminist Philosophy* 17，no. 2（2002）：67 - 83；Lynet Uttal and Mary Tuominen，"Tenuous Relationships：Exploitation, Emotion, and Racial Ethnic Significance in Paid Child Care Work," *Gender and Society* 136（December 1999）：758 - 80；Mary C. Tuominen，"The Conflicts of Caring," in *Care Work: Gender，Labor，and the Welfare State*，ed. Madonna Harrington Meyer（London：Routledge，2000），112 - 35；Elaine Enarson，"Experts and Caregivers：Perspectives on Underground Day Care," in *Circles of Care：Work and Identity in Women's Lives*，ed. Emily K. Abel and Margaret K. Nelson（Albany：SUNY Press，1990），233 - 45；Susan B. Murray，"Child Care Work：Intimacy in the Shadows of Family Life，" "*Qualitative Sociology* 21，no. 2（1998）：149 - 68；Heather M. Fitz Gibbon，"Child Care across Sectors：A Comparison of the Work of Childcare in Three Settings," in *Child Care and Inequality: Rethinking Carework for Children and Youth*，ed. Francesca M. Cancian et al.（New York：Routledge，2002），145 - 58。

10　解开妈妈-保姆之间的结

1 非全日制工作和享有弹性工作时间的孩子妈妈是更好的雇主并不意味着全职妈妈是好雇主。我访谈过的保姆没有一个愿意考虑为全职妈妈工作。流行文化中对这种噩梦般的育儿场景的呈现可以参见 Emma McLaughlin and Nicola Krause，*The Nanny Diaries*（New York：St. Martin's Press，2002）。

2 要了解成人设计的育儿安排如何影响孩子对其所受照顾的看法，请参见霍赫希尔德引人共鸣、令人信服的讨论，Arlie Russell Hochschild, "Eavesdropping Children, Adult Deals, and Cultures of Care," in *The Commercialization of Intimate Life* (Berkeley: University of California Press, 2000), 172–81.

3 这就是海斯的结论。虽然她的观点无疑对许多认同密集母职意识形态的人来说是在理的，但我认为，我访谈的女性所代表的社会阶层与这一悖论的关系更为复杂。参见 Sharon Hays, *The Cultural Contradictions of Motherhood* (New Haven, CT: Yale University Press, 1996)。

4 比方说，可以参见 Margaret K. Nelson, *Negotiated Care: The Experience of Family Day Care Providers* (Philadelphia: Temple University Press, 1990); Cameron L. Macdonald and David A. Merrill, " 'It Shouldn't Have to Be a Trade': Recognition and Redistribution in Care Work Advocacy," *Hypatia: A Journal of Feminist Philosophy* 17, no. 2 (2002): 67–83; Mary C. Tuominen, "The Conflicts of Caring," in *Care Work: Gender, Labor, and the Welfare State*, ed. Madonna Harrington Meyer (London: Routledge, 2000), 112–35; Mary C. Tuominen, *We Are Not Babysitters: Family Child Care Providers Redefine Work and Care* (New Brunswick, NJ: Rutgers University Press, 2003); Heather M. Fitz Gibbon, "Child Care across Sectors: A Comparison of the Work of Childcare in Three Settings," in *Child Care and Inequality: Rethinking Carework for Children and Youth*, ed. Francesca M. Cancian et al. (New York: Routledge, 2002), 145–58。

5 Julia Wrigley, *Other People's Children: An Intimate Account of the Dilemmas Facing Middle-Class Parents and the Women They Hire to Raise Their Children* (New York: Basic Books, 1995).

6 Macdonald and Merrill, " 'It Shouldn't Have to Be a Trade.' "

7 Nelson, *Negotiated Care*, 210.

8 Tuominen, *We Are Not Babysitters*, 187.

9 Fitz Gibbon, "Child Care across Sectors."

10 A childcare advocate quoted in Macdonald and Merrill, " 'It Shouldn't Have to Be a Trade.' "

11 Tuominen, "The Conflicts of Caring."

12 有关照顾工作中的"搭便车者"这个经济学概念，可参见 Paula England and Nancy Folbre，"The Cost of Caring，" *Annals of the American Academy of Political and Social* 250 Notes to Appendix *Science* 561，no. 1（1999）：39 - 51。有关儿童照顾动员策略更多的内容，参见 Marcy Whitebook and Abby Eichberg，"Finding the Better Way：Assessing Child Care Compensation Initiatives，" *Young Children* 57，no. 3（2002）；Marcy Whitebook，Carollee Howes，and Deborah Phillips，*Worthy Work，Unlivable Wages: The National Staffing Study*，1988 - 1997（Washington，DC：Center for the Child Care Workforce，1998）；Macdonald and Merrill，"'It Shouldn't Have to Be a Trade'"；Dorothy Sue Cobble and Michael Merrill，"The Promise of Service Sector Unionism，" in *Service Work: Critical Perspectives*，ed. Marek Korczynski and Cameron L. Macdonald（New York：Routledge，2008），153 - 74。

13 Deborah Stone，"Why We Need a Care Movement，" *Nation*，13 March 2000，84 - 94；Evelyn Nakano Glenn，"Creating a Caring Society，" *Contemporary Sociology* 29，no. 1（2000）：13 - 15.

14 Oriel Sullivan and Scott Coltrane，"Men's Changing Contribution to Housework and Child Care，" Discussion Panel on Changing Family Roles，Council on Contemporary Families，25 - 26 April 2008.

15 例外可参见 Annette Lareau，*Unequal Childhoods: Class，Race，and Family Life*（Berkeley：University of California Press，2003）。

16 可参见 Anita Ilta Garey，*Weaving Work and Motherhood*（Philadelphia：Temple University Press，1999）；Margaret K. Nelson，*The Social Economy of Single Motherhood: Raising Children in Rural America*（New York：Routledge，2005）；Evelyn Nakano Glenn，"Social Constructions of Mothering：A Thematic Overview，" in *Mothering：Ideology，Experience，and Agency*，ed. Evelyn Nakano Glenn，Grace Chang，and Linda Renney Forcey（New York：Routledge，1994），1 - 32；Patricia Hill-Collins，"Black Women and Motherhood，" in *Rethinking the Family: Some Feminist Questions*，ed. Barrie Thorne and Marilyn Yalom，2nd ed.（Boston：Northeastern University Press，1992），215 - 45。

17 Elizabeth Puhn Pungello and Beth Kurtz-Costes，"Why and How Working

Women Choose Child Care: A Review with a Focus on Infancy," *Developmental Review* 19 (1999): 31 - 96.

18 然而近年来有关童年的"提升"工具的说法越来越不靠谱了。参见 Associated Press, "Disney Expands Refunds on 'Baby Einstein' DVDs," *New York Times*，23 October 2009。

19 米歇尔·福柯用边沁的圆形监狱描述了一种持续监视的感觉，这种感觉是晚期现代性的一个标志。在圆形监狱里，囚犯们被关在中心塔楼上的牢房里，随时都能被看守看到；囚犯们无法辨别看守在还是不在，因而形成了一种监视者一直在场的感觉，这最终造成了他们自己的自我监控。

20 Hays，*The Cultural Contradictions of Motherhood*，157.

附录　研究方法

1 Barney Glaser and Alselm Strauss，*The Discovery of Grounded Th eory* (Chicago: Aldine, 1967)，45 - 47.

2 两名非裔美国人和九名白人女性。请注意，在本文的大部分讨论中，我用"保姆"（nanny）一词来泛指在孩子家里提供照顾服务的所有看护。

3 因为本研究关注的是商品化的照顾，所以我没有研究基于家庭成员或邻居关系的雇主-雇工关系（伊内斯除外，她的故事描述了为家庭成员工作的保姆的典型轨迹）。

4 我特别感谢桑德拉·奥拉特和西尔维娅·古铁雷斯在这方面为本项目所做的辛勤工作。她们的参与很有价值，不仅是因为她们有出色的语言能力，还因为她们能够在无证移民的受访者中获得信任，并且能够理解和翻译来自不同的拉丁美洲国家的女性所使用的文化隐喻。其他有关跨文化访谈的问题，请参见 Catherine Kohler Riessman，"When Gender Is Not Enough: Women Interviewing Women，" *Gender and Society* 1，no. 2 (1987): 172 - 207。

5 除了移民保姆外，其他所有的保姆都是如此，（正如第三章所讨论的那样）她们通常不适合这项研究，或者因为涉及移民问题而拒绝参与。

6 我们调查的地点是各地的公园，波士顿 10 个，布鲁克林 11 个，坎布里奇 12 个，牛顿 12 个，沃特敦 6 个，韦斯顿、韦尔斯利、韦兰和康科德等郊区 10

个。我们根据找到保姆的可能性来选择公园，因此那些贫困社区的公园就没有入选。这显然不是一个具有代表性的样本，但它为保姆的就业模式提供了一个大略的概况，是一个成功的招募策略。

7 其他看护都是看到《世界报》和青年文化媒体上的广告来联系我们的。这两家报纸都是保姆招聘信息的主要发布平台。所有看到广告找来的移民看护看的都是这两家报纸的广告。

8 这种轻微的不平衡源于有两位我访谈的保姆都为雇主工作了好几年。

9 Anita Ilta Garey，*Weaving Work and Motherhood*（Philadelphia：Temple University Press，1999）．

10 Marjorie L. DeVault，"Talking and Listening from Women's Standpoint： Feminist Strategies for Interviewing and Analysis," *Social Problems* 37，no. 1（1990）：102－4.

11 Kathryn Anderson and Dana C. Jack，"Learning to Listen： Interview Techniques and Analyses," in *Women's Words*，ed. Sherna Berger Gluck and Daphne Patai（New York：Routledge，1991），11.

12 Kathy Charmaz，*Constructing Grounded Theory: A Practical Guide through Qualitative Analysis*（London：Sage，2006），55.

参考文献

ABC News/Washington Post. "Poll: Moms Make It Work." ABC News, 24 April 2005.

Ainsworth, Mary D. Salter, Mary C. Blehar, Everett Waters, and Sally Wall. *Patterns of Attachment: A Psychological Study of the Strange Situation*. Hillsdale, NJ: Lawrence Erlbaum Associates, 1978.

Allard, Mary Dorinda, Suzanne M. Bianchi, Jay Stewart, and Vanessa R. Wight. "Comparing Childcare Measures in the ATUS and Earlier Time-Diary Studies." *Monthly Labor Review* 130, no. 5 (2007): 27-36.

Allen, Sarah M., and Alan J. Hawkins. "Maternal Gatekeeping: Mothers' Beliefs and Behaviors That Inhibit Greater Father Involvement in Family Work." *Journal of Marriage and the Family* 61, no. 1 (1999): 199-212.

Anderson, Kathryn, and Dana C. Jack. "Learning to Listen: Interview Techniques and Analyses." In *Women's Words*, ed. Sherna Berger Gluck and Daphne Patai, 1-11. New York: Routledge, 1991.

Arendell, Terry. "A Social Constructionist Approach to Parenting." In *Contemporary Parenting: Challenges and Issues*, ed. Terry Arendell, 1-44. Thousand Oaks, CA: Sage, 1997.

Associated Press. "Disney Expands Refunds on 'Baby Einstein' DVDs." *New York Times*, 23 October 2009.

"Au Pair Supply Increases from Eastern Europe and South Africa." *Newswire*, PR, 13 May 1999, www.lexisnexis.com/us/lnacademic/results/docview/docview. do?docLinkInd = true&risb = 21_T4462345904&format = GNBFI&sort = RELEVANCE&startDocNo = 26&resultsUrlKey = 29_T4462345911&cisb = 22 _T4462345910&treeMax = true&treeWidth = 0&csi = 8054&docNo = 32.

Auerbach, Jessika. *And Nanny Makes Three: Mothers and Nannies Tell the Truth about Work, Love, Money, and Each Other*. New York: St. Martin's Press, 2007.

Bailey, Thomas, and Roger Waldinger. "Primary, Secondary, and Enclave Labor Markets: A Training Systems Approach." *American Sociological Review* 56, no. 4 (1991): 432 - 45.

Bakan, Abigail B., and Daiva Stasiulis, eds. *Not One of the Family: Foreign Domestic Workers in Canada*. Toronto: University of Toronto Press, 1997.

Belsky, Jay. "Parental and Nonparental Child Care and Children's Socioemotional Development: A Decade in Review." *Journal of Marriage and the Family* 52 (November 1990): 885 - 903.

Bernier, Jetta. "Au Pair Anxiety." *Boston Globe*, 16 February 1997, D1, D2.

Bianchi, Suzanne M., Melissa A. Milkie, Liana C. Sayer, and John P. Robinson. "Is Anyone Doing the Housework? Trends in the Gender Division of Labor." *Social Forces* 79, no. 1 (2000): 191 - 228.

Bianchi, Suzanne, John P. Robinson, and Melissa A. Milkie. *Changing Rhythms of American Family Life*. New York: Russell Sage Foundation, 2006.

Bielby, William T. "Minimizing Workplace Gender and Racial Bias." *Contemporary Sociology* 29, no. 1 (2000): 120 - 29.

Bittman, Michael, Paula England, Liana Sayer, Nancy Folbre, and George Matheson. "When Does Gender Trump Money? Bargaining and Time in Household Work." *American Journal of Sociology* 109, no. 1 (2003): 186 - 214.

Blair-Loy, Mary. *Competing Devotions: Career and Family among Women Executives*. Cambridge, MA: Harvard University Press, 2003.

Blase, J., and G. Anderson. *The Micropolitics of Educational Leadership: From Control to Empowerment*. New York: Teachers College Press, 1995.

Blum, Linda M. *At the Breast: Ideologies of Breastfeeding and Motherhood in the Contemporary United States*. Boston: Beacon Press, 1999.

Bourdieu, Pierre. *Distinction: A Social Critique of the Judgement of Taste*. Trans. Richard Nice. Cambridge, MA: Harvard University Press, 1984.

——. "The Forms of Capital." In *Handbook of Theory and Research for the Sociology of Education*, ed. J.G. Richardson, 241 - 58. New York: Greenwood Press, 1986.

——. *Outline of a Theory of Practice*. Trans. Richard Nice. Cambridge: Cambridge University Press, 1977.

Braverman, Harry. *Labor and Monopoly Capital: The Degradation of Work in the Twentieth Century*. New York: Monthly Review Press, 1974.

Brewster, Karin L., and Irene Padavic. "No More Kin Care? Change in Black Mothers' Reliance on Relatives for Child Care, 1977 - 1994." *Gender and Society* 16, no. 4 (2002): 546 - 63.

Brines, Julie. "Economic Dependency, Gender, and the Division of Labor at Home." *American Journal of Sociology* 100, no. 3 (1994): 652–88.

"Bringing Up Baby." Interview with Jay Belsky, Kathleen McCartney, and Anne Goldstein by Juan Williams, dir. K. J. Lopez. *Talk of the Nation*, National Public Radio, 24 April 2001.

Bruer, John T. *The Myth of the First Three Years: A New Understanding of Early Brain Development and Lifelong Learning*. New York: Free Press, 1999.

Budig, M. J., and P. England. "The Wage Penalty for Motherhood." *American Sociological Review* 66, no. 2 (2001): 204–25.

Buettner, Russ. "For Nannies, Hope for Workplace Protection." *New York Times*, 2 June 2010, region section.

Canellos, Peter S. "Societal, Legal Change Is Legacy of a Public Trial; The Au Pair Case/ Zobel Ruling Affirmed." *Boston Globe*, 1 June 1998, city edition, metro/region section, A1.

Carlton, Susan, and Susan Myers. *The Nanny Book: The Smart Parent's Guide to Hiring, Firing, and Every Sticky Situation in Between*. New York: St. Martin's Griffin, 1999.

Carnegie Corporation of New York. *Starting Points: Meeting the Needs of Our Youngest Children*. New York: Carnegie Corporation of New York, 1994.

Carton, Barbara. "Minding the Au Pairs: Oversight Sought as Programs Grow." *Boston Globe*, 2 January 1992.

Carvajal, Doreen. "For Immigrant Maids, Not a Job but Servitude." *New York Times*, 25 February 1996, metro section.

Cazaneve, Noel, and Murray Straus. "Race, Class, Network Embeddedness, and Family Violence: A Search for Potent Support Systems." In *Physical Violence in American Families: Risk Factors and Adaptations to Violence in 8,145 Families*, ed. Murray Straus and Richard Gelles, 321–39. New Brunswick, NJ: Transaction Publishers, 1990.

Center for the Childcare Workforce. "Current Data on the Salaries and Benefits of the U.S. Early Childhood Education Workforce." Center for the Childcare Workforce/American Federation of Teachers Educational Foundation, 2004.

Chang, Grace. *Disposable Domestics: Immigrant Women Workers in the Global Economy*. Cambridge, MA: South End Press, 2000.

———. "Undocumented Latinas: The New 'Employable Mothers.'" In *Mothering: Ideology, Experience, and Agency*, ed. Evelyn Nakano Glenn and Grace Chang, 259–86. New York: Routledge, 1994.

Charmaz, Kathy. *Constructing Grounded Theory: A Practical Guide through*

Qualitative Analysis. London: Sage, 2006.

Chira, Susan. *A Mother's Place: Choosing Work and Family without Guilt or Blame*. New York: HarperCollins, 1998.

——. "Working Mom in D.C. Loses Custody Fight to Ex-Husband." *Houston Chronicle*, 20 September 1994, sec. A.

Chou, Renee. "Child Abuse Charges Filed in 'Nanny Cam' Case." WRAL, 3 July 2008. www.wral.com/news/local/story/2561722/.

Cobble, Dorothy Sue, and Michael Merrill. "The Promise of Service Sector Unionism." In *Service Work: Critical Perspectives*, ed. Marek Korczynski and Cameron L. Macdonald, 153–74. New York: Routledge, 2008.

Cohany, Sharon, and Emily Sok. "Trends in the Labor Force Participation of Married Mothers of Infants." *Monthly Labor Review*, February 2007, 9–16.

Cohen, Rina. "Women of Color in White Households: Coping Strategies of Live-in Domestic Workers." *Qualitative Sociology* 14, no. 2 (1991): 197–215.

Colen, Shellee. "'Housekeeping' for the Green Card: West Indian Household Workers, the State, and Stratified Reproduction in New York." In *At Work in Homes: Household Workers in World Perspective*, ed. Roger Sanjek and Shellee Colen, 89–118. Washington. DC: American Anthropological Association, 1990.

——. "'Like a Mother to Them': Stratified Reproduction and West Indian Childcare Workers and Employers in New York." In *Conceiving the New World Order: The Global Politics of Reproduction*, ed. Faye D. Ginsburg and Rayna Rapp, 78–102. Berkeley: University of California Press, 1995.

——. "'With Respect and Feelings': Voices of West Indian Child Care and Domestic Workers in New York City." In *All American Women*, ed. Johnnetta B. Cole, 46–70. New York: Free Press, 1986.

Coll, Cynthia T. Garcia, E.C. Meyer, and L. Brillon. "Ethnic and Minority Parents." In *Handbook of Parenting*, ed. M. H. Bornstein, 2: 189–209. Mahwah, NJ: Lawrence Erlbaum Associates, 1995.

Coll, Kathleen. *Remaking Citizenship: Latina Immigrants and the New American Politics*. Stanford, CA: Stanford University Press, 2010.

Coltrane, Scott. "Research on Household Labor: Modeling and Measuring the Social Embeddednes of Routine Family Work." *Journal of Marriage and the Family* 62, no. 4 (2000): 1208–33.

Crittenden, Ann. *The Price of Motherhood: Why the Most Important Job in the World Is Still the Least Valued*. New York: Metropolitan Books, 2001.

Daniels, Arlene Kaplan. "Invisible Work." *Social Problems* 34, no. 5 (1987):

403–15.

Davis, Susan, and Gina Hyams, eds. *Searching for Mary Poppins: Women Write about the Relationship between Mothers and Nannies*. New York: Plume, 2007.

Degler, Carl N. *At Odds: Women and the Family in America from the Revolution to the Present*. New York: Oxford University Press, 1980.

DeMattia, Robin F. "Help from Overseas in Raising Youngsters." *New York Times*, 28 July 1996, final edition, sec. 13CN, 8.

DePanfilis, Diane. "Social Isolation of Neglectful Families: A Review of Social Support Assessment and Intervention Models." *Child Maltreatment* 1, no. 1 (1996): 37–52.

DeVault, Marjorie L. *Feeding the Family: The Social Organization of Caring and Gendered Work*. Chicago: University of Chicago Press, 1991.

———. "Talking and Listening from Women's Standpoint: Feminist Strategies for Interviewing and Analysis." *Social Problems* 37, no. 1 (1990): 96–116.

Dill, Bonnie Thornton. "'Making Your Job Good Yourself: Domestic Service and the Construction of Personal Dignity." In *Women and the Politics of Empowerment*, ed. Anne Bookman and Sandra Morgen, 33–52. Philadelphia: Temple University Press. 1988.

Duckworth, Lorna. "Fallout from Woodward Case Hits Au Pair Industry." *Independent*, 2 March 2002.

Edozien, Frankie, and Adam Miller. "Immigrant 'Slave' Lived a Nightmare." *New York Post*, 16 July 1999.

Egelko, Bob. "Domestic Workers Vulnerable to Exploitation." *San Francisco Chronicle*, 14 October 2009. Bay Area Section.

Ehrenreich, Barbara, and Arlie Russell Hochschild, eds. *Global Woman: Nannies, Maids, and Sex Workers in the New Economy*. New York: Metropolitan Books, 2003.

Elliot, James R. "Referral Hiring and Ethnically Homogenous Jobs: How Prevalent Is the Connection and for Whom?" *Social Sciences Research* 30, no. 3 (2001): 401–25.

Elshtain, Jean Bethke. *Who Are We? Critical Reflections and Hopeful Possibilities*. New York: William B. Erdmans, 2000.

Eltman, Frank. "NY Millionaires' Slavery Trial Opens: Trial Opens for Millionaire Couple Accused of Slavery on NY's Long Island." Associated Press, 29 October 2007, http://abcnews.go.com/thelaw/wirestory?id = 3790694.

Enarson, Elaine. "Experts and Caregivers: Perspectives on Underground Day Care." In *Circles of Care: Work and Identity in Women's Lives*, ed. Emily

K. Abel and Margaret K. Nelson, 233 - 45. Albany: SUNY Press, 1990.

England, Paula, and Nancy Folbre. "The Cost of Caring." *Annals of the American Academy of Political and Social Science* 561, no. 1 (1999): 39 - 51.

Epstein, Cynthia, Carroll Seron, Bonnie Oglensky, and Robert Saute. *The Part-Time Paradox: Time Norms, Professional Life, Family and Gender*. New York: Routledge, 1999.

Eyer, Diane E. *Mother-Infant Bonding: A Scientific Fiction*. New Haven, CT: Yale University Press, 1992.

Fagan, J., and M. Barnett "The Relationship between Maternal Gatekeeping, Paternal Competence, Mothers' Attitudes about the Father Role, and Father Involvement." *Journal of Family Issues* 24 (2003): 1020 - 43.

Fernandez, Roberto M., Emilio J. Castilla, and Paul Moore. "Social Capital at Work: Networks and Employment at a Call Center." *American Journal of Sociology* 105, no. 5 (2000): 1288 - 1356.

Ferree, Myra Marx. "The Gender Division of Labor in Two-Earner Marriages: Dimensions of Variability and Change." *Journal of Family Issues* 12, no. 2 (1991): 158 - 80.

Fiske, Susan. "Stereotyping, Prejudice, and Discrimination." In *The Handbook of Social Psychology*, ed. S. T. Fiske, D.T. Gilbert, and G. Lindzey, 357 - 411. Boston: McGraw-Hill, 1998.

Fitz Gibbon, Heather M. "Child Care across Sectors: A Comparison of the Work of Child Care in Three Settings." In *Child Care and Inequality: Rethinking Carework for Children and Youth*, ed. Francesca M. Cancian, Demie Kurz, Andrew S. London, Rebecca Reviere, and Mary C. Touminen, 145 - 58. New York: Routledge, 2002.

Flanagan, Caitlin. "Dispatches from the Nanny Wars: How Serfdom Saved the Women's Movement." *Atlantic*, March 2004, 109 - 28.

Foderaro, Lisa W. "New Breed of Au Pair Packs a Shaving Kit." *New York Times*, 14 June 1999, http://query.nytimes.com/gst/fullpage.html? res = 9Co4E4D91338F937A25755CoA96F958260&sec = &spon = &pagewanted = all.

Foucault, Michel. *Discipline and Punish: The Birth of the Prison*. New York: Vintage, 1995.

Fried, Mindy. *Taking Time: Parental Leave Policy and Corporate Culture*. Philadelphia: Temple University Press, 1998.

Frost, Jo. *Jo Frost's Confident Baby Care: What You Need to Know for the First Year from the UK's Most Trusted Nanny*. London: Orion, 2007.

Fursman, Lindy. "Conscious Decisions, Unconscious Paths: Pregnancy and the Importance of Work for Women in Management." Working paper no. 23, Center for Working Families, University of California, Berkeley, April 2001.

Garey, Anita Ilta. "Constructing Motherhood on the Night Shift: 'Working Mothers' as 'Stay-at Home Moms.'" *Qualitative Sociology* 18, no. 4 (1995): 415 – 37.

———. *Weaving Work and Motherhood*. Philadelphia: Temple University Press, 1999.

Gaunt, Ruth. "Maternal Gatekeeping: Antecedents and Consequences." *Journal of Family Issues* 29 (2008): 373 – 95.

Geertz, Clifford. *The Interpretation of Cultures*. New York: Basic Books, 1973.

Glaser, Barney, and Alselm Strauss. *The Discovery of Grounded Theory*. Chicago: Aldine, 1967.

Glass, Jennifer. "Blessing or Curse? Work-Family Policies and Women's Wage Growth over Time." *Work and Occupations* 31, no. 3 (2004): 367 – 94.

Glenn, Evelyn Nakano. "Creating a Caring Society." *Contemporary Sociology* 29, no. 1 (2000): 13 – 15.

———. "From Servitude to Service Work: Historical Continuities in the Racial Division of Paid Reproductive Labor." In *Working in the Service Society*, ed. Cameron Lynne Macdonald and Carmen Sirianni, 115 – 56. Philadelphia: Temple University Press, 1996.

———. *Issei, Nisei, War Bride: Three Generations of Japanese American Women in Domestic Service*. Philadelphia: Temple University Press, 1986.

———. "Social Constructions of Mothering: A Thematic Overview." In *Mothering: Ideology, Experience, and Agency*, ed. Evelyn Nakano Glenn, Grace Chang, and Linda Renney Forcey, 1 – 32. New York: Routledge, 1994.

Gornick, Janet C., and Marcia K. Meyers. *Families That Work: Policies for Reconciling Parenthood and Employment*. New York: Russell Sage Foundation, 2003.

Greenhouse, Steven. "Legislation Pushed to Require Minimum Wage for Domestic Workers." *New York Times*, 27 June 2007, region section.

———. "Report Shows Americans Have More 'Labor Days.'" *New York Times*, 1 September 2001.

Hamner, T. J., and P.H. Turner. *Parenting in Contemporary Society*. 3rd ed. Needham Heights, MN: Allyn & Bacon, 1996.

The Hand That Rocks the Cradle. Dir. Curtis Hanson. Hollywood Pictures, 1992.

Hareven, Tamara K. "Modernization and Family History: Perspectives on

Social Change." *Signs* 2, no. 1 (1976): 190 – 206.

Hays, Sharon. *The Cultural Contradictions of Motherhood*. New Haven, CT: Yale University Press, 1996.

Hertz, Rosanna. "Dual-Career Couples and the American Dream: Self-Sufficiency and Achievement." *Journal of Comparative Family Studies* 23, no. 2 (1991): 247 – 63.

——. "Making Family under a Shiftwork Schedule: Air Force Security Guards and Their Wives." *Social Problems* 36, no. 5 (1989): 491 – 507.

——. *More Equal Than Others: Women and Men in Dual-Career Marriages*. Berkeley: University of California Press, 1986.

——. *Single by Chance, Mothers by Choice: How Women Are Choosing Parenthood without Marriage and Creating the New American Family*. New York: Oxford University Press, 2006.

Hertz, Rosanna, and Faith I.T. Ferguson. "Childcare Choice and Constraints in the United States: Social Class, Race and the Influence of Family Views." *Journal of Comparative Family Studies* 27, no. 2 (1996): 249 – 80.

Hewlett, Sylvia Ann. *Off-Ramps and On-Ramps*. Cambridge, MA: Harvard Business School Press, 2007.

Hill-Collins, Patricia. "Black Women and Motherhood." In *Rethinking the Family: Some Feminist Questions*, ed. Barrie Thorne and Marilyn Yalom, 215 – 45. 2nd ed. Boston: Northeastern University Press, 1992.

Hochschild, Arlie Russell. "Eavesdropping Children, Adult Deals, and Cultures of Care." In *The Commercialization of Intimate Life*, 172 – 81. Berkeley: University of California Press, 2000.

——. "Inside the Clockwork of Male Careers." In *Women and the Power to Change*, ed. Florence Howe, 47 – 80. Berkeley: Carnegie Foundation for the Advancement of Teaching, 1975.

——. *The Managed Heart: Commercialization of Human Feeling*. Berkeley: University of California Press, 1983.

——. "The Nanny Chain." *American Prospect*, 3 January 2000, 32 – 36.

——. *The Time Bind: When Work Becomes Home and Home Becomes Work*. New York: Metropolitan Books, 1997.

Hochschild, Arlie Russell, with Anne Machung. *The Second Shift: Working Parents and the Revolution at Home*. New York: Viking, 1989.

——. *The Second Shift*. 2nd ed. New York: Penguin, 2003.

Hondagneu-Sotelo, Pierrette. "Blowups and Other Unhappy Endings." In *Global Woman: Nannies, Maids, and Sex Workers in the New Economy*, ed. Barbara Ehrenreich and Arlie Russell Hochschild, 55 – 69. New York: Henry Holt, 2002.

———. *Domestica: Immigrant Workers Cleaning and Caring in the Shadows of Affluence*. Berkeley: University of California Press, 2001.

———. "Regulating the Unregulated? Domestic Workers' Social Networks." *Social Problems* 41. no. 1 (1994): 50 - 64.

Hondagneu-Sotelo, Pierrette, and Ernestine Avila. "'I'm Here, but I'm There': The Meanings of Latina Transnational Motherhood." *Gender and Society* 11, no. 5 (1997): 548 - 71.

Honneth, Axel. *The Struggle for Recognition: The Moral Grammar of Social Conflicts*. Cambridge, MA: MIT Press, 1996.

Hughes, Everett C. *Men and Their Work*. Glencoe, IL: Free Press, 1958.

Hulbert, Ann. *Raising America: Experts, Parents, and a Century of Advice about Children*. New York: Alfred A. Knopf, 2003.

Hwang, C. Philip, and Anders G. Broberg. "The Historical and Social Context of Child Care in Sweden." In *Child Care in Context: Cross-Cultural Perspectives*, ed. Michael Lamb, Kathleen Sternberg, Carl Philip Hwang, and Anders Broberg, 27 - 53. Hillsdale, NJ: Hove and London, 1992.

Illich, Ivan. *Shadow Work*. Boston: M. Boyars. 1981.

Jacobs, Jerry A., and Kathleen Gerson. *The Time Divide: Work, Family, and Gender Inequality*. Cambridge, MA: Harvard University Press, 2005.

Joffe, Carole E. *Friendly Intruders: Child Care Professionals and Family Life*. Berkeley: University of California Press, 1977.

Johnson, Kirk. "Earning It: The Nanny Track, a Once-Simple World Grown Complicated." *New York Times*, 29 September 1996, sec. 3.

Kahn, Ric. "Murder Charge Lodged against Au Pair." *Boston Globe*, 12 February 1997, B1, B4.

Kantor, Jodi. "Memo to Nanny: No Juice Boxes." *New York Times*, 8 September 2006, G1.

Kaylin, Lucy. *The Perfect Stranger: The Truth about Mothers and Nannies*. New York: Bloomsbury Press USA, 2007.

Ladd-Taylor, Molly. *Mother-Work: Women, Child Welfare, and the State, 1890 - 1930*. Urbana: University of Illinois Press, 1994.

Lake, Richard. "Child Care: Abuse by Nannies Unusual. Still, Experts Say Parents Need to Take Standard Precautions." *Las Vegas Review Journal*, 9 January 2005. www.reviewjournal.com/lvrj_home/2005/Jan-09-Sun-2005/news/25623713.html.

Lan, Pei-Chia. *Global Cinderellas: Migrant Domestics and Newly Rich Employers in Taiwan*. Durham, NC: Duke University Press, 2006.

Lardner, James. "Separate Lives." *DoubleTake*, no. 13 (1998): 54 - 66.

Lareau, Annette. *Unequal Childhoods: Class, Race, and Family Life*. Berkeley:

University of California Press, 2003.

Leidner, Robin. *Fast Food, Fast Talk: Service Work and the Routinization of Everyday Life*. Berkeley: University of California Press, 1993.

———. "Rethinking Questions of Control: Lessons from McDonald's." In *Working in the Service Society*, ed. Cameron Lynne Macdonald and Carmen Sirianni, 29 – 49. Philadelphia: Temple University Press, 1996.

Leonard, Mary. "Mother's Day: A Guilt-Edged Occasion." *Boston Globe*, 11 May 1997. E3.

Luttrell, Wendy. *Schoolsmart and Motherwise: Working-Class Women's Identity and Schooling*. New York: Routledge, 1997.

Macdonald, Cameron L. "Managing Childcare: Puppeteers, Paranormals and Partnerships." Paper presented at the Annual Meeting of the American Sociological Association, Special Panel on Carework, Anaheim, CA, 2001.

———. "Working Mothers Manage Childcare: Puppeteers, Paranormals and Partnerships." Center for Working Families, University of California, Berkeley, 2001.

Macdonald, Cameron L., and David A. Merrill. "'It Shouldn't Have to Be a Trade': Recognition and Redistribution in Care Work Advocacy." *Hypatia: A Journal of Feminist Philosophy* 17, no. 2 (2002): 67 – 83.

Macdonald, Cameron Lynne, and Carmen Sirianni. "The Service Society and the Changing Nature of Work." In *Understanding Society: An Introductory Reader*, ed. Margaret Anderson, Kim Logio, and Howard Taylor, 421 – 28. 3rd ed. New York: Wadsworth, 2009.

———, eds. *Working in the Service Society*. Philadelphia: Temple University Press, 1996.

Macleod, Jay. *Ain't No Makin'It: Aspirations and Attainment in a Low-Income Neighborhood*. 3rd ed. Boulder, CO: Westview Press, 2008.

Margolis, Maxine L. *Mothers and Such: Views of American Women and Why They Changed*. Berkeley: University of California Press, 1984.

Markens, Susan. *Surrogate Motherhood and the Politics of Reproduction*. Berkeley: University of California Press, 2007.

Mattingly, Marybeth J., and Suzanne M. Bianchi. "Gender Differences in the Quantity and Quality of Free Time: The U.S. Experience." *Social Forces* 81. no. 3 (2003): 999 – 1030.

McElroy, Ruth. "Whose Body, Whose Nation? Surrogate Motherhood and Its Representation." *European Journal of Cultural Studies* 5, no. 3 (2002): 325 – 42.

McLaughlin, Emma, and Nicola Krause. *The Nanny Diaries*. New York: St. Martin's Press, 2002.

McMahon, Martha. *Engendering Motherhood: Identity and Self-Transformation in Women's Lives*. New York: Guilford Press, 1995.

McQuillan, Julia, Arthur L. Greil, Karina M. Shreffler, and Veronica Tichenor. "The Importance of Motherhood among Women in the Contemporary United States." *Gender and Society* 22, no. 4 (2008): 477-96.

Meltz, Barbara. "When Jealousy Strikes the Working Parent." *Boston Globe*, 15 March 1991, city edition, At Home section, 69.

Meurling, Julia. "Bulletin Board: A Child Care Solution: Help from Overseas." *New York Times*, 1 September 2002.

Miles, Matthew B., and A. Michael Huberman. *Qualitative Data Analysis: An Expanded Sourcebook*. 2nd ed. Thousand Oaks, CA: Sage, 1994.

Milkman, Ruth, Ellen Reese, and Benita Roth. "The Macrosociology of Paid Domestic Labor." *Work and Occupations* 25, no. 4 (1998): 483-510.

Mills, C. Wright. "Situated Actions and Vocabularies of Motive." *American Sociological Review* 5, no. 6 (1940): 904-13.

Mishel, Lawrence, Jared Bernstein, and Sylvia Allegretto. *The State of Working America, 2006/2007*. 10th ed. Ithaca, NY: ILR Press, 2007.

Mishel, Lawrence, Jared Bernstein, and John Schmitt. *The State of Working America*. Washington, DC: Economic Policy Institute, 1999.

Mitchell, S. Weir. "When the College Is Hurtful to the Girl." *Ladies' Home Journal*, June 1900.

Moncher, Frank J. "Social Isolation and Child Abuse Risk." *Families in Society* 76, no. 7 (1995): 421-33.

Morley, Louise. *Organising Feminisms: The Micropolitics of the Academy*. New York: St. Martin's Press, 1999.

Murray, Susan B. "Child Care Work: Intimacy in the Shadows of Family Life." *Qualitative Sociology* 21, no. 2 (1998): 149-68.

———. "Child Care Work: The Lived Experience." Ph. D. dissertation. University of California, Santa Cruz, 1995.

NBC6 News Team. "Police Release New 'Nanny Cam' Video in Abuse Probe: Parents 'Horrified' by Alleged Abuse Caught on Tape." NBC6, 3 July 2008.

Nelson, Julie A. "Of Markets and Martyrs: Is It OK to Pay Well for Care?" *Feminist Economics* 5, no. 3 (1999): 43-59.

Nelson, Margaret K. "'I Saw Your Nanny': Gossip and Shame in the Surveillance of Child Care." In *Who's Watching? Daily Practices of Surveillance among Contemporary Families*, ed. Margaret K. Nelson and Anita Ilta Garey, 107-33. Nashville: Vanderbilt University Press, 2009.

———. *Negotiated Care: The Experience of Family Day Care Providers*. Philadelphia:

Temple University Press, 1990.

———. *The Social Economy of Single Motherhood: Raising Children in Rural America*. New York: Routledge, 2005.

Newman, Katherine S. *Declining Fortunes: The Withering of the American Dream*. New York: Basic Books, 1993.

NICHD Early Child Care Research Network. "Characteristics and Quality of Child Care for Toddlers and Preschoolers." *Applied Developmental Science* 4 (2000): 116-35.

———. "Early Child Care and Self-Control, Compliance and Problem Behavior at Twenty-Four and Thirty-Six Months." *Child Development* 69 (1998): 1145-1170.

———. "Familial Factors Associated with the Characteristics of Nonmaternal Child Care." *Journal of Marriage and the Family* 59 (1997): 389-408.

Nippert-Eng, Christena. *Home and Work: Negotiating Boundaries through Everyday Life*. Chicago: University of Chicago Press, 1996.

Papanek, Hanna. "Men, Women, and Work: Reflections on the Two-Person Career." *American Journal of Sociology* 78 (1975): 852-72.

Parreñas, Rhacel Salazar. *Children of Global Migration: Transnational Families and Gendered Woes*. Stanford, CA: Stanford University Press, 2005.

———. *Servants of Globalization: Women, Migration, and Domestic Work*. Stanford, CA: Stanford University Press, 2001.

Pattison, Helen M., Helen Gross, and Charlotte Cast. "Pregnancy and Employment: The Perceptions and Beliefs of Fellow Workers." *Journal of Reproductive and Infant Psychology* 15, nos. 3-4 (1997): 303-13.

Peltz, Jennifer. "Au Pair Popularity May Expand Rules: Government Studies Allowing More Time." Associated Press, 29 June 2008, www.commercialappeal. com/news/2008/Jun/29/au-pair-popularity-may-expand-rules/.

Pew Research Center for People and the Press. "The 2004 Political Landscape: Evenly Divided and Increasingly Polarized." 5 November 2003. http:// people-press.org/reports/ pdf/196.pdf.

Phelps, E. S. "The Statistical Theory of Racism and Sexism." *American Economic Review* 62 (1972): 659-61.

Phillips, Deborah, Carollee Howes, and Marcy Whitebook. "Child Care as an Adult Work Environment." *Journal of Social Issues* 47, no. 2 (1991): 49-70.

Presser, Harriet. "Employment Schedules among Dual-Earner Spouses and the Division of Household Labor by Gender." *American Sociological Review* 59, no. 3 (1994): 348-65.

———. *Working in a 24/7 Economy: Challenges for American Families*. New York: Russell Sage Foundation, 2003.

Public Agenda. *Red Flag: Neither Liberal nor Conservative Approaches to Welfare*. Washington, DC: Public Agenda, 2008.

Pungello, Elizabeth Puhn, and Beth Kurtz-Costes. "Why and How Working Women Choose Child Care: A Review with a Focus on Infancy." *Developmental Review* 19 (1999): 31–96.

Reskin, Barbara. "Getting It Right: Sex and Race Inequality in Work Organizations." *Annual Review of Sociology* 26 (2000): 707–9.

Riessman, Catherine Kohler. "When Gender Is Not Enough: Women Interviewing Women." *Gender and Society* 1, no. 2 (1987): 172–207.

Risman, Barbara J., and Danette Johnson-Sumerford. "Doing It Fairly: A Study of Postgender Marriages." *Journal of Marriage and the Family* 60 (February 1998): 23–40.

Roberts, Dorothy E. "Spritual and Menial Housework." *Yale Journal of Law and Feminism* 9, no. 51 (1997): 51–80.

Rollins, Judith. *Between Women: Domestics and Their Employers*. Philadelphia: Temple University Press, 1985.

Romero, Mary. *Maid in the U.S.A.* New York: Routledge, 1992.

———. "Unraveling Privilege: Workers' Children and the Hidden Costs of Paid Childcare." In *Global Dimensions of Gender and Carework*, ed. Mary K. Zimmerman, Jacquelyn S. Litt, and Christine E. Bose, 240–53. Stanford, CA: Stanford University Press, 2006.

Rosenberg, Debra, and Larry Reibstein. "Pots, Blocks, and Socks." *Newsweek*, spring/summer 1997, 34–35.

Rothman, Barbara Katz. *Recreating Motherhood: Ideology and Technology in a Patriarchal Society*. New York: W. W. Norton, 1989.

Rutman, Deborah. "Child Care as Women's Work: Workers' Experiences of Powerfulness and Powerlessness." *Gender and Society* 10, no. 5 (1996): 629–49.

Samar Collective. "One Big, Happy Community? Class Issues within South Asian American Homes: The Samar Collective." *Samar: South Asian Magazine for Action and Reflection* 4 (winter 1994): 10–15.

Sampson, Diane. "Rejecting Zoe Baird: Class Resentment and the Working Mother." In *"Bad" Mothers: The Politics of Blame in Twentieth-Century America*, ed. Molly Ladd-Taylor and Lauri Umansky, 310–18. New York: New York University Press, 1998.

Sassen, Saskia. "Global Cities and Survival Circuits." In *Global Woman: Nannies, Maids, and Sex Workers in the New Economy*, ed. Barbara Ehrenreich and Arlie Russell Hochschild, 254 - 74. New York: Metropolitan Books, 2003.

Sayer, Liana C. "Gender, Time, and Inequality: Trends in Women's and Men's Paid Work, Unpaid Work, and Free Time." *Social Forces* 84, no. 1 (2005): 285 - 303.

Sayer, Liana C., Suzanne M. Bianchi, and John P. Robinson. "Are Parents Investing Less in Children? Trends in Mothers' and Fathers' Time with Children." *American Journal of Sociology* 110, no. 1 (2004): 1 - 43.

Schoppe-Sullivan, Sarah J.G., G.L Brown, E. A. Cannon, S.C. Mangelsdorf, and M. Szweczyk Sokolowski. "Maternal Gatekeeping, Coparenting Quality, and Fathering Behavior in Families with Infants." *Journal of Family Psychology* 22 (2008): 389 - 98.

Schwartz, Felice N. "Management Women and the New Facts of Life." *Harvard Business Review*, January-February 1989,65 - 76.

Scott, James C. *Weapons of the Weak: Everyday Forms of Peasant Resistance*. New Haven, CT: Yale University Press, 1985.

Segura, Denise A. "Working at Motherhood: Chicana and Mexican Immigrant Mothers and Employment." In *Mothering: Ideology, Experience, and Agency*, ed. Evelyn Nakano Glenn, Grace Chang, and Linda Ronnie Farrey, 211 - 31. New York: Routledge, 1994.

Shelton, Beth Anne. "The Division of Household Labor." *Annual Review of Sociology* 22 (1996): 299 - 322.

Shore, Rima. *Rethinking the Brain: New Insights into Early Development*. New York: Families and Work Institute, 1997.

Silbaugh, Katharine. "Commodification and Women's Household Labor." *Yale Journal of Law and Feminism* 9, no. 1 (1997): 81 - 122.

———. "Turning Labor into Love: Housework and the Law." *Northwestern University Law Review* 91, no. 1 (1996): 1 - 86.

Sink, Lisa. "Verdict Awaited in Maid Case: Jury to Decide Whether Illegal Immigrant Was 'House Slave.'" *Milwaukee Journal Sentinel*, 26 May 2006, final edition, B6.

Smith, Dorothy E. *The Everyday World as Problematic*. Boston: Northeastern University Press, 1987.

———. "From Women's Standpoint to a Sociology for People." In *Sociology for the Twenty-first Century*, ed. Janet Abu-Lughod, 65 - 82. Chicago: University of Chicago Press, 1999.

Smith, Janna Malamud. *A Potent Spell: Mother Love and the Power of Fear*. Boston: Houghton Mifflin, 2003.

Smith, Peggie R. "Laboring for Childcare: A Consideration of New Approaches to Represent Low-Income Service Workers." *University of Pennsylvania Journal of Labor and Employment Law* 8, no. 3 (2006): 583 - 621.

———. "Regulating Paid Household Work: Class, Gender, Race, and Agendas of Reform." *American University Law Review* 48, no. 4 (1999): 851 - 924.

———. "Welfare, Child Care, and the People Who Care: Union Representation of Family Child Care Providers." *University of Kansas Law Review* 55, no. 2 (2007): 321 - 64.

Steinhauer, Jennifer. "City Nannies Say They, Too, Can Be Mother Lions." *New York Times*, 16 July 2005, A1.

Sterling, Guy. "A Complex W. Orange Slave Case Languishes." *Star-Ledger* (New Jersey), 9 July 2007, final edition.

Stone, Deborah. "Why We Need a Care Movement." *Nation*, 13 March 2000, 84 - 94.

Stone, Pamela. *Opting Out? Why Women Really Quit Careers and Head Home*. Berkeley: University of California Press, 2007.

Sullivan, Oriel, and Scott Coltrane. "Men's Changing Contribution to Housework and Child Care." Discussion Panel on Changing Family Roles, Council on Contemporary Families, 25 - 26 April 2008.

Swartz, David. *Culture and Power: The Sociology of Pierre Bourdieu*. Chicago: University of Chicago Press, 1997.

Swidler, Ann. "Culture in Action: Symbols and Strategies." *American Sociological Review* 51 (April 1986): 273 - 86.

———. *Talk of Love: How Culture Matters*. Chicago: University of Chicago Press, 2001.

Talbot, Margaret. "Attachment Theory: The Ultimate Experiment." *New York Times*, 24 May 1998, Sunday magazine.

Taylor, Janelle S., Linda L. Layne, and Danielle F. Wozniak, eds. *Consuming Motherhood*. New Brunswick, NJ: Rutgers University Press, 2004.

Thurer, Shari L. *The Myths of Motherhood: How Culture Reinvents the Good Mother*. New York: Penguin, 1994.

Townsend, Nicholas W. *The Package Deal: Marriage, Work, and Fatherhood in Men's Lives*. Philadelphia: Temple University Press, 2002.

Tsui, Anne S., Terri D. Egan, and Charles A. O'Reilly III. "Being Different: Relational Demography and Organizational Attachment." *Administrative Science Quarterly* 37, no. 4 (1992): 549 - 79.

Tuominen, Mary C. "The Conflicts of Caring." In *Care Work: Gender, Labor, and the Welfare State*, ed. Madonna Harrington Meyer, 112 - 35. London: Routledge, 2000.

———. "Exploitation or Opportunity? The Contradictions of Child-Care Policy

in the Contemporary United States." *Women and Politics* 18, no. 1 (1997):
53 - 80.

——. *We Are Not Babysitters: Family Child Care Providers Redefine Work and Care*. New Brunswick, NJ: Rutgers University Press, 2003.

U.S. Department of Commerce, Census Bureau. *2000 Census*. Washington, DC: U.S. Department of Commerce, 2000.

——. "Facts for Features: Mother's Day: May 8, 2005." Press release, 2 May 2005. www. census. gov/Press-Release/www/releases/archives/facts _ for _ features_special_editions/004109.html.

U. S. Department of Justice. "Cameroonian Couple Sentenced on Human Trafficking Charges." Press release, 31 May 2007.

U.S. Department of Labor, Bureau of Labor Statistics. *Highlights of Women's Earnings in 2005*. Washington, DC: U.S. Department of Labor, 2006.

——. *Labor Force Statistics from the Current Population Survey*, 2003. Washington, DC: U.S. Department of Labor, 2003.

Uttal, Lynet. "Custodial Care, Surrogate Care, and Coordinated Care: Employed Mothers and the Meaning of Child Care." *Gender and Society* 10, no. 3 (1996): 291 - 311.

——. *Making Care Work: Employed Mothers in the New Childcare Market*. New Brunswick, NJ: Rutgers University Press, 2002.

——. "'Trust Your Instincts': Cultural Similarity, Cultural Maintenance, and Racial Safety in Employed Mothers' Childcare Choices." *Qualitative Sociology* 20, no. 2 (1997): 253 - 74.

Uttal, Lynet, and Mary Tuominen. "Tenuous Relationships: Exploitation, Emotion, and Racial Ethnic Significance in Paid Child Care Work." *Gender and Society* 136 (December 1999): 758 - 80.

Van Raaphorst, Donna. *Union Maids Not Wanted: Organizing Domestic Workers, 1870 - 1940*. New York: Praeger, 1988.

Vigue, Doreen. "For Grieving Mother, a Daily Ordeal; Deborah Eappen Struggles to Find Answers." *Boston Globe*, 7 November 1997, metro/region section, B1.

Wacquant, Loic. "Pierre Bourdieu." In *Key Contemporary Thinkers*, ed. Rob Stones, 261 - 77. 2nd ed. New York: Macmillan, 2008.

Waerness, Kari. "The Rationality of Caring." *Economic and Industrial Democracy* 5 (1984): 185 - 211.

Walker, Karen. "Class, Work, and Family in Women's Lives." *Qualitative Sociology* 13, no. 4 (1990): 297 - 320.

Walsh, Justine, Kim Nicholson, and Richard Gere. *Nanny Wisdom: Our Secrets for Raising Healthy, Happy Children—from Newborns to Preschoolers*.

New York: STC Paperbacks, 2005.

Wasserman, Elizabeth. "Career vs. Time with Kids: Simpson Prosecutor's Custody Dispute Fuels Battle-of-Sexes Debate." *San Jose Mercury News*, 4 March 1995, morning final edition, front section.

Weldon, Fay. *She May Not Leave*. New York: Grove Press, 2007.

White, Burton L. *The First Three Years of Life*. New York: Avon, 1975.

Whitebook, Marcy, and Abby Eichberg. "Finding the Better Way: Assessing Child Care Compensation Initiatives." *Young Children* 57, no. 3 (2002): 1 – 24.

Whitebook, Marcy, Carollee Howes, and Deborah Phillips. *Worthy Work, Unlivable Wages: The National Staffing Study, 1988 – 1997*. Washington, DC: Center for the Child Care Workforce, 1998.

Wilgoren, Debbi, and Michael D. Shear. "Regulation of Au Pairs Lags behind the Reality." *Washington Post*, 14 August 1994, B1, B6.

Williams, Joan C. "The Interaction of Courts and Legislatures in Creating Family-Responsive Workplaces." In *Working Time for Working Families: Europe and the United States, Contributions to a Program of the Washington Office of the Friedrich Ebert Foundation in Cooperation with the WorkLife Law Program at American University Washington College of Law and the Hans Böckler Foundation, Held in Washington, DC on June 7 – 8, 2004*, ed. Ariane Hegewisch et al., 22 – 34. Washington, DC: Friedrich-Ebert-Stiftung, 2005. www.uchastings.edu/site_files/WLL/FESWorkingTimePublication.pdf.

——. *Unbending Gender: Why Family and Work Conflict and What to Do about It*. New York: Oxford University Press, 2000.

Wong, Sau-ling C. "Diverted Mothering: Representations of Caregivers of Color in the Age of 'Multiculturalism.'" In *Mothering: Ideology, Experience, and Agency*, ed. Evelyn Nakano Glenn and Grace Chang, 67 – 91. New York: Routledge, 1994.

"A Working Mom's Battle: Job vs. Custody in NBC Special." *Chicago Sun-Times*, 21 November 1994, late sports final edition, features section.

Wrigley, Julia. "Hiring a Nanny: The Limits of Private Solutions to Public Problems." *Annals of the American Academy of Political and Social Science* 563 (1999): 162 – 74.

——. *Other People's Children: An Intimate Account of the Dilemmas Facing Middle-Class Parents and the Women They Hire to Raise Their Children*. New York: Basic Books, 1995.

Wrigley, Julia, and Joanna Dreby. "Fatalities and the Organization of Childcare in the United States, 1985 – 2003." *American Sociological Review*

70 (2005): 729 – 57.

Zelizer, Viviana. *The Purchase of Intimacy*. Princeton, NJ: Princeton University Press, 2005.

Zoepf, Katherine. "Wanted: Tibetan Nannies." *New York Observer*, 27 September 2009.

"薄荷实验"是华东师范大学出版社旗下的社科学术出版品牌，主张"像土著一样思考"（Think as the Natives），以期更好地理解自我、他人与世界。该品牌聚焦于社会学、人类学方向，探索这个时代面临的重要议题。相信一个好的故事可以更加深刻地改变现实，为此，我们无限唤醒民族志的魔力。

《人行道王国》

米切尔·邓奈尔 著 马景超、王一凡、刘冉 译

《清算：华尔街的日常生活》

何柔宛 著 翟宇航等 译

《看上去很美：整形美容手术在中国》

文华 著 刘月 译

《找工作：关系人与职业生涯的研究》

马克·格兰诺维特 著 张文宏 译

《道德与市场：美国人寿保险的发展》

维维安娜·泽利泽 著 姚泽麟等 译

《末日松茸：资本主义废墟上的生活可能》

罗安清 著 张晓佳 译

《母乳与牛奶：近代中国母亲角色的重塑（1895–1937）》

卢淑樱 著

《病毒博物馆：中国观鸟者、病毒猎人和生命边界上的健康哨兵》

弗雷德雷克·凯克 著 钱楚 译

《感情研究指南：情感史的框架》

威廉·雷迪 著 周娜 译

《培养好孩子：道德与儿童发展》

许晶 著 祝宇清 译

《拯救婴儿？新生儿基因筛查之谜》

斯蒂芬·蒂默曼斯、玛拉·布赫宾德 著 高璐 译

《金钱的社会意义：私房钱、工资、救济金等货币》

维维安娜·泽利泽 著 姚泽麟等 译

《成为三文鱼：水产养殖与鱼的驯养》

　玛丽安娜·伊丽莎白·利恩 著 张雯 译

《生命使用手册》

　迪杰·法桑 著 边和 译

《不安之街：财富的焦虑》

　瑞秋·谢尔曼 著 黄炎宁 译

《寻找门卫：一个隐蔽的社交世界》

　彼得·比尔曼 著 王佳鹏 译

《依海之人：马达加斯加的维佐人，一本横跨南岛与
非洲的民族志》

　丽塔·阿斯图蒂 著 宋祺 译

《风险的接受：社会科学的视角》

　玛丽·道格拉斯 著 熊畅 译

《人类学家如何写作：民族志阅读指南》

　帕洛玛·盖伊·布拉斯科、胡安·瓦德尔 著 刘月 译

《亲密的分离：当代日本的独立浪漫史》

　艾莉森·阿列克西 著 徐翔宁、彭馨妍 译

《亨丽埃塔与那场将人类学送上审判席的谋杀案》

　吉尔·施梅勒 著 黄若婷 译

《实验室生活：科学事实的建构过程》

　布鲁诺·拉图尔、史蒂夫·伍尔加 著 修丁 译

《德国电梯社会：一个欧洲心脏地区的危机》

　奥利弗·纳赫特威 著 黄琬 译

《封面之下：一本小说的创作、生产与接受》

　克莱顿·柴尔德斯 著 张志强、王翡 译

《离开学术界：实用指南》

克里斯托弗·卡特林 著 何啸风 译

《影子母亲》

卡梅隆·林·麦克唐纳 著 杨可 译

○ **薄荷实验·中文原创**

《生熟有道：普洱茶的山林、市井和江湖》

张静红 著

《过渡劳动：平台经济下的外卖骑手》

孙萍 著

《薄暮时分：在养老院做田野》（**暂名**）

吴心越 著